Zu diesem Buch Mit seinem Tod wurde ein Mythos geboren: Ende Oktober 1998 fand man in einem Berliner Park den jungen Informatiker Boris F. erhängt an einem Baum. War es Selbstmord, war es Mord? Boris F., der sich «Tron» nannte, war ein besonderer junger Mann. Er galt als einer der begabtesten Hacker, einer, der es allein mit einer boomenden Hightechwirtschaft aufnehmen konnte, die unter Einsatz von Millionensummen angeblich sichere Chipkarten entwickelt, für Telefone, Handys oder Pay-TV. «Nichts ist wirklich sicher», lautete sein Credo. In der Presse wie in der Hackerszene kursierten schnell die möglichen Mordmotive, während die Polizei von Selbstmord ausgeht. Man wusste von Geheimdienstkontakten, die Mafia schien interessiert, die Hightechindustrie sowieso. Hatte «Tron» zuletzt an einem Projekt gearbeitet, das einen Multimilliarden-Markt erschüttert hätte?
Burkhard Schröder hat sich auf die Spur des Lebens von Boris F. begeben und gewann dabei tiefe Einblicke in die Welt, in der er lebte, die «wirkliche» ebenso wie die «virtuelle». Er recherchierte in ganz Deutschland, vor allem aber im Internet, und wurde dabei immer wieder an Trons Credo erinnert: «Nichts ist wirklich sicher.» Der Mythos um Trons Geschichte, vielfach verglichen mit der jüngst im Film «23» verewigten Geschichte des Hackers Karl Koch, mag durch die Funde des Autors an Zauber verlieren. Dafür gewinnt der Leser Verständnis für eine geheimnisumwitterte Welt, die er bislang für verschlossen hielt. Und getreu dem Ethos der Hacker-Szene legt Schröder seine Quellen offen. Wer ans Internet angeschlossen ist, kann seine Recherche auf **http://www.burks.de/tronbuch.html** nachvollziehen.

Burkhard Schröder, Jg. 1952, wurde in Holzwickede im Ruhrgebiet geboren. Er studierte in Münster und Berlin Philosophie, Geschichte und Germanistik. Nach einem Intermezzo als Lehrer an einem humanistischen Gymnasium schlug er sich als Taxiunternehmer in Berlin durch. Seit 1985 arbeitet er als freier Journalist für zahlreiche Tages- und Wochenzeitungen. Schröder ist Dozent für Internet-Recherche an der Berliner Journalisten-Schule. Er hat neun Sachbücher geschrieben, fünf davon zum Thema Rechtsextremismus, diverse Buchartikel und Science-Fiction-Storys. Schröder lebt in Berlin-Kreuzberg.

BURKHARD SCHRÖDER

TRON
TOD EINES HACKERS

ROWOHLT TASCHENBUCH VERLAG

2. Auflage Januar 2001

Originalausgabe
Veröffentlicht im Rowohlt Taschenbuch Verlag GmbH,
Reinbek bei Hamburg, Dezember 1999
Copyright © 1999 Rowohlt Taschenbuch Verlag GmbH,
Reinbek bei Hamburg
Lektorat: Frank Strickstrock
Umschlaggestaltung Bernd Kuchenbeiser
Satz Janson PostScript PageOne
Gesamtherstellung Clausen & Bosse, Leck
Printed in Germany
ISBN 3 499 60857 X

Inhalt

1 Letzte Peilung Berlin-Britz – der Beginn eines Mythos 7

2 Mord oder Selbstmord – ein Gutachten 35

3 Simulatoren 61

4 Bastler, Forscher, Hacker 75

5 Smarte Karten 96

6 Abhören schwer gemacht 123

7 Entschlüsseltes Fernsehen 148

8 Der Irdeto-Hack 164

9 Der Mythos Tron 192

Glossar 215

Dank 223

Hinweis

Alle Internet-Adressen, die in diesem Buch – im Text, in den Fußnoten, im Glossar – erwähnt werden, sind auch – auf dem aktuellen Stand – unter http://www.burks.de/tronbuch.html zu finden.

Fotonachweis

Speicherarten und Philips Chip S. 107: ADSR
ISDN-Telefon 1 und 2 S. 143/145: Dietmar Gust
Skizze Schaltplan ISDN-Telefon S. 1144: Zitat aus Diplomarbeit Boris F.
alle anderen: Burkhard Schröder

1 LETZTE PEILUNG BERLIN-BRITZ –
DER BEGINN EINES MYTHOS

Wer gegen finstere Mächte kämpft, hat die Sympathien des Publikums auf seiner Seite. Der tapfere Einzelkämpfer mit guten Absichten gegen das übermächtige Böse: Das ist der Stoff, aus dem Mythen geschmiedet werden. Stirbt der Held plötzlich und unerwartet und kann die Hoffnungen, die stellvertretend in ihn gesetzt wurden, nicht mehr erfüllen, fragt man sich umso mehr: Warum musste das sein?

Moderne Mythen spielen nicht im sagenumwobenen Wald. Die neuen Ritter und Prinzen müssen weder den magischen Gral finden noch verzauberte Dornröschen erlösen. Das wild wuchernde Internet, das Gestrüpp der Datenleitungen, kryptische Codes, die es zu entschlüsseln und zu entzaubern gilt – der Cyberspace produziert den Stoff, aus dem die heutigen Träume sind. Der einsame, geniale Abenteurer, der Hexenmeister der Hardware mit geheimem Wissen, der sich seinen Pfad zu neuen virtuellen Ufern bahnt, auch wenn sich ihm Hindernisse in den Weg stellen – das ist der Held des 21. Jahrhunderts und des Informationszeitalters. Die Medien suchen hier ihre Themen und saugen Honig für neue Mythen, die eingängigere und zeitgemäßere Bilder ergeben als David gegen Goliath oder Siegfried gegen Hagen.

Kaum jemand kennt die Figur Flynn. Ein Programmierer als Filmstoff – das war noch vor einer Generation undenkbar. Doch Flynn wurde zum Helden und zur Kultfigur, weil er einen Mitstreiter im Kampf gegen das Böse bekam, einen virtuellen Helden mit dem Namen Tron. Der amerikanische Streifen «Tron» schrieb 1982 Filmgeschichte. Das Internet war damals noch eine esoterische Angelegenheit für einige Computerfachleute bei den amerikanischen Militärs und in einigen Eliteuniversitäten. Die Filmdatenbank «Internet Movie Database» ordnet «Tron» in die Genres

«Action», «Adventure» und «Science-Fiction» ein. Der reale Held verirrt sich im Datenwald – er wird in die Welt des Computers gezogen und muss dort das Böse bekämpfen. Der virtuelle Gladiator Tron steht ihm erfolgreich gegen ein übermächtiges «Master Control»-Programm beiseite, das den einsamen Kämpfer beherrschen und seine Werte der Cyber-Welt aufzwingen will.

Tron ist tot. Tron war auch das Alias und der «Kampfname» eines jungen Programmierers und Hackers aus Berlin. Am 29. Oktober 1998 wurde er in einem kleinen Wald in Berlin-Neukölln erhängt aufgefunden. Sein Tod wurde in vielen Zeitungen weltweit beschrieben, diskutiert und gedeutet – von Japan bis nach Israel und nach Amerika. Das Internet multiplizierte die Nachricht und konserviert die Diskussionen bis heute – und das Rätsel seines Todes ist bis heute ungelöst. Niemand wusste genau, mit wem der Hacker zusammenarbeitete, an welcher Software er tüftelte und ob das, womit er sich beschäftigte, etwas mit seinem Tod zu tun hat. Waren die Interessen mächtiger Konzerne, gar der Geheimdienste berührt? Gibt es eine «Datenmafia», die Hacker, die sich mit den falschen Themen beschäftigen, umbringen lässt?

Die Medien fassen nach

Eine kleine Lokalzeitung, das *Neuköllner Volksblatt*, machte den Fall zuerst publik, einige Tage nach Trons mysteriösem Verschwinden. Nach ersten Ermittlungen, schrieb das Blatt, handele es sich um einen Selbstmord. «Seine Lebensumstände lassen aber Zweifel an dieser Theorie zu.» Der junge Mann, Boris F., war unstrittig hoch begabt. Seine Freunde beschreiben den Toten als lebenslustig und keineswegs als Selbstmordkandidaten. Tron hatte vor kurzem sein Informatikstudium mit einer Diplomarbeit beendet und sei ein Spezialist für Entschlüsselungstechniken. «Hat er sich wirklich getötet?», fragte die Zeitung.

Die Umstände seines Verschwindens seien rätselhaft. Er habe am 17. Oktober die Wohnung verlassen, in der er gemeinsam mit seiner Mutter lebte, und sei seitdem nicht wieder gesehen worden. Da er als sehr zuverlässig gelte, sei er von seinen Eltern schon in den Abendstunden vermisst und gesucht worden. Die Polizei wisse nicht, wo er sich in den Tagen zwischen Samstag und dem Donnerstag, als man ihn fand, aufgehalten habe. Man gehe davon aus, dass Boris F. nach seinem Verschwinden noch mehrere Tage gelebt habe. Am Schluss des Artikels bittet die dritte Mordkommission um Mithilfe: Wer könne Angaben über das persönliche Umfeld des Toten machen?

Wenige Tage darauf erschien das Nachrichtenmagazin *Der Spiegel* mit einem Artikel unter der Überschrift: «Vermintes Terrain»[1]. Ein «Datenjongleur» sei unter mysteriösen Umständen gestorben, ein anderer «musste BND-Avancen abwehren». Mit «Jungen» wie Boris F. müsse man sich um den Technologie-Standort Deutschland keine Sorgen machen. Er habe sich sogar einst «über Nacht» eine komplette Telefonzelle verschafft, «um seine wissenschaftliche Neugier zu befriedigen», und habe sie am nächsten Morgen per Kleinlaster wieder an ihren angestammten Ort gebracht und dort ordnungsgemäß verschraubt. Er habe auch ein öffentliches Telefon mit einem Vorschlaghammer bearbeitet. Den «irritierten Polizisten» habe er erklärt, er brauchte den Chip – die Telekom hätte die Software geändert.

Boris F. alias «Tron» wurde Ende 1995 zu einer Bewährungsstrafe verurteilt. Die «deutsche Hacker-Elite vom Chaos Computer Club (CCC)» sei über Artikel über Tron auf ihn aufmerksam geworden. Seitdem hackte Tron im Verein.

Auch der *Spiegel* referierte die beiden sich widersprechenden Positionen, die der Polizei, die keine Spuren von Fremdeinwirkung gefunden habe, und die der Freunde, die einen Suizid bezweifelten. Zu viele Indizien sprächen ihrer Meinung nach dagegen. Tron, so das Magazin, habe sich auf gefährlichem Terrain bewegt. Die «jugendlichen Datenhexer» seien heute so umkämpft wie nach dem

[1] http://www.spiegel.de/netzweltarc/themen/sphackermord.html

Zweiten Weltkrieg die Männer, die wussten, wie man Raketen ins All oder auf andere Hauptstädte schießt. Auch Geheimdienste versuchten die Hacker zu ködern, Verbrechersyndikate interessierten sich für ihr Wissen. Das sei eine Gemengelage, in der selbst Verschwörungstheorien plausibel erscheinen.

Der Chef der dritten Mordkommission, Kriminalhauptkommissar Klaus Ruckschnat, 41, kommt zu Wort. Für ihn stehe fest, dass sich Boris F. noch am Tag seines Verschwindens mit jemandem getroffen habe. «Wir wissen aber nicht, mit wem.» Auch wenn die Anhaltspunkte für einen Suizid überwögen, ermittelt man unter der Überschrift «Kapitalverbrechen».

Das Magazin zählt die verschiedenen Gebiete auf, für die sich Boris F. alias Tron interessiert hatte. Er habe die Fähigkeit besessen, Chipkarten am Küchentisch nachzubauen. Ihm sei es gelungen, Telefonkarten zu kopieren, Handy-Karten, die Chipkarten der «d-box», die digitales Bezahlfernsehen auf Hunderten von Kanälen sichtbar machen könne. Die organisierte Kriminalität interessiere sich lebhaft für dieses Zukunftsgeschäft. Als Diplomarbeit habe der Informatikstudent ein Gerät entwickelt, das die komplette Kommunikation per ISDN günstiger kodiere als bisherige Apparate.

Der Hacker Tron sei von Geheimdiensten angesprochen worden, nie jedoch vom deutschen Bundesnachrichtendienst. Dem könne man so etwas aber durchaus zutrauen, suggeriert der Artikel. Der BND habe sich im Frühjahr 1998 an einen anderen Berliner Studenten und Computerfreak gewandt, sich in einem Hotel konspirativ getroffen und dem jungen Mann vorgeschlagen, für ein entsprechendes Honorar die Datennetze des Iran auszuspionieren. Der geheimnisvolle Herr zahlte für eine erste «Fingerübung» 2000 Mark. Als der Student weitere Arbeiten ablehnte, verschwand der Auftraggeber spurlos von der Bildfläche, auch die Firma, bei der er angeblich angestellt war, hatte sich aufgelöst. Dem «subversiven Hobby-Elektroniker» Tron sei es jedoch nie um Geld gegangen. Er sei zufrieden gewesen, wenn er bei Leuten, die mit dem

Handel illegaler Karten reich geworden wären, «mal eine teure Workstation nutzen durfte».

Die Ermittler, so endet der Artikel, hätten «kistenweise» Computermaterial aus Trons Zimmer sichergestellt. Die Hoffnung, anhand der Rechner Hinweise zu finden, sei wahrscheinlich trügerisch. Ein Freund des Toten habe gesagt, der Hacker sei ein Meister im «Verschlüsseln» gewesen. «Das knackt kein Polizist.»

In derselben Woche, am 5. November, folgte der *Stern* mit einer detailreichen Reportage über den Fall, die die Angelegenheit noch geheimnisvoller machte. Minutiös wird der letzte Tag, an dem Boris F. lebend gesehen wurde, nachgezeichnet. Am 17. Oktober, einem warmen Tag, habe er noch am Mittag sein Lieblingsessen von seiner Mutter vorgesetzt bekommen: Kräuterspaghetti. Er habe sich mit «Tschüs, ich geh dann jetzt» verabschiedet und noch angeboten, einen Brief der Mutter mitzunehmen. Dann habe ein Freund geklingelt, als Boris gerade das Haus verlassen wollte. Der wollte sich Geräte für seine Diplomarbeit ausleihen. Die beiden jungen Männer gingen ein Stück des Wegs gemeinsam, dann trennten sie sich.

Als Boris am nächsten Tag nicht wieder aufgetaucht war, gingen die Eltern zur Polizei. Sie befürchteten, ihm sei etwas zugestoßen. Sie bettelten die Polizisten an, nach ihm zu suchen. Man weigerte sich zwei Tage lang, überhaupt seinen Namen aufzunehmen, schreibt der *Stern*.

Als man Tron am 22. Oktober fand, erhängt an seinem eigenen Gürtel, verlängert mit einem Stück Gartendraht, hatte er seinen Ausweis noch dabei, sein Schlüsselbund, sein Handy, mehrere hundert Mark. Er trug eine schwarze Jeans und eine Windjacke. Seine Füße berührten den Boden.

Jetzt wird auch die Brisanz des Todesfalles klar. Boris F. war kein gewöhnlicher Computerspezialist, sondern galt nicht nur in der Hacker-Szene, sondern auch bei Großkonzernen als einer der besten Informatiker. Sein Spezialgebiet war die Ver- und Entschlüsselung von Mikrochips – jener kleinen glänzenden Bauteile auf Plastikkarten. Man braucht sie, um bei einer Bank Geld aus dem Automaten zu ziehen, zum Telefonieren, als Eintrittskarte für Büros oder sicherheitsrelevante Bereiche. Der *Stern* berichtet, Boris habe geglaubt, dass jeder, der über die Fachkenntnisse verfüge, jederzeit und überall eindringen könnte, in die elektronischen Netzwerke von Versicherungen, Banken, Atomkraftwerken und von Rüstungsfirmen. «Und Boris F. arbeitete in seinem kleinen Zimmer daran, dies der Welt zu beweisen», schreibt das Magazin. Und deshalb überredete er sogar seine Eltern, sich schriftlich bestätigen zu lassen, dass er und sie die PIN-Nummern ihrer Bank zurückgegeben hätten, nur wenige Monate bevor zwei Halbwüchsige den Bankcomputer eines großen deutschen Geldinstitutes überlisteten.

Der Chef der Mordkommission wird mit dem Satz zitiert: «Wir haben nichts gefunden, keine Abwehrverletzungen, keine Spuren von Gewalteinwirkungen, keine Medikamente, keine Drogen, nichts. Wenn es Mord war, dann war es perfekt.»

Niemand aus seinem Umfeld konnte sich vorstellen, warum sich der lebensfrohe Student hätte umbringen sollen. Er hatte für den Samstag, an dem er verschwand, und für die darauf folgenden Tage viele Verabredungen getroffen. Er hätte eine glänzende berufliche Karriere haben können, zahlreiche Firmen hatten schon vor dem Abschluss seines Studiums um ihn geworben. Sein Verhältnis zu seinen Eltern war eng und gut, noch im Sommer hatte er mehrere Wochen im Ferienhaus seines Vaters in Istrien an der Adriaküste zugebracht. Er hatte eine Clique von Freunden um sich geschart. Jeden Freitagabend traf er sich mit ihnen in einem Keller, den sie gemeinsam zu einem Kino ausgebaut hatten.

Die Eltern und Freunde, die befragt worden waren, befürchteten, dass sein Wissen und seine außergewöhnlichen Fähigkeiten ihm zum Verhängnis wurden. Einer seiner Freunde, Daniel, hielt ihn für «technisch brillant, aber gutgläubig». Viele der Leute, von denen Boris erzählte, hätten ihn nur ausnutzen wollen. Geld habe ihn nicht interessiert. «Wenn andere mit dem, was er entwickelt hatte, Taler scheffelten, war ihm das egal. Hauptsache, er hatte wieder bewiesen, was er draufhatte.» Tron habe, so wird ein Freund zitiert, seinen ganzen Ehrgeiz in die Entwicklung einer Karte gesteckt, die sämtliche Pay-TV-Sender Europas freischaltet. «Eine solche Karte hätte vermutlich den milliardenschweren europäischen Pay-TV-Markt in Turbulenzen gebracht.» Die Herstellung einer solchen Karte gelte bisher «als unmöglich», da in ihr eine angeblich unknackbare Verschlüsselung enthalten sei. Mit dieser habe sich Boris F. aber schon während seiner Diplomarbeit beschäftigt. Im Jahr zuvor soll ihn die italienische Mafia angesprochen haben. Man habe von ihm verlangt, italienische Pay-TV-Decoder umzuprogrammieren. Tron habe abgelehnt.

Mysteriös erscheint ein Lieferschein, den die Eltern im Zimmer ihres toten Sohnes gefunden haben. Eine israelische Firma, «NDS Tech», hatte ihm elektronische Bauteile geschickt. Auf einem beigefügten Zettel ohne Unterschrift steht: «Hallo Boris, hier ist das Material. Viel Glück.» NDS gehört zum Imperium des Medienmoguls Rupert Murdoch und ist auf Pay-TV-Systeme spezialisiert. Auffallend ist auch ein Treffen Trons, an das sich die Eltern erinnern können, weil er ihnen davon erzählt hat. In zwei Berliner Hotels habe er eine Verabredung mit Vertretern einer israelischen Firma gehabt. Dort versuchten die Herren, ihn anzuwerben. Die *Stern*-Autorin wagt die Schlussfolgerung: Da Tron geplant habe, die Bauanleitung für die Pay-TV-Karten ins Internet zu stellen, hätte er, so bestätigt das ein Freund, «einer Reihe von Leuten das ganz große Geld vermasselt». Auf die Firmen, die viel Geld für die Verschlüsselungssysteme der Pay-TV-Karten erhielten, wären enorme Regressforderungen zugekommen, wenn Tron hätte bekannt machen können, «dass man das Schloss quasi neben die Tür genagelt hat. Soweit ich weiß, ist er in der Woche vor seinem Tod mit der Arbeit fertig geworden.»

...eich der Phantasie

Nachdem die beiden großen deutschen Zeitschriften über den rätselhaften Tod des Hackers Boris F. alias Tron berichtet haben, ziehen fast alle anderen Zeitungen nach. Die Pressestelle der Polizei kann sich vor Anfragen kaum retten. Die Medien werden jetzt auch auf die Todesanzeige und eine Pressemeldung des Chaos Computer Clubs aufmerksam, die schon am 24. Oktober erschien. Dort heißt es, man könne sich einen Selbstmord nicht vorstellen. Tron sei ein «offener und direkter Mensch» gewesen, der Probleme nicht für sich behalten hätte. Man hoffe auf weitere Ermittlungsergebnisse der Polizei.

Am 4. November erscheint die *Berliner Zeitung* mit der Meldung, das Rätsel um den Tod des Boris F. sei gelöst. «Nach dem Stand der Ermittlungen» habe Tron sich aus Angst vor der Einberufung zur Bundeswehr selbst getötet. «Ein Verbrechen ist nach Angaben der Ermittler so gut wie ausgeschlossen.» Freunden zufolge soll Boris F. vor der Einberufung panische Angst gehabt haben. Diese Version wollte die Polizei aber offiziell nicht bestätigen.[2]

Allzu ernst nimmt niemand diese kleine Notiz. In den nächsten Wochen veröffentlichen Hacker und Computerfreaks in aller Welt im Internet Nachrufe auf Boris F. Internationale Zeitungen schicken ihre Korrespondenten nach Berlin. Am 20. November erscheint eine der größten Abendzeitungen Israels, die *Yedioth Ahronoth*, mit einer vierseitigen Reportage unter dem Titel: «Der Tod des Hackerkönigs». Das «junge Computergenie» habe Welttelefonfirmen großen finanziellen Schaden zugefügt. Sein Ziel sei es gewesen, den Pay-TV-Decoder einer großen israelischen Firma zu knacken. Sein neuestes Projekt hätten die Gewinne Rupert Murdochs gefährdet, dem die Firma gehöre. Boris F. sei «unter einer Brücke in einem Park» gefunden worden. Im Internet habe es eine

---

2 http://www.BerlinOnline.de/archiv/berliner_zeitung / dump / 19981105 / lokales / 1998080652 / 1.html? TEXT 1 = Tron & TEXT 2 = & TEXT 3= & TEXT 4 =

«hysterische Suche» gegeben nach ihm, der im Cyberspace als der legendäre Tron bekannt war. «Anti-Online», eine der bekanntesten Hacker-Seiten, hätte die Mitglieder auf die Suche geschickt, umsonst. Kein Mensch habe Trons «volle E-Mail-Box aufgemacht».

Die Zeitung schreibt weiter: Boris F. sei in der zehnten Klasse von der Schule geworfen worden, weil er sich nicht habe einfügen können. Seinen «Abschluss in Informatik» habe er nur seinen Eltern zu Gefallen gemacht, damit die sich das Diplom an die Wand hängen konnten. Er sei kein Star und kein Angeber, nur immer besser als andere gewesen.

Der Chaos Computer Club, dessen Gründer ein Karl Koch gewesen sei, sei der Club von Boris gewesen, heißt es. «Alles lief auf der Grenze zwischen Realität und Phantasie.» Sein Tod sei das einzig Reale an seinem Thema gewesen. Die Hacker, so versucht sich *Yedioth Ahronoth* an einer Metapher, standen zwar nicht von den Stühlen auf, aber sie suchten ihren Führer. «Wir haben unsere Spione überall.» Die Freunde hätten seinen PC gesucht und «ein großes Geheimnis» entdeckt. «Wenn er in der Tür gestanden hätte, hätte er uns zerrissen.» Dann habe einer der Freunde einen Anruf von der Polizei erhalten: Man habe Tron gefunden. «Wir brauchen deine Hilfe.»

Mit diesem Artikel ist der Tod Trons in das Reich der Phantasie und der Spekulation entglitten. Außer dem Namen stimmt nicht sehr viel. Die Zeitung handelte sich außerdem eine saftige Gegendarstellung der Firma NDS ein: Rupert Murdoch habe nichts mit dem Tod des Boris F. zu tun, das Material, das er geschickt bekommen habe, sei harmlos gewesen. Tron habe auch nicht daran gearbeitet, das Decoder-System der Firma zu knacken, und niemand in der Firma hätte ein Interesse an Boris' Tod.

Eine TV-Magazinsendung, «Die Reporter», widmet sich am 8. November ebenfalls dem «Hackermord». Mysteriös sei, dass die Füße des Toten den Boden berührten. Trons Vater sagte im Interview, er könne nicht glauben, dass sein Sohn freiwillig aus dem Le-

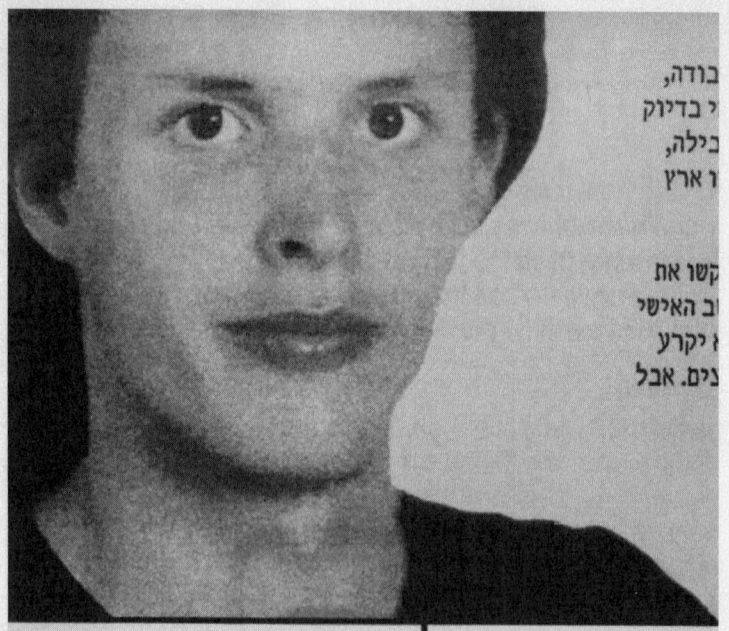

Ausschnitt aus der israelischen Zeitung Yedioth Ahronoth, über dem Artikel ein großes Foto von Boris F.

ben geschieden sei. «Das wissen auch die meisten seiner Freunde.» In einem Urlaubsvideo aus Südafrika ist Boris F. zu sehen, wie er auf einem Emu sitzt und den Kopf des Vogels streichelt.

Ein «Hacker», dessen Gesicht unkenntlich gemacht wurde, offenbar, weil das geheimnisvoller wirkt, spekuliert: Vielleicht habe Boris «die Technologie» anderen Leuten gegeben. Welche «Technologie» gemeint ist, bleibt unklar. Offenbar geht es um Chipkarten. Der kommerzielle Nutzen sei «riesig», wenn man eine Chipkarte für zwei Mark herstellen und sie für 400 Mark verkaufen könne. «Kein Code war vor ihm sicher», heißt es in der Sendung. «In Fachkreisen» gelte Tron «weltweit als der Experte für Ver- und Entschlüsselung». Er habe Handy-Karten und Pay-TV-Decoder entschlüsselt. Seit zwei Jahren habe Boris als «ordentliches Vereinsmitglied» des Chaos Computer Clubs gehackt.

Der Tod Trons habe Angst ausgelöst in der Szene. Einer der Pressesprecher des CCC verkündet bedauernd, dass der Club im Interesse der Ermittlungen keine Informationen preisgebe. «Diese Informationspolitik ist normalerweise die derjenigen Unternehmen, die wir angreifen.» Man fühle sich nicht wohl dabei. Aber wenn jemand «von uns» umgebracht werde, wolle man wissen, was geschehen sei. Boris habe ja noch mehrere Tage nach seinem Verschwinden gelebt. «Es ist für uns völlig unvorstellbar, dass er sich aus freien Stücken umgebracht hat.»

Auch die Autoren des Films vermuten, dass der Lieferschein der israelischen Firma irgendetwas mit dem Tod Trons zu tun haben könnte. Das Unternehmen handele mit Chips für Entschlüsselungsverfahren. Aber konkret sagt niemand etwas, nur den mysteriösen Satz: «Auf dem grauen Markt winken enorme Gewinne.» Wofür und womit, bleibt unklar. Vielleicht soll ein Zusammenhang hergestellt werden mit der These, Boris hätte mit seiner letzten Arbeit, der Entschlüsselung von Pay-TV-Decodern, «so manchem Unternehmen Verluste in Millionenhöhe bescheren können».

Der Tod des Hacker-Genies, schließt der Film, sei «so unerklärbar wie die Welt, in der er sich bewegte, ein Code, der noch entschlüsselt werden muss».

Danach verstummte die Diskussion in den Medien über den Tod Trons. Erst am 28. Mai 1999, also mehr als ein halbes Jahr nach dem traurigen Ereignis, erschien wieder eine Reportage, im Lokalteil der Berliner *Tageszeitung*. Boris F. habe sich, so wiederholt der Artikel, «auf gefährlichem Terrain» bewegt. Tron hätte eine «Wunderkarte» zum kostenlosen Telefonieren und in seiner Diplomarbeit ein Gerät entwickelt, das «komplette ISDN-Kommunikation günstiger als andere Apparate» ermöglicht. Diese Qualitäten seien sowohl bei Geheimdiensten als auch bei Verbrechersyndikaten gefragt. Interessant, so schreibt die Autorin, seien «Passwörter und Programme von Militärs, Raumfahrt- und Rüstungsfirmen». Agenturen würden während der Hacker-Kongresse beobachten, wer was gehackt habe.

Der Artikel steuert auch bisher weitgehend unbekannte Details bei: Der Rechtsanwalt der Eltern Trons behauptet, die Polizei habe, statt sich auf die Suche nach dem Vermissten zu machen, zunächst dessen Computer beschlagnahmt. Die Eltern seien überzeugt, dass ihr Sohn noch leben könnte, wenn die Polizei ihren Hinweisen, dass eventuell ein Verbrechen vorliege, nachgegangen wäre. Der Anwalt: Boris' Wissen sei «dreistellige Millionenbeträge» wert, der junge Mann aber nicht käuflich gewesen. «Das ist ihm zum Verhängnis geworden.» Es habe sogar mehrere Anwerbeversuche kurz vor Trons Verschwinden gegeben.

«Jetzt, nach sieben Monaten», resümiert die *taz*, «steht die Polizei kurz davor, die Akte zu schließen. Das vorläufige Ergebnis: Suizid.» Der Chefermittler gibt zu, dass Boris' Eltern das Ergebnis nicht akzeptieren würden. «Da kommen wir nicht auf einen gemeinsamen Nenner.»

Offenbar hatte die *taz* auch versucht, eine Stellungnahme des Chaos Computer Clubs zu bekommen. Der ermittle «auf eigene Faust», man hülle sich aber derzeit «in viel sagendes Schweigen». Auf der Internet-Seite des CCC liegt eine kurze Zusammenfassung der Diskussion während des letzten Kongresses im Dezember in Berlin.[3] «Die Sache ist heiß. Sehr heiß. Und traurig.» So lautet der lakonische Kommentar, und es folgt der Hinweis: «Das sind aber auch schon die einzigen eindeutigen Aussagen, die sich zu dem Fall Tron bisher machen lassen.» Tron sei kein gewöhnliches Mitglied des CCC gewesen. Bei vielen der Teilnehmer des Kongresses sei der Wille zu spüren gewesen, neben der «Trauer und Wut über den persönlichen Verlust eines Freundes», die Erinnerung an den Verstorbenen lebendig zu halten, indem sein enormes Wissen «erhalten und weitergegeben» werden solle. Für eine Selbstmordtheorie gebe es bisher noch keinen einzigen schlüssigen Beweis. Tron sei vielleicht etwas zu naiv gewesen. Bei den Themen, mit denen sich Tron beschäftigt habe: «Chipcard-Hacking» und ISDN-Verschlüsselung, müsse man nicht paranoid sein, um sich vorzustellen, «wer Interesse an diesem Wissen – oder gerade an der Zurückhaltung dieses Wissens – haben könnte».

Von Hagbard zu Tron – der Mythos lebt weiter

Wenige Tage nach Erscheinen des *taz*-Artikels schrieb ein Can Filip Sakrak in der Internet-Newsgroup *de.org.ccc*: «Als ich zum ersten Mal etwas über ‹Tron› (Boris F.) gehört habe, habe ich sofort ein neues Idol gefunden.» Tron sei das beste Beispiel für einen Hacker im wahren Sinn des Wortes gewesen. Das bedeute: «sich mit bestimmten Themen bis ans kleinste Detail auseinander setzen». Er könne nicht verstehen, warum «einige Leute» behaupteten, Tron hätte Selbstmord begangen. Das Argument, er hätte sich vor dem Militär gefürchtet, sei nicht überzeugend, da es als Alternative den Zivildienst gebe. «Ich habe eine riesige Wut im Bauch. Als ich diesen Artikel gelesen habe, war ich kurz vor dem Weinen. Im Ernst.»[4]

3 http://www.ccc.de/congress98/doku/271298-tron.html
4 http://x48.deja.com/[ST_rn=ap]/getdoc.xp?AN=483571990

Zehn Jahre zuvor, im Jahr 1989, war schon einmal ein Hacker tot aufgefunden worden. Die Computerzeitschrift *c't* erinnerte in einem Artikel an diese seltsame Parallelität. Damals handelte es sich um Karl Koch alias «Hagbard», dessen verkohlte Leiche in einem Birkenwäldchen gefunden wurde, daneben die Reste eines Benzinkanisters aus Plastik. «Es muss Mord gewesen sein, vermuten einige seiner Freunde und Bekannten – KGB oder CIA hätten ihn umgebracht, weil er zu viel wusste.»

Über diesen 23jährigen Hannoveraner Hacker, sein Leben und seinen Tod kam jüngst ein Spielfilm mit dem rätselhaften Titel «23» in die Kinos, das Drehbuch schrieben Hans-Christian Schmid und Michael Gutmann. Das Buch zum Film folgte.[5] Im Klappentext heißt es, das Thema sei «das kurze Leben eines jungen Hackers, der in das Machtspiel von Presse, Verfassungsschutz und Geheimdiensten gerät». Die Freunde Karl Kochs hatten damals in einer Todesanzeige geschrieben: «Karl wäre noch am Leben, wenn Staatsschutz und Medien ihn nicht durch Kriminalisierung und skrupellose Sensationsgier in den Tod getrieben hätten.» «Hagbard» sei ein sensibler Jugendlicher gewesen, der auf der «verzweifelten Suche nach Geborgenheit und Anerkennung war».

Karl Koch hatte sich, wie auch Boris F., ein Alias nach einer Romanfigur zugelegt: Hagbard Celine ist der Held des Romans «Illuminatus»[6] von Robert Anton Wilson. Hagbard Celine versucht zu verhindern, dass ein mächtiger Geheimbund, die «Illuminaten», einen dritten Weltkrieg heraufbeschwört. Die Zahl 23 ist den Illuminaten heilig. Hagbard, so steht es im Roman, ist «ein wahnsinniger Genius, höchst qualifiziert, fähig einer ganzen Reihe verschiedener Tätigkeiten innerhalb von Rechtswissenschaften und Ingenieurswesen». Er bereist in einem goldenen Unterseeboot die Weltmeere. Ganz nebenbei entwickelt er den Computer «Fuck-

---

[5] Hans-Christian Schmid, Michael Gutmann: Dreiundzwanzig – 23 – Die Geschichte des Hackers Karl Koch, München 1998

[6] Robert Shea/Robert A. Wilson: Illuminatus, 3 Bde., Reinbek 1997.

up», der das Schicksal der Welt vorhersagt, auf der Basis von I-Ging-Hexagrammen. Karl Koch alias Hagbard ist von dieser Figur begeistert und in seine Rolle vernarrt. Er schreibt, dass er sich «in meine Welt aus Büchern» zurückgezogen habe.

Später fand er Anschluss an eine Gruppe von jungen Computerfreaks. Während des Chaos-Communication-Congresses in Hamburg 1985 traf er auf Gleichgesinnte. «Die Hacker verkörpern die Zukunft», schrieb er. Es habe etwas Berauschendes, «dass ein ganzes EDV-System durch einen Befehl, der von mir eingegeben wird, zum Arbeiten gebracht wird. Und schon hat man diese unvorstellbare Kraft, verborgen im Inneren eines Computers, aufgestöbert.»

Karl Koch entspricht dem Klischee des Hackers, wie es vor allem durch US-amerikanische Filme und durch andere Medien kolportiert wird: junge, manchmal – in den Augen ihrer Mitmenschen – kontaktgestörte junge Männer, die in nächtelangen Hacksessions via Telefonleitung in geschützte Computersysteme eindringen und etwas tun, das der Normalsterbliche nicht nachvollziehen kann. Sie erraten Passwörter – was in der Realität heute so gut wie nie vorkommt – und scheinen mit dem Medium Computer so vertraut wie ein Automechaniker, der aus dem Schrott mehrerer Fahrzeuge ein komplettes neues zusammenbauen kann.

Die berüchtigten Hacker werden oft für alle technischen Probleme verantwortlich gemacht oder als Popanz aufgebaut, um von eigenen Fehlern abzulenken. So argumentierte ein bayerischer Abgeordneter, dem man den Missbrauch seines Diensttelefons für Sex-Telefonate nachgewiesen hatte, das sei nicht er gewesen, sondern wahrscheinlich irgendwelche «Hacker».

Das Weltbild derjenigen, die aus beruflichen Gründen mit Hackern zu tun haben, was auch immer im Einzelfall damit gemeint ist, scheint oft allzu schlicht zu sein, so einfach, dass man es kaum glauben mag, wenn man voraussetzt, dass Zeitungen und andere Medien jedem Interessierten zur Verfügung stehen. So schreibt ein Andreas Wittermann in der Zeitschrift *CD Sicherheitsmanagement* noch im Frühjahr 1999 unter dem anspruchsvollen Titel «Wirken und Wesen des Hackers»: «Der moderne Hacker geht entweder einer geregelten Arbeit nach oder ist gänzlich ins kriminelle Milieu abgetaucht.»

Das ist strittig. Im Internet kann man sich über den Unterschied zwischen «Hackern» und «Crackern» informieren: Hacker stehe für jemanden, «der sich stark mit Computern und ihren Funktionen beschäftigt. Also ein Selfmade-Experte.» Cracker sei jemand, «der dieses Wissen benutzt, um in andere Systeme einzubrechen und Schaden anzurichten – ein Krimineller».[7] Im Film «Hacks» lässt die Journalistin Christine Bader Hacker zu Wort kommen: «Hacken» sei häufig die elegante Lösung eines kniffligen Problems, der «erlebnisorientierte Umgang mit Computern» und der «gestalterische Umgang mit Fehlern». Hacker zeigten ein «nicht definiertes Benutzerverhalten» und könnten, mehr als andere, mit Kommunikationswerkzeugen umgehen.

Diese Definitionen träfen freilich, wenn man sie flexibel auslegt, auch für das Berufsethos eines professionellen Einbrechers zu. Die Hacker-Szene besteht aber, und das ist Konsens, aus sehr unterschiedlichen Personen, das Milieu dient als Katalysator für diejenigen, die aus der Beschäftigung mit Computern eine Art «way of life» gemacht haben.

Die Zeitschrift *CD Sicherheitsmanagement* will wissen, «was genau» ein Hacker sei: «Männlich, jung – oft sogar noch Teenager –, einzelgängerisch, von Informatik und Mathematik fasziniert – das ist der typische Hacker. Der Guerillakampf im Datennetz ist für ihn oft Ersatz für Sport- und Partyspaß. Viele Hacker sehen in ihrem ‹Spiel› gegen Konzerne eine Art Rollenspiel gegen unheimliche Übermächte … Viele Hacker stehen außerdem im Zwiespalt zwischen ihrem verborgenen Treiben und einer gewissen Sehnsucht nach Öffentlichkeit.» Was «anfangs» – hier sind offenbar die achtziger Jahre gemeint – noch Spaß oder Unsinn gewesen sei, sei

---

7 Vgl. Konrad Rosenbaum: Murphy für Informatiker, http://www.htw-dresden.de/~wizo/K_Rosenbaum/hackcrack.html

«heute – oft sogar tödlicher – Ernst». Die ersten Hacker hätten den freien Zugang zu Informationen verlangt, Autoritäten misstraut und nach der Maxime gelebt: «Öffentliche Daten nützen, private Daten schützen.»

Der Verfasser des Artikels weist auf die Hacker-Frühzeit hin, einer ihrer «Stars» sei Karl Koch gewesen. Dessen Leben zeige, «wie schnell dabei der Weg in die Klein- und Großkriminalität oder auch in die finstere Welt der Geheimdienste ist».

Es kommt auf die Perspektive an. Wenn Computerspezialisten, aus welchem Motiv auch immer, in fremde, angeblich sichere Rechner eindringen, ist die Frage viel dringender, warum es Firmen und Organisationen nicht gelingt, ihre Netze und Anlagen davor zu schützen, warum sie nicht in diese Sicherheit investieren – oder ob ihnen das gleichgültig ist? Clifford Stoll zitiert in seinem Buch «Kuckucksei»[8] den für die Computer zuständigen Verantwortlichen einer Rüstungsfirma: «Wir können doch gar keine Hacker hier haben. Wir betreiben eine sichere Anlage.»

Der lakonische Kommentar Stolls: «Sie war *per definitionem* sicher. Das hatte ich schon öfter gehört.»

Die Hannoveraner Hacker ließen sich damals in der Tat, vermittelt über den Freund eines Mitglieds ihrer Gruppe, mit dem russischen Geheimdienst KGB ein und hackten in dessen Auftrag. Der Freund marschierte kühn in die russische Botschaft in Berlin, der damaligen Hauptstadt der DDR, und bot ihre Dienste an. Die Russen waren interessiert. Der reale Hagbard sah aber auch die russische Regierung als Marionette der «Illuminaten» wie auch alle anderen nationalen Regierungen. Die Grenze zwischen Fiktion und Realität verschwamm; Karl Koch litt zunehmend an Verfolgungswahn, der durch den exzessiven Konsum von Kokain noch gesteigert wurde.

Die Geschichte des Karl Koch ist deshalb für das Selbstverständnis der Hacker-Szene und ihre Reaktion auf den Tod von Tron

---

8 Clifford Stoll: Kuckucksei, Frankfurt a. M. 1998

wichtig, weil Hagbard sich in einer dubiosen Gemengelage zwischen Journalisten und Geheimdienstlern verirrte und dieser Umstand seine persönlichen Probleme unstrittig erheblich verstärkte. Die Personen, mit denen er zu tun bekam, waren skrupellos oder naiv oder beides gleichzeitig.

Karl Koch und seine Kumpane tauchen als handelnde Personen auch in Clifford Stolls Buch auf. «Kuckucksei» berichtet zum ersten Mal über die Jagd von Polizei und Geheimdiensten auf einen Hacker. Es ist aus der nicht ganz uneitlen Sicht Stolls geschrieben. Der ist ein Internet-Pionier und Astrophysiker am kalifornischen Lawrence Bell Laboratory. Die Filmemacher von «23» nennen Stoll einen «unangenehmen Wichtigmacher», der es sehr gut verstanden hat, die ganze Geschichte zu vermarkten. Das Buch hat die Berichterstattung über das Thema über viele Jahre geprägt und gilt immer noch als «Standardwerk» über das Verhältnis von Systemmanagern, die für die Computernetze bei Firmen und Organisationen verantwortlich sind, und Computerfreaks, die sich dort aus unterschiedlichen Gründen den virtuellen Zutritt verschaffen wollen.

Stoll erfuhr von den ersten Aktionen des Chaos Computer Clubs über Kollegen, die von Einbrüchen in ihre Rechner berichteten. Diese Hacker, so schreibt Stoll, «waren vermutlich Techno-Vandalen». Er war überrascht, «dass sich fast alle deutschen Hacker miteinander verbündet hatten». Einer seiner «Gegner», den es zu identifizieren und zu überführen galt, war «Urmel», ein Freund des Karl Koch. Beide drangen in Dutzende von amerikanischen Rechnern ein, darunter, so behauptet Stoll, in die des Milnet – des Computernetzes des amerikanischen Verteidigungsministeriums – und die der NASA. «Urmel», «Hagbard» und andere benutzten damals noch das Datex-P-Netz der deutschen Bundespost; an einen allgemein verfügbaren Internet-Zugang war Mitte der achtziger Jahre in Deutschland noch nicht zu denken.

Über einen deutschen Journalisten ließ Stoll die Hannoveraner Hacker auskundschaften und erfuhr auch von deren Verbindungen zum russischen Geheimdienst KGB. Der wiederum beauftragte eine «befreundete» Organisation im damaligen Ostblock, die Informationen zu verifizieren, die über die deutschen Hacker an ihn gelangten. Da Clifford Stoll mit den amerikanischen Geheimdiensten CIA und FBI kooperierte, die nicht nur militärische, sondern auch Industriespionage befürchteten, traten sich die Schlapphüte in Hannover bald gegenseitig auf die Füße.

Karl Koch tauchte zeitweilig ab. Er ließ seinen exzessiven Kokainkonsum in einer Therapie behandeln. Man behandelte ihn mit schweren Medikamenten wie Haldol und Truxal, die die Gefühle des Kranken «auf Eis legten, das Problem aber nicht lösten». In seinem Lebenslauf schrieb «Hagbard»: «Die abermalige Einnahme von Kokain führte zu einer anhaltenden paranoiden Psychose mit Halluzinationen, die mehr als vierzehn Tage blieb.» Nach seiner Entlassung aus der Drogentherapie musste Koch feststellen, dass sein Vermieter mit dem Bundesnachrichtendienst zusammenarbeitete, der den Hacker observierte, und den Geheimdienstlern den Zugang zu Kochs Wohnung ermöglicht hatte.

Im April 1988 schrieb die deutsche Presse zum ersten Mal ausführlich über die Aktionen der Hannoveraner Hacker im Zusammenhang mit der Jagd Clifford Stolls auf die virtuellen Eindringlinge. Das Thema war neu und deshalb angesagt. Die Journalisten drängelten sich bei denen, die als Hacker galten oder sich glaubwürdig als solche verkauften.

Zwei Journalisten tauchen bei Karl Koch auf, der ständig in Geldnöten ist, gerade eine Handelsschule besucht und nicht weiß, wie er seinen Lebensunterhalt finanzieren soll, wenn er die Schule beendet hat. Einer der Journalisten bemerkt beiläufig, dass er eine Illustrierte kenne, die für eine wirklich gute «Panik-Story» 10 000 Mark zahlen würde. «Hagbard» erfindet diese Geschichte: er sei in die Computer der Kernforschungsanlage Jülich eingedrungen und «habe das Steuerprogramm für das Herauf- und Herunterbewegen der Brennstäbe geknackt». Offenbar sieht Karl Koch jetzt eine Möglichkeit, zu Geld zu kommen. Einer der beteiligten Journalisten sagt heute: «Er brach die Schule ab und verstrickte sich immer mehr in eine Situation, in der er einfach nicht mehr wusste, was er machen sollte. Und die einzigen Quellen, von denen er Geld kriegen konnte, waren Journalisten.»

Als Koch sich auch noch Material beschafft, das aus dem Bundeskriminalamt in Wiesbaden stammt, nimmt das Verhängnis seinen Lauf. Die Papiere, die der Hacker den Presseleuten präsentiert, waren nur Fernschreiben zu Testzwecken, die ein Freund Kochs sich für seine Computerfirma hatte schicken lassen – als «Altmaterial». Das fällt auf, als die Journalisten das Material von Kollegen des ARD-Magazins «Panorama» überprüfen lassen. Die kennen sich immerhin mit dem Thema Computer aus und glauben nicht alles sofort, was man ihnen auftischt. Als jedoch Kochs Kontaktperson beim Landeskriminalamt anruft, um den angeblichen virtuellen Einbruch verifizieren zu lassen, packt man dort gleich das große Besteck aus und organisiert prophylaktisch eine groß angelegte Durchsuchung bei «Panorama».

Heute ist es strittig, ob finanzielle Angebote der Medien Karl Koch erst dazu angestiftet haben, «auf Bestellung» zu hacken. Der Norddeutsche Rundfunk bestreitet in einem Schreiben an den Chaos Computer Club, dass ein Honorar in der besagten Höhe versprochen worden sei. Wahrscheinlich ist, dass Kochs Hoffnungen, irgendwann in naher Zukunft eine «Super-Story» verkaufen zu können, von niemandem ernsthaft in Frage gestellt wurde. Unstrittig ist, dass die Journalisten ihre finanziellen Zusagen, falls es sie überhaupt gab, nicht einhielten und Koch in eine immer bedrohlichere finanzielle Lage geriet. «Hagbard» hoffte wohl, dass er durch die Öffentlichkeit, die er sich durch den Kontakt mit der Presse verschaffte, vor dem Zugriff der Justiz und der Geheimdienste ein wenig geschützt blieb.

Das erwies sich als Illusion. Der damalige Redaktionsleiter von «Panorama» traf sich mit einem Anwalt und dem Chef des Hamburger Landesamtes für Verfassungsschutz. Man kannte sich vom Tennis. Die Herrenrunde organisierte ein «Hintergrundgespräch» mit dem Bundesamt für Verfassungsschutz. Angeblich soll dessen Präsident zugesagt haben, dass ein eventuelles Ermittlungsverfahren gegen Koch eingestellt werde, wenn er nützliche Informationen liefere. Später bestreiten das Angehörige des Amtes. Der damalige Gruppenleiter der Abteilung Spionageabwehr wird in «23» mit den Worten zitiert, es sei nicht so einfach möglich, Straffreiheit zuzusichern: «Wenn Sie sich bemühen und uns in vollem Umfang die Wahrheit sagen, dann werden wir dazu beitragen, dass die ganze Sache vor Gericht eine positive Entwicklung nimmt.» Damit ist alles und nichts gesagt.

Warum ausgerechnet der Verfassungsschutz eine Rolle in diesem Spiel bekam, darüber lässt sich nur spekulieren. Diese Organisation, für die die Bezeichnung «Geheimdienst» äußerst schmeichelhaft wäre, dilettiert nach der Meinung von Experten seit Jahrzehnten vor sich hin. Durch die Geschichte der diversen Landesämter zieht sich eine Kette von Skandalen, angefangen von angeworbenen Spitzeln, die die geheimen Nachrichten, an denen die Auftraggeber interessiert waren, à la Potemkin selbst produzierten, bis zu Bombenlegern und Attentätern, deren «segensreiches» Wirken letztlich über den Verfassungsschutz vom Staat finanziert wurde.[9] Gerade das niedersächsische Landesamt tat sich besonders unrühmlich hervor: Es inszenierte schon 1978 einen Sprengstoffanschlag auf die Mauer der Justizvollzugsanstalt Celle, mit dem ein Versuch vorgetäuscht werden sollte, einen Gefangenen zu befreien. Ein Abgeordneter sprach von einem «Lockspitzelsystem», mit dem «keine Straftaten verhindert oder aufgeklärt, sondern versucht wurde, Dritte zu neuen Straftaten anzustiften».

Das zweifelhafte Renommee des Verfassungsschutzes wird von den Medien selten genug thematisiert. Das liegt vermutlich daran, dass eine Behörde in Deutschland oft a priori als seriös gilt, ganz

---

9 Zum Thema Verfassungsschutz vom Autor: Der V-Mann, Hamburg 1997, auch: «Potemkin lässt grüßen», in: taz v. 15. 3. 1997. Vgl.: http://www.burks.de/artikel/150397.html

gleich, was sie veranstaltet. Wer sich über die «Erfolge» des Verfassungsschutzes bei seiner vornehmlichen Aufgabe, die Verfassung zu schützen, Gedanken macht und über die wissenschaftliche Basis der dubiosen Theorien, deren man sich zur Definition der «Verfassungsfeindlichkeit» bedient, der würde nie auf die Idee kommen, sich bei einem heiklen Problem ausgerechnet an diese Organisation zu wenden. Außerdem ist heute, nach dem Fall der Mauer, deutlich geworden, dass die damaligen Geheimdienste des Ostblocks, allen voran das im internationalen Vergleich professionell arbeitende Ministerium für Staatssicherheit, den Verfassungsschutz nicht besonders ernst nahmen, sondern intern als eine Art «Gurkentruppe» einschätzten. Der Rat an einen Hacker, der sich nicht zu Unrecht im Fadenkreuz mehrerer Geheimdienste wähnt und der von starken persönlichen Problemen und exzessivem Drogenkonsum zerrüttet ist, sich ausgerechnet an die Verfassungsschützer zu wenden, zeugt von einer gewissen Naivität und Fahrlässigkeit, die man von Journalisten in verantwortlicher Position nicht erwarten sollte.

Das Ergebnis des Gesprächs zwischen den Verfassungsschützern und dem Redaktionsleiter von «Panorama» teilten die Journalisten, die als Kontaktpersonen in der Szene fungieren, Karl Koch mit. Der nahm die vagen Zusicherungen für bare Münze, vielleicht weil er hoffte, dass es so sein möge, und stellte sich am 5. Juli 1988 dem Kölner Bundesamt für Verfassungsschutz. Auch einer seiner Hacker-Freunde machte diesen Schritt wenige Wochen später. Einer der Journalisten, der das Material über den Hacker – Videokassetten und Texte – aus einem Schließfach am Hamburger Hauptbahnhof abholen wollte, wurde filmreif von einem großen Aufgebot der Polizei verhaftet.

Der Verfassungsschutz animierte Karl Koch offenbar dazu, seine ehemaligen Freunde auszuhorchen. Die Beteiligten wurden jetzt auch noch vom Ministerium der Staatssicherheit der DDR beobachtet. Alle Geheimdienstler wissen irgendwie voneinander, wollen sich aber nicht allzu sehr stören. «Hagbard» lässt sich zum

Bundeskriminalamt nach Wiesbaden fliegen, wo wichtige Leute an seinen wichtigen Informationen interessiert zu sein scheinen. Man merkt zwar, dass der Informant unter dem Einfluss von Psychopharmaka steht, seine Hände zittern, er ist unkonzentriert und kann sich zeitweilig nicht artikulieren. Aber das ist uninteressant.

Der Verfassungsschutz ist an einer Strafverfolgung nicht interessiert, er ist keine polizeiliche Behörde. Das BKA jedoch muss, wenn es von Straftaten erfährt, nach dem Legalitätsprinzip tätig werden. Im Juni 1987 gibt es daher die ersten «offiziellen» Hausdurchsuchungen. Im März 1989 beschuldigen die Behörden die gesamte Gruppe der Hannoveraner Hacker der geheimdienstlichen Tätigkeit. Der Vorwurf lässt sich während des Prozesses nicht aufrechterhalten, die Beschuldigten werden freigesprochen. Die Presse, allen voran das Magazin «Panorama», steigt mit allen Mitteln in die Story ein. Es handle sich um «eine neue Ära der Spionage», eine Sendung wird als Report «über den schwersten Spionagefall seit der Enttarnung des Kanzleramtsagenten Günter Guillaume» präsentiert.

Das Nachrichtenmagazin *Der Spiegel* druckt Karl Kochs Klarnamen. Er verliert beinahe seinen Halbtagsjob bei der Landesgeschäftsstelle der CDU in Hannover. Er ist zwar SPD-Mitglied, aber davon weiß niemand. Die SPD nimmt die Angelegenheit zum Anlass, über das Thema «KGB-Hacker bei der CDU-Zentrale» öffentlich nachzudenken. Koch taucht wieder zeitweilig unter, um sich vor den Nachstellungen der Journalisten zu schützen. Dazwischen gibt es immer wieder eindringliche Vernehmungen und eine ausführliche Sammlung von «Vorhalten» beim Bundeskriminalamt. «Hagbard» erzählt anderen Hackern, er habe erhebliche Schulden bei Leuten aus der Drogenszene. Die Miete seiner kleinen Wohnung zahlt der Verfassungsschutz.

Am 23. Mai 1989 nimmt Karl Koch sich das Leben. In der Presse und bei den Leuten, die den Hacker kannten, tauchen wilde Spekulationen auf. «Selbstmord oder Hinrichtung?», fragte die hannoversche *Neue Presse*.

Den Mythos entschlüsseln

Zehn Jahre später ist diese Frage im Falle von Boris F. alias «Tron» wieder aktuell. Nur aus dieser Vorgeschichte lassen sich die zum Teil hysterischen Reaktionen der heutigen Hacker-Szene auf Trons Tod erklären. Die meisten der Computerfreaks, die sich für das Thema interessieren, waren zu der Zeit, als die Hannoveraner Gruppe sich in die amerikanischen Datennetze einklinkte, noch Kinder oder in jugendlichem Alter. Sie haben von dieser Geschichte nur Bruchstücke, meist durch mündliche Überlieferung erfahren. Das Buch und der Film über den Tod «Hagbards» sind erst nach Trons Tod produziert worden und machen die Angelegenheit noch geheimnisvoller, weil es sich um einen ähnlichen Fall handeln könnte. Da die technischen Details des «Hackens» weder im Film noch im Buch volkstümlich erklärt werden, die Filmemacher auch unstrittig keine Ahnung von Computern haben, bleibt das, was die Hacker getan haben oder tun, weitgehend mysteriös und bietet Anlass zu wilden Spekulationen.

Auch die Presse scheint seitdem beim Thema «Hacker» wenig dazugelernt zu haben. Zum einen liegt das daran, dass die Schnittmenge zwischen Computerfachleuten und Journalisten klein ist. Man kann daher im Tagesgeschäft der Medien nicht unbedingt eine qualifizierte Berichterstattung erwarten. Zum anderen leben Hacker davon, dass sie in den Augen Außenstehender als esoterische Gruppe gelten, eine zwar chaotische, aber verschworene Gemeinschaft mit einer Art Geheimwissen, das zu entschlüsseln und zu entwirren sich ein Normalsterblicher erst gar nicht bemühen sollte. Die scheinbare Macht über Technik fasziniert. Wenn ein Computer, an dessen merkwürdiges Verhalten inklusive vieler «Abstürze» man sich kaum gewöhnt hat, in den Händen der Experten zu einem Instrument wird, das ihm gehorcht wie ein williges Pferd den Zügeln und Sporen eines erfahrenen Reiters, und auch noch Dinge tut, die man nicht erwartet hat, zum Beispiel in andere Computer einzudringen, flößt das Respekt ein. Kurt Sagatz, Redakteur des Berliner *Tagesspiegels* formulierte anlässlich eines Kongresses des Chaos Computer Clubs: «Hacken geht schließlich weit darüber hinaus, mit Wald-und-Wiesen-PCs Standardanwendungen laufen zu lassen ... Einige Themen bewegen sich in Sphären, in die sich kaum jemand freiwillig vorwagt.»

So auch im Fall Tron. Wenn man die vielen Artikel in der Presse vergleicht, fallen sogleich eklatante Widersprüche auf. Ein Beispiel: Der *Spiegel* berichtet von einer komplett abmontierten Telefonzelle, die Tron angeblich «entführt» und wieder an ihren Platz gestellt haben soll. Die Zelle taucht nie wieder auf. Das hat einen guten Grund: Sie ist frei erfunden. Weder die Eltern noch Trons Freunde, noch die Polizei wissen davon.

Dass eine israelische Zeitung Karl Koch zum Gründer des Chaos Computer Clubs macht, mag verständlich sein und einer der Fehler, der sich bei den Recherchen einer Boulevardzeitung manchmal einschleichen. Auch dass Tron der «Anführer» der Berliner Hacker gewesen sein soll, ist komplett erfunden. Wenn es je einen «Anführer» gegeben haben sollte, was vom Chaos Computer Club vermutlich vehement bestritten würde, dann war es nicht Boris F.

Auch die italienische Mafia, mit der er angeblich Kontakt gehabt hat, die bevorstehende Karriere, die «dreistelligen Millionenbeträge», die sein Wissen wert gewesen sein soll – nichts von dem hält einer näheren Überprüfung und eingehenden Recherchen stand. Boris F. alias Tron gehörte nach Meinung seiner Eltern noch nicht einmal zum CCC. Frank Rieger, einer der Pressesprecher des Clubs, antwortet auf die Frage, ob Tron ordentliches Mitglied gewesen sei: «Tron war im rechtlichen Sinne kein Mitglied des CCC e. V. Er hatte aber seine eigene feste IP-Adresse[10] im Berliner CCC, was dort die Manifestation einer Zugehörigkeit ist, die

---

10 *Internet Protocol Adress*. Die IP-Adresse identifiziert eine Adresse eindeutig durch einen numerischen Zahlencode.
Vgl. http://www.citro.net/suport/ faq_ipadr.shtml

nur fest zum Kreis dazugehörende Personen bekommen, die dort praktisch jede Woche auftauchen. Der CCC ist weit größer als die Mitgliederzahl des CCC e. V. Viele Leute werden absichtlich nicht Mitglied im e. V., um nicht eventuellen Repressionen gegen den e. V. ausgesetzt zu sein. Das war auch bei Tron der Fall.»

Einer der Professoren, bei dem Tron studierte und der auch nach seinem Diplom engen Kontakt zu seinem Studenten hielt, sieht das anders. Boris hätte ihm über den CCC berichtet und was dort geschah. Nach Einschätzung des Professors habe Tron dort «nicht die Gesprächspartner gefunden, die er gesucht hatte».

Wer weiß also, was wirklich geschehen ist? Dieses Buch gibt eine Antwort, indem es versucht, den Schleier vor dem Mythos, der um Leben und Tod des jungen «Hackers» Boris F. in Windeseile entstanden ist, ein wenig beiseite zu ziehen. Wir werden im Verlauf der folgenden Recherche auf Umstände und Tatsachen stoßen, die prosaischer sind, als es manchem vielleicht lieb ist, der im Leben von Tron oder im Tod von seinem Mythos zu profitieren hoffte. Das macht diesen Menschen für mich nicht weniger interessant. Und letztlich wird der Leser nicht aus der Pflicht entlassen, sich anhand der Fakten selbst zu entscheiden, was er für richtig hält. Trons Tod hinterlässt eine Botschaft, die jeder entschlüsseln muss. In seinem Sinne wäre die Antwort: Es gibt keine Sicherheit. Man darf der Technik nicht vertrauen, die uns eine schöne, heile, perfekte Welt verspricht, nicht den vermeintlichen Fakten, die uns suggerieren wollen, dass die Welt restlos und eindeutig erklärt und gedeutet werden kann, und man darf und kann Informationen nicht zurückhalten – weil das auf Dauer nie funktioniert. Das zu zeigen, sowohl was die Umstände seines Todes angeht als auch die Hintergründe seiner Arbeit, wird in den folgenden Kapiteln unternommen.

Chaos Realitäts Dienst

Pressemitteilung
Chaos Computer Club e. V.
24. 10. 1998

TRON ist tot.

Ein Mitglied des Chaos Computer Clubs, bekannt unter dem Namen TRON, ist gewaltsam zu Tode gekommen. Er wurde in einer Parkanlage im Berliner Bezirk Neukölln tot aufgefunden. Die Polizei spricht von einem mutmaßlichen Selbstmord. Wir können uns das nicht vorstellen.

TRON war einer der fähigsten Hacker Europas. Er wies die Fälschbarkeit von Telefonkarten nach. Die erste in der Presse bekannt gewordene so genannte «Wunderkarte» wurde von ihm entwickelt und gebaut. In seinem Forschungsdrang überschritt er damals auch die Grenzen der Legalität und wurde zu einer Bewährungsstrafe verurteilt.

TRON nahm nach dieser für ihn einschneidenden Erfahrung Kontakt mit dem CCC auf. Er verwendete seine schöpferische Energie in der Folgezeit auf Projekte, die ihn nicht mehr mit dem Gesetz in Konflikt brachten.

In seiner kürzlich fertig gestellten Diplomarbeit beschäftigte er sich mit der Anwendung von modernen Verschlüsselungssystemen auf Kommunikationsverbindungen. Das dabei entwickelte Gerät, ein preiswerter Verschlüsseler für das sichere Telefonieren über ISDN-Leitungen, setzte durch seine Einfachheit und Kompaktheit neue Maßstäbe.

TRON war ebenfalls am Nachweis der Klonbarkeit von GSM-Karten in Deutschland beteiligt. Seine fundierten Kenntnisse und seine große Kreativität waren von ausschlaggebender Bedeutung für das Gelingen dieses Nachweises.

Die Polizei ermittelt derzeit in alle möglichen Richtungen. Wir gehen angesichts der Umstände seines Verschwindens und seiner außergewöhnlichen Fähigkeiten von einem Verbrechen aus, auch wenn wir derzeit keine Erkenntnisse über mögliche Täter besitzen. TRON war immer ein sehr offener und direkter Mensch, der Probleme nicht für sich behielt. Wir sehen daher keinen Grund für einen Selbstmord und hoffen auf weitere Ermittlungsergebnisse der Polizei.

Wir sind traurig und erschüttert über den Tod unseres Freundes. Wir werden uns deshalb an Spekulationen nicht beteiligen und bitten Journalisten, über die Pressestelle der Polizei in Berlin gegebenenfalls weitere Informationen über den Stand der Ermittlungen einzuholen. Um die Ermittlungen nicht zu beeinträchtigen, wird der Chaos Computer Club keine weiteren Auskünfte geben.

Pressemitteilung des Chaos Computer Clubs zu Trons Tod

2 MORD ODER SELBSTMORD – EIN GUTACHTEN

Am 22. Oktober 1998, einem Donnerstag, kurz vor 17 Uhr, hört die Polizei-Redaktion der Boulevardzeitung *BZ*, dass «eine tote Person im öffentlichen Raum» gefunden worden sei. Eine Leiche in einer Großstadt wie Berlin lässt einen hartgesottenen Reporter noch nicht einmal mit der Wimper zucken. Aber wenn ein Toter irgendwo zu sehen ist, sollte man ihn nach den Gesetzen der Boulevardmedien vorsichtshalber fotografieren. Es könnte eine Story sein, die noch niemand hat. Der Fotograf Günther E. schwingt sich in sein Auto und fährt nach Berlin-Britz in die Gutschmidtstraße.

An der angegebenen Adresse, an der südlichen Straßenseite, sieht man ein Postamt, daneben, westlich davon, ein Jugendfreizeitheim, daneben die Stadtbibliothek. Links vom Postamt führt ein Fußweg zu einigen Häuserzeilen des verlängerten Grünen Wegs, der die Gutschmidtstraße, von Norden kommend, kreuzt und hier von Autos nicht befahren werden darf. Gegenüber der Post, dem Jugendzentrum und der Bibliothek liegen der U-Bahnhof Britz-Süd sowie ein weitläufiger, viereckiger Marktplatz, einstöckige Bauten im Stil der siebziger Jahre, praktisch, quadratisch und unauffällig. Zwei Einkaufszentren, ein Restaurant, eine Apotheke, eine Bank, eine Bäckerei umrahmen das Ensemble. Die unterirdischen Geleise der U-Bahn laufen unter der Gutschmidtstraße nach Süden, kommen ans Tageslicht, biegen sich sanft nach rechts, also nach Westen, und laufen in einem riesigen Betriebsbahnhof der Berliner Verkehrsgesellschaft aus. Südlich des Gewimmels von Bahngeleisen erstrecken sich zahllose Gärten und die für Berlin typischen Laubenpieper-Siedlungen.

Der Fundort

Zwischen dem Bahnhof und der Post liegt ein schmaler Park, ungefähr 50 Meter breit, der sich parallel zur Straße hinzieht, mit Bäumen und dichtem, fast mannshohem und undurchdringlich erscheinendem Buschwerk. Zwei fast parallele Wege laufen in west-östlicher Richtung, sie sind mit drei anderen verbunden. Es gibt nicht viele Zugänge zu diesem Park. Der Haupteingang führt direkt neben der Bibliothek hinab. Dort kann man sich nach links in die östliche Richtung wenden und spaziert dann auf der Rückseite der Gebäude entlang. Der Weg über die U-Bahn-Geleise ist sowohl durch einen hohen und stabilen Drahtzaun versperrt als auch durch einen Damm, der vermutlich als Lärmschutz aufgeschüttet worden ist. Man kann jedoch den Weg geradeaus gehen und gelangt dann in den Teil des Parks, der jenseits der Bahn gelegen ist, am Grünen Weg. Diesseits folgt man dem Bogen des Weges, um dann in entgegengesetzter Richtung wieder am Ausgangspunkt anzukommen, nur um die Breite des Parks nach Süden versetzt. Geht man den Querweg entlang, ist man wieder am Ausgang.

Der zweite Eingang liegt weiter nordwestlich, ebenfalls an der Gutschmidtstraße, fast gegenüber dem Wesenberger Ring, der dort einmündet. In zwei Minuten erreicht man von dort den Querweg und kann nun wieder hinaus, nach links, zur Gutschmidtstraße und zum Markplatz, oder nach rechts, in den Park hinein. Von der Straße aus sind beide Eingänge gut zu beobachten. Der Park ist zwar nur spärlich beleuchtet, der dem Haupteingang zugewandte Teil und der Querweg werden aber ausreichend von einigen Bogenlampen erhellt.

Nicht weit vom zweiten Eingang entfernt ist eine Betriebshaltestelle für Busse. Die Fahrer können beobachten, was auf der Straße geschieht. Ein haltendes Auto müsste, um auf der südlichen Seite der Gutschmidtstraße zu bleiben, auf den Gehweg fahren. Parken ist nicht gut möglich. Man wäre so gut wie nie unbeobachtet; die Gutschmidtstraße ist eine der wichtigsten Verbindungen von Ma-

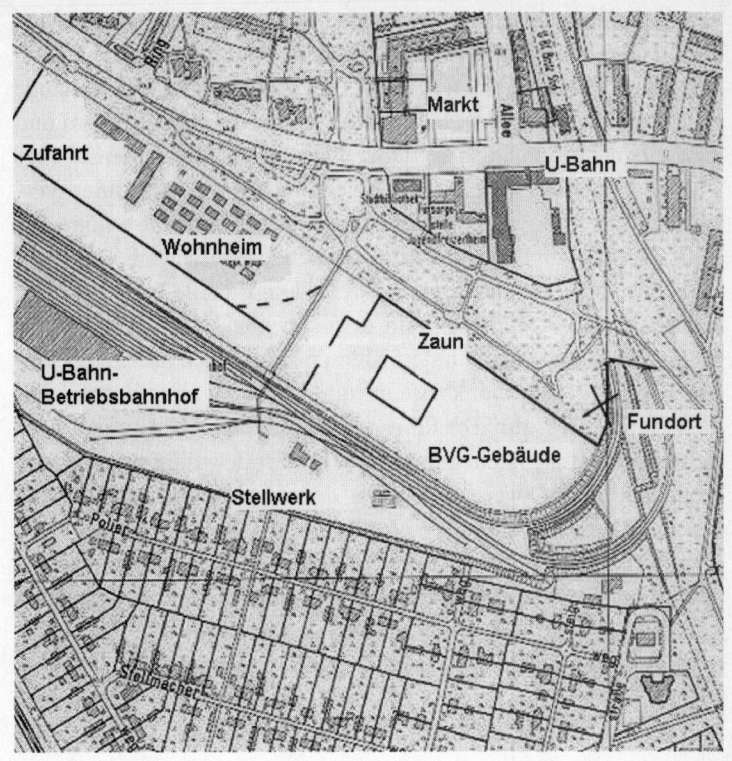

riendorf und dem Herzen Neuköllns nach Süden, nach Rudow und von dort nach Schönefeld. Der Verkehr rollt die ganze Nacht. Direkt an der U-Bahn-Station ist ein Halteplatz für Taxen.

Dennoch bleibt der kleine Park oft leer. Nur am Tag verirren sich Spaziergänger hierhin, entweder die Bewohner der umliegenden Häuser, Rentner oder spielende Kinder. Der obere Weg, der zum Grünen Weg führt, dient als Radweg und als Alternative zur viel befahrenen Gutschmidtstraße. Es gibt keine Wiese, und das wild wachsende Gestrüpp verwehrt den bequemen Zugang ins Innere des Parks abseits der Wege. Im Süden entdeckt man jedoch noch einen weiteren Eingang. Am Ende des Querwegs versperrt kein Zaun den Zutritt. Der Rand des Parks ist zum BVG-Gelände hin abgesperrt, aber der Zaun macht einen Knick nach Süden und lässt einen Durchgang frei. Dort sind ein elektrisch betriebenes Tor und dahinter ein zweistöckiges Gebäude der Berliner Verkehrsbetriebe, das der Verwaltung des Betriebsbahnhofes und der Wartung der Züge dient. Lampen erleuchten die Halle und den Parkplatz daneben auch in der Nacht. Diese Halle wäre mit dem Auto nicht zu erreichen, wenn es nicht eine kleine, asphaltierte Straße gäbe, die einige hundert Meter nordwestlich unauffällig von der Gutschmidtstraße abzweigt und, entlang der Geleise der U-Bahn, fast bis zum Tor führt. Zwischen dieser Zufahrt und der Gutschmidtstraße stehen mehrere Dutzende völlig verwüsteter Baracken, einige zweistöckig. Die meisten sind schon abgerissen worden. Diese Anlage ist ein ehemaliges Asylbewerberheim.

Als der Fotograf der *BZ* den Park erreicht, bemerkt er, dass die südöstliche Ecke abgesperrt ist. Dort tummeln sich Polizisten in Zivil und in Uniform, eine Gestalt, vermutlich ein Mensch, liegt zugedeckt am Boden. Die Feuerwehr ist nicht zu sehen, aber ein Wagen, den er kennt: Er ist von der Gerichtsmedizin. Ein älterer Mann mit einem Hund läuft scheinbar ziellos und ein wenig nervös herum. Bevor der Reporter irgendjemanden befragen kann, tritt ein schnauzbärtiger Kriminalbeamter auf ihn zu. Er sagte, so erinnert sich der Journalist, «da sei nichts von Interesse für die Presse». Er, Günther E., habe daraus geschlossen, dass es sich um einen Selbstmord handeln müsse. Er versucht noch, von der anderen, südlichen Seite näher an den Fundort der Leiche heranzukommen. Ein *BZ*-Reporter lässt sich durch Widrigkeiten wie unfreundliche Polizisten nicht so einfach einschüchtern. Doch auch dort «wurde ich weggescheucht».

Um 16.44 Uhr ist die Feuerwehr alarmiert worden, unter der Nummer 478 ist der Einsatz gespeichert. Zuerst kommt ein Wagen der Feuerwache Buckow, die nur wenige Minuten entfernt liegt. Er kehrt jedoch wieder um, weil es für die Feuerwehrleute nichts zu tun gibt. Inzwischen ist auch die Polizei eingetroffen. Fast gleichzeitig mit den Buckower Kollegen hat auch ein Rettungstransportwagen der Feuerwehr den Park erreicht. Er ist im Krankenhaus Neukölln stationiert. Dort fährt Dr. Helmut H. mit, ein Arzt aus der Intensivstation.

Ein Spaziergänger, der ältere Herr mit Hund, war durch den Park geschlendert. Er hatte ein dringendes Bedürfnis verspürt, den Weg verlassen und war ein paar Meter in die Büsche eingedrungen. Dort hatte er eine grausige Entdeckung gemacht. An einem Baum, fast direkt am Zaun, hing ein toter Mensch. Die Polizei stellte fest, dass es sich um den seit Samstag – also seit fünf Tagen – verschwundenen Boris F. handelte. Er trug ein T-Shirt, eine schwarze Jeans, seine Windjacke lag auf dem Boden. Tron war von seinem eigenen Gürtel stranguliert worden. Der wiederum war mit einem Stück Gartendraht verlängert und an einen Ast geknüpft worden.

Jetzt ist es ein Fall für die Kriminalpolizei. Am Donnerstag hatten die Eltern nach vielen Querelen erreicht, dass ein Ermittlungsverfahren «gegen unbekannt wegen Verdachts auf Straftaten zuungunsten von Boris F.» aufgenommen worden ist. Die Akten werden an die Staatsanwaltschaft, Kapitalverbrechen 1, weitergeleitet. Die dritte Mordkommission wird offiziell mit den Nachforschungen beauftragt.

Welche der insgesamt neun Mordkommissionen zuständig ist, entscheidet der Dienstplan – wer gerade Bereitschaft hat. Wenn die Todesumstände unklar sind und der Verdacht eines Verbrechens besteht, wechselt die Bereitschaft, und die jeweilige Mordkommission bearbeitet dann den Fall. Die Kommissare können sich «ihre» Verbrechen nicht aussuchen. Einer der Beamten der dritten Mordkommission sagt, sie seien «nicht scharf auf den Fall» gewesen. Hinter vorgehaltener Hand munkelt man, vor einiger Zeit sei schon einmal ein junger Mensch erhängt aufgefunden worden. Die Eltern hätten nicht an einen Selbstmord geglaubt. Der Fall sei aber erst nach mehreren Wochen an eine der Mordkommissionen weitergeleitet worden, und die Polizei zuvor habe «einiges vermasselt». Keine dieser Informationen ist zitierfähig. Aber vor den Ermittlungen zu den Todesumständen von Boris F. sind die Kriminalbeamten noch einmal «vergattert» worden, genau und exakt zu arbeiten, um spätere Probleme a priori auszuschließen.

Klaus Ruckschnat ist Hauptkommissar und Leiter der dritten Mordkommission, ein Mann mit einem auffälligen Schnauzbart und mit ruhigen Händen. Die winzige Visitenkarte des Besuchers, die ihm vor Wochen im Getümmel zugesteckt wurde, liegt zu Beginn des Gesprächs in der Mitte des breitflächigen, leeren Schreibtisches, als wenn der Kommissar nur darauf wartete, zu diesem ersten Dokument weitere in Reih und Glied hinzuzufügen. Ruckschnat zitiert noch Monate nach dem Auffinden der Leiche aus dem Kopf und im Detail alle Akten.

Die Chefs der Berliner Mordkommission geben sich nicht zu Unrecht abgeklärt; sie sind in ihrem Berufsalltag mit vielen schmutzigen und unerfreulichen Dingen konfrontiert worden. Die Aufklärungsrate bei Tötungsdelikten liegt in Berlin bei knapp 90 Prozent. Die leitenden Kommissare haben genug Pressekontakte und keine besondere Werbung für die eigene Person nötig. Das unterscheidet sie von manchen Rechtsanwälten oder verwandten Berufsgruppen. Sie könnten beinahe jeden Tag mit einer interessanten Notiz in die Zeitungen, wenn sie nur wollten. Man legt nur kühl Wert auf die Feststellung: «Wir sind Profis.»

Die Arbeit der Kriminalpolizei hat etwas gemeinsam mit der professionellen und investigativen Recherche von Journalisten: Es kommt weniger auf die geniale Eingebung an, sondern auf die minutiöse Sammlung der Fakten, man braucht eine gehörige Distanz zu den beteiligten Personen; ein funktionsfähiges Team sieht und leistet mehr als einer allein. Mörder und Totschläger geben ihre Taten selten auf Anhieb zu. Sie reden auch ungern mit Polizisten. Mit diesem Personenkreis haben die Kriminalbeamten jeden Tag zu tun. Und natürlich sind Erfahrung und Intuition wichtig, wenn es darum geht, Personen einschätzen zu können – seien sie professionelle Lügner, verstörte und leidende Opfer, eiskalte Schauspieler, eingeschüchterte Jugendliche, eitle und geschwätzige Selbstdarsteller oder naive Chaoten mit einem Hang zur Paranoia. In diesem Stück wird jede dieser Rollen besetzt sein.

Die Mordkommission sichert den Tatort im Park. Bevor der Arzt den Toten genauer in Augenschein nehmen kann, wird er fotografiert: von vorn und von der Seite, der Hals mit dem Gürtel, andere Details am Tatort wie die Rinde des Baumes, an dem Spuren zu sehen sind, als sei jemand dort hinaufgeklettert. Ein Foto zeigt einen der Kriminalbeamten, der auf einer ausklappbaren Leiter steht, um die Höhe des Astes anzuzeigen, an dem Boris F. hängt. Ein anderes ist von oben aufgenommen – die Perspektive legt nahe, dass es von der Spitze der Leiter aus gemacht wurde: Es zeigt den Toten und wie seine Füße den Boden berühren.

Die Kriminalbeamten finden keine verwertbaren Spuren, die darauf schließen lassen könnten, dass sich noch weitere Personen dort aufgehalten haben. Drei Monate später erinnert nichts mehr an das makabre Geschehen. Müll liegt im Gebüsch, leere Flaschen, Getränkedosen, Papierfetzen. Im Oktober trugen die Bäume und Büsche noch viel Laub, der Erdboden war aber ebenso davon bedeckt. Fußabdrücke wären dort ohnehin nicht zu entdecken gewesen. Das Wetter: Am Samstag, dem 17. Oktober, war es wolkig mit zeitweisem Sonnenschein, in der Nacht gab es vereinzelt Schauer, auch in den folgenden Tagen war es wechselnd bewölkt. Am Donnerstag, als Tron gefunden wurde, schien morgens die Sonne, am Abend zogen Wolken auf. Die höchste Temperatur, die in diesen fünf Tagen gemessen wurde, war 18 Grad, die niedrigste neun Grad.

Wenn die Leiche abgenommen worden ist, stellt der Arzt den Totenschein aus, genauer: den Leichenschauschein. Dieser besteht aus zwei Teilen; die erste – weiße – Seite ist der «nicht vertrauliche» Teil, den die Angehörigen oder das Bestattungsinstitut erhalten. Der zweite, vertrauliche Teil besteht aus zwei gelben Seiten mit jeweils zwei Durchschlägen. Die Kopien müssen in einem verschlossenen Umschlag an das Gesundheitsamt, das Krematorium oder das pathologische Institut geschickt werden, falls eine Obduktion angeordnet wurde. Auf der Rückseite des Leichenschauscheines ist eine Skizze mit vielen Verweisen, welches Papier wann wie wohin zu transportieren ist, wie in Deutschland allgemein üblich. Die beiden ersten Seiten beider Versionen sind identisch – Angaben über die Person, die Zeit, wann der Tod festgestellt worden ist. Dann muss der Arzt sich zwischen drei Todesarten entscheiden: «natürlich», «nicht natürlich», «ungewiss». Zutreffendes bitte ankreuzen. «Ungewiss» sagt nichts über die Frage, wer am Tod der Person schuld ist. Eine offensichtliche Strangulation wie in diesem Fall ist eine «nicht natürliche» Todesursache. Der Arzt soll auch Zeichen äußerer Gewaltanwendung oder Verletzungen feststellen.

Der sicher gerechtfertigte bürokratische Aufwand beim Tod eines Menschen suggeriert, dass die Angaben seriös sind. Das ist aber nicht garantiert. Die zweite Seite des vertraulichen Teils fragt nach Dingen, die ein Arzt nicht immer wissen kann. Unter den Zusatzangaben bei «Unfall, Vergiftung und Gewalteinwirkung, einschließlich Selbsttötung» findet man die Frage: «Lag eine Vergiftung vor?» Dann: «Womit? (Mittel).» Woher soll ein Arzt das per Augenschein feststellen, wenn es sich zum Beispiel um einen heimtückischen Giftmord handelte?

Volkmar Schneider, der Direktor des Instituts für Rechtsmedizin an der Freien Universität Berlin, wird in der Presse mit dem Vorwurf zitiert, «dass bis zu 60 Prozent der Totenscheine falsch sind». Der Grund: Die Hausärzte seien weder zeitlich noch von der Ausbildung her in der Lage, eine gründliche Leichenschau vorzunehmen. Jeder Arzt ist dazu berechtigt, auch Psychiater, Dermatologen oder Augenärzte. Nur zwei Prozent aller Toten würden obduziert. Das Nachrichtenmagazin *Der Spiegel* zitiert am 29. März 1999 Prof. Dr. med. Günther Geserick, den «Papst» der Gerichtsmedizin und Chef des betreffenden Instituts an der Berliner Charité mit der Aussage, schuld an unerkannten Mordopfern sei die oft verpfuschte Leichenschau. Wenn ein großer Teil der

Totenscheine falsch sei, gehe auch mancher Mörder straffrei aus – und auch die Todesstatistik stimme nicht. «Wir wissen nicht, woran die Deutschen wirklich sterben.»[11]

Die Kriminalpolizei hätte im Fall Boris F. keine Obduktion anordnen müssen. Die Entscheidung darüber trifft in jedem Fall der Staatsanwalt nach Einsicht der Akten. Ein Richter ordnet dann an, was geschehen soll. Die Polizei vor Ort hat eine Liste von Bestattungsunternehmen, die reihum angefragt werden, damit niemand bevorzugt oder benachteiligt wird. Nur wenn kein Verdacht auf ein Verbrechen besteht, dürfen die kommerziellen Bestatter die Leiche selbst an dafür geeigneten Orten aufbewahren. Ab 13 Uhr jedoch, so ist von einem Mitarbeiter des Leichenschauhauses in der Invalidenstraße zu hören, lasse sich kein Staatsanwalt der Abteilung «Kapitalverbrechen 1» mehr dort sehen. «Aber es gibt auch bei Staatsanwälten eine Bereitschaft.»

Der Tote wurde direkt in das Leichenschauhaus transportiert, von dort aus in das Institut für Rechtsmedizin am Universitätsklinikum Benjamin Franklin.[12] Ein Mediziner obduziert nie allein. In diesem Fall waren unter anderem anwesend, so wird berichtet: der obduzierende Arzt, Dr. Markus Rothschild, der Direktor des Instituts für forensische Medizin, Professor Dr. Dr. h. c. Volkmar Schneider, sowie Klaus Ruckschnat, Kriminalhauptkommissar und Leiter der dritten Mordkommission. Eine Obduktion dauert ungefähr drei Stunden. Ob *alle* Personen während der gesamten Zeit das Geschehen verfolgten, darüber gibt es keine Auskunft. Zwingend vorgeschrieben ist aber, dass zwei Ärzte vor Ort sein müssen, einer davon muss Facharzt für Rechtsmedizin sein. Der eine Mediziner soll den Befund des anderen bezeugen können. Außerdem garantiert dieses Vorgehen, dass dem Gericht, falls es zu einem Prozess käme, zwei Sachverständige zur Verfügung stünden. Der Direktor des Instituts hat das Obduktionsgutachten im Falle Boris

---

11 http://www.spiegel.de/spiegel/0,1518,17398,00.html
12 http://www.medizin.fu-berlin.de/recht/

F.s unterschrieben, zeichnet also auch dafür verantwortlich. Die Details sind in diesem Fall wichtig, weil es einige Fakten gibt, um die heftig gestritten wird.

Die Untersuchungsmethode

Dr. Markus Rothschild[13] ist Ende 30, hat an einer Eliteschule in Berlin das Abitur gemacht und Famulaturen in Hongkong und Nord-Borneo vorzuweisen. Im Februar 1999 habilitierte er im Fach Rechtsmedizin. Im August 1998 untersuchte er im Auftrag des UN-Kriegsverbrechertribunals[14] Massengräber in Bosnien-Herzegowina. Er darf der Presse keine Auskünfte über den konkreten Fall geben, aber Fragen allgemeiner Art beantwortet er bereitwillig.

Die offizielle Todesursache ist, laut Obduktionsbericht: Tod durch akuten Sauerstoffmangel infolge Erhängens. Der Tote war 26 Jahre alt und wog 65 Kilogramm. Eine normale Obduktion besteht aus drei Teilen: der toxikologischen Untersuchung, also der Suche nach Giften und ähnlichen Substanzen, der feingeweblichen Untersuchung und der eigentlichen, der so genannten «Drei-Höhlen-Obduktion». Das bedeutet: Bauch, Brustkorb und Kopf werden analysiert. Die Strafprozessordnung bestimmt das verbindlich. Dr. Rothschild schreibt an den Autor auf Nachfrage zu Details des voraufgegangenen Gesprächs: «Der weitere Lauf der Obduktion regelt sich nach den allgemein anerkannten Standards für Obduktions- und Sektionstechniken, wie sie seit Virchows Zeiten in zahlreichen Lehrbüchern und Präparationsanleitungen ausführlich beschrieben sind.» Einzelheiten könnten modifiziert werden, das entscheide der Rechtsmediziner «je nach Fallkonstellation und Vorgeschichte».

Pathologen bezeichnen den Tod durch Sauerstoffmangel als Ersticken. Das sind alle Todesarten, bei denen innere Organe, insbe-

---

13 http://www.medizin.fu-berlin.de/recht/mitarb/rothschild.htm
14 http://www.un.org/icty/

sondere das Gehirn, ihren Dienst versagen, weil ihnen der lebenswichtige Sauerstoff nicht mehr zugeführt wird. Nach nur fünf, spätestens zehn Minuten erstickt jeder, die Hirnzellen werden irreparabel geschädigt. Die forensische Medizin unterscheidet zwischen zwei Erstickungsarten. Das so genannte «hypoxische»[15] Ersticken entsteht durch Sauerstoffmangel, aber der Sterbende kann gleichzeitig noch ausatmen. Er hat nicht das Gefühl zu ersticken, eher das Gegenteil: Der Sterbende fühlt ein Hochgefühl, eine Euphorie – eine Erfahrung, von der viele Menschen berichten, die dem Tod knapp entronnen sind.

Dr. Randolph Penning, Privatdozent an der Maximilians-Universität München, schreibt in seinem Standardwerk «Rechtsmedizin systematisch»[16]: «Abwehrreaktionen oder Flucht unterbleiben, da der O_2-Mangel [Sauerstoff, B. S.] nicht als bedrohlich empfunden wird.» Außerdem gibt es eine paradoxe Nebenwirkung dieser Erstickungsart: Der Mangel an Sauerstoff verstärkt die Reflexe, auch die sexuellen.

Das «asphyktische» – «pulslose» – Ersticken entsteht dadurch, dass sowohl die Zufuhr von Sauerstoff als auch das Ausatmen verhindert werden. Der Druck des nicht ausgeatmeten Kohlendioxids reizt das Atemzentrum, das steigert wiederum Atemfrequenz, Herzschlag und den Blutdruck. Bevor das Bewusstsein schwindet, empfindet der Sterbende das Gefühl zu ersticken, er leidet unter Todesangst.

Bei der Strangulation handelt es sich um ein «hypoxisches» Ersticken: Die Sauerstoffzufuhr ist zwar abgeschnitten, aber Kohlendioxid kann noch «abgeatmet» werden. Dr. Rothschild legt sich eindeutig fest: «Ein Erstickungsgefühl entsteht hier in der Regel nicht.»

---

15 Hypoxie: verminderte bis unzureichende Sauerstoffversorgung des Körpergewebes.
16 Randolph Penning: Rechtsmedizin systematisch. Bremen und Lorch/Württemberg 1997.

Die Suche nach den Ursachen für den Tod durch Ersticken ist eines der wichtigsten Forschungsgebiete der Rechtsmedizin. Dr. Penning schreibt warnend: «Beweisbar ist der gewaltsame Erstickungstod nur durch Nachweis des Erstickungsmechanismus bei gleichzeitigem Ausschluss anderer Todesursachen.» Strangulationen, auch heftige, kann man durchaus überleben.

Erhängen ist eine Art der Strangulation. Man versteht darunter die Kompression des Halses durch ein Werkzeug, meistens einen Strick, einen Gürtel oder etwas Vergleichbares. Die zwei wichtigsten Arterien, die im Hals verlaufen, und andere Blutgefäße werden abgeschnürt. Die Venen liegen außen, die Arterien mehr innen, sind also geschützter. Um die Blutzufuhr zu unterbrechen, ist nicht das Gewicht des ganzen Körpers nötig: Man kann auch durch einen Sturz mit dem Hals in eine Astgabel sterben. Das Mittel, mit dem stranguliert wird, muss den Hals nicht vollständig umschließen. Erhängen ist auch im Hocken, Sitzen oder sogar Liegen möglich, da, wie es bei Penning heißt, «bereits das Eigengewicht des Kopfes deutlich mehr als die zur Kompression der Halsvenen erforderliche Kraft bewirkt».

Es gibt vier Mechanismen, die den Mangel an Sauerstoff, der zum Tode führt, bewirken können: Die Halsweichteile werden zusammengedrückt und die Schlagadern verschlossen, der Zungengrund oder der gequetschte Kehlkopf drücken die Atemwege nach oben, die Atmung wird also mechanisch verhindert, der Genickbruch mit Quetschung des oberen Halsmarks *(hangman's fracture)*, der aber entgegen der landläufigen Meinung sehr selten auftritt, und der genauso seltene Reflextod, bei dem die Nervenknoten seitlich am Hals gereizt werden. Die Rechtsmediziner streiten sich darüber, ob der letzte Fall überhaupt möglich ist.

Das «typische» Erhängen liegt für die Rechtsmediziner dann vor, wenn das Strangwerkzeug symmetrisch um den Hals geschlungen ist, der Knoten am höchsten Punkt der Nackenmitte und der Körper frei hängt. Dieser Fall ist jedoch selten. «Paradoxerweise wesentlich häufiger» sei atypisches Erhängen – das Strangwerkzeug seitlich, der Knoten ebenfalls seitlich oder gar vorn und der «Kontakt des Körpers, zum Beispiel der Füße, mit dem Boden». Das ist also nicht mysteriös, sondern eher normal, wenn man überhaupt in diesem Zusammenhang von Normalität reden kann. Boris F. ist «typisch» erhängt worden: der Knoten – hier: die Schnalle des Gürtels – war exakt am höchsten Punkt des Nackens, die Füße berührten zwar den Boden, aber standen nicht auf.

Wie stirbt jemand, der sich erhängt oder erhängt wird? Nach zehn Sekunden wird man bewußtlos, das Gesicht färbt sich bläulich. Die Hals- und Atemmuskulatur zieht sich zusammen, der Mensch atmet krampfhaft aus. Die Zunge tritt heraus, der ganze Körper verkrampft. Nach einer bis zwei Minuten folgt die so genannte Apnoe: der Atemstillstand, weil das Atemzentrum gelähnt ist. Die letzten Atembewegungen nennen Mediziner «Schnappatmung», der bildhafte Begriff ist verwandt mit «nach Luft schnappen».

Der Tod tritt nach fünf bis zehn Minuten ein, obwohl das Herz noch bis zu 30 Minuten aktiv sein kann. Bestimmte biochemische Stoffe, die so genannten Phosphatide, sind dann im Körperkreislauf in höherer Konzentration nachzuweisen als in den Gehirngefäßen, wo die Blutzufuhr gestoppt worden ist.

Eines der wichtigsten Indizien für den Tod durch Erhängen sind Blutungen am Kopfbandmuskel. Die wurden auch bei Boris F. bei der Obduktion festgestellt. Diese Muskeln [17] laufen diagonal und symmetrisch an beiden Halsenden oberhalb und von hinten schräg nach vorn. Wenn man den Kopf dreht, kann man sie unter der Haut sehen. Bei Erhängen kommt es am Muskelansatz, in der Nähe des Schlüsselbeins, «zu erheblichen Scherungskräften», wie Dr. Rothschild das formuliert. Wenn eine Leiche aufgehängt wird, entstehen diese Zerrungsblutungen nicht, sie können weder simuliert noch manipuliert werden. Natürlich werden auch bei einem Toten die Muskeln gezerrt. Da aber das Herz nicht mehr schlägt

---

17 lat. musculus sternocleidomastoideus

und der Blutdruck im Kreislaufsystem nicht aufrechterhalten wird, bluten die Muskeln nicht.

Es ist also sicher, daß Boris F. durch Erhängen starb. Alle anderen Hypothesen ignorieren die Fakten und suggerieren, man könne bei einer Leiche diese Blutungen «künstlich» herbeiführen, was physiologisch schlicht unmöglich ist.

Ein zweites Merkmal, das Gerichtsmediziner sich bei einem Tod durch Erhängen genau ansehen, ist die Strangfurche, der Abdruck des Strangwerkzeuges am Hals. Das Werkzeug muss in jedem Fall mit der Strangmarke übereinstimmen. Wäre eine Person schon vorher zum Beispiel erdrosselt worden, ließe sich das sehr leicht beweisen. Die nach dem Tod gequetschten Hautteile färben sich gelb. In der Haut um die Strangfurche finden Mediziner das Gewebshormon Histamin[18] in größerer Menge, als Ausdruck einer «Stressreaktion» des erhängten Körpers. Wenn jemand mit einem weichen Werkzeug, zum Beispiel einem Schal, ermordet worden ist, kann die Strangfurche jedoch schon nach kurzer Zeit nicht mehr eindeutig abgegrenzt werden. Drosselmarken können weitgehend, eventuell sogar vollständig fehlen. Hier sind sich die Standardwerke der Rechtsmedizin einig.

Auf den Fotos, die am Fundort der Leiche von Boris F. gemacht worden sind, ist die Strangfurche sehr deutlich zu erkennen. Sie ist drei Zentimeter breit, wie der schwarze Gürtel, der als Werkzeug benutzt worden ist.

Wie breit der Gürtel oder wie dick ein Seil ist, spielt keine Rolle. Dr. Markus Rothschild: «Nicht selten verwenden Suizidenten ein eher breites Strangwerkzeug, das sie zusätzlich abgepolstert haben, um Schmerzen zu vermeiden. Ich kann mir ohne weiteres vorstellen, dass man sich mit einem zehn Zentimeter breiten Gürtel erhängen kann.»

---

18 Histamin: ein beim Menschen weit verbreitetes Gewebshormon, das zum Beispiel bei allergischen Reaktionen ausgeschüttet wird. Chemische Formel: Amin-β-Imidazolyläthylamin.

An Boris' Körper waren auch keine Griffspuren erkennbar, weder an den Armen noch an den Beinen. Wenn jemand eine Leiche mit Handschuhen aufhebt, hinterlässt das Abdrücke. Es sieht also nicht so aus, dass der Körper Trons nach seinem Tod bewegt worden wäre. Selbst eine tote Person, die nur 65 Kilogramm wiegt, lässt sich nicht so einfach anheben, um sie zum Beispiel vom Boden mit dem Kopf in eine Schlinge zu hängen oder von einem Ort zu einem anderen zu tragen. Die im Fachjargon der Rechtsmediziner «Tragegriffverletzungen» genannten Abdrücke können auch postmortal, also nach Eintritt des Todes, entstehen. Blaue Flecke – Blutergüsse oder die Hämatome – sind das jedoch nicht, die setzen einen funktionsfähigen Blutkreislauf voraus. Hämatome sind aufgerissene oder gequetschte Blutgefäße innerhalb der Weichteile des Körpers. Das Blut ergießt sich aus den Gefäßen in die «Umgebung». Es gerinnt allmählich und wird durch Bindegewebe durchwachsen, also auf zellulärer Ebene abgebaut. Bei einer Leiche kommt es also nicht zu Blutergüssen.

Die Bestimmung der Todeszeit

Hat sich Boris F. selbst erhängt? Trotz des eindeutigen Befundes, der auf Suizid hindeutet und der durch erfahrene Rechtsmediziner erstellt worden ist, sei es erlaubt, Bedenken gegen eine vorschnelle Diagnose anzumelden. In «Rechtsmedizin systematisch» heißt es: «Die Tötung durch Erhängen setzt allerdings im Regelfall Bewusstlosigkeit voraus.» Der Erhängungstod sei «in aller Regel ein Suizid». «Tötungsfälle sind rar, aber schwierig abzugrenzen.»

Ein Mord käme nur dann in Frage und wäre nur dann technisch möglich gewesen, wenn die Täter das Opfer vor dem Erhängen, das ja unstrittig zum Tod geführt hat, willenlos gemacht haben, ohne dass es sich dagegen gewehrt hätte. Niemand geht jedoch, selbst unter Drohungen, mit fremden Personen in einen einsamen Park und trinkt dort eine unbekannte Flüssigkeit oder lässt sich eine Spritze ansetzen. Einstichstellen waren am Körper Trons nicht vorhanden. Außerdem haben die obduzierenden Ärzte nach «normalen» Giften gesucht. Es steht fest, dass Boris F. weder die in Europa erhältlichen Drogen, einschließlich Alkohol und Tabak, noch Tabletten zu sich genommen hatte. Die Menge Alkohol, die nachgewiesen worden ist, könnte sogar von einem Glas Fruchtsaft stammen. Boris ist auch nicht mit dem nach dem Tod noch lange feststellbaren Chloroform betäubt worden. Wer befürchtet, dass es ihm ans Leben geht, verhält sich nicht still und friedlich, sondern wehrt sich aus Leibeskräften und schreit um Hilfe. Die potentiellen Täter wären ein hohes Risiko eingegangen, hierauf nicht vorbereitet gewesen zu sein. Wer aber nur jemanden beseitigen will, der muss nicht auf höchst komplizierte Art versuchen, Selbstmord durch Erhängen vorzutäuschen.

Wie könnte man einen erwachsenen Mann betäuben, ohne Spuren zu hinterlassen? Ein Spezialist weiß hier Rat. Wolfgang Weinmann, Inhaber eines Sportbuchverlages in Berlin, ist langjähriger Judoka (8. Dan) und wird vom Landessportbund als Fachmann zum Thema genannt. Auch andere befragte Kampfsportler, Karatekas und Taekwondo-Kämpfer, halten die Judokas, die Experten für Selbstverteidigung, in diesem Fall für die kompetentesten. Weinmann behauptet, es gebe, vor allem bei Jiu-Jitsu, Techniken – Würgegriffe –, die sehr schnell zur Bewusstlosigkeit führen können. «Im Kampf klopft man ab, rufen kann man da nicht mehr.» Es sei kein Problem, eine ungeübte Person in den Würgegriff zu nehmen, «wenn man das geschickt macht». Ein Profi würde den Unterarm samt Jackett benutzen. «Nach einem Kampf ist da nichts zu sehen, nur wenn man das mehrere Male macht, gibt das Spuren.»

Das Opfer verliert das Bewusstsein, weil das Blut nicht mehr aus dem Kopf gelangen kann – also im Jargon der Mediziner asphyktisches Ersticken eingeleitet wird. Wolfgang Weinmann sieht das professionell: «Der wird schlagartig bewusstlos. Wenn man das gut macht, zappelt der nicht mehr lange.» Er könne sich das auch mit einem Handkantenschlag vorstellen, nur sei es sehr wahrscheinlich, dass das Spuren hinterließe, auch wenn der Schlag genau an der späteren Strangfurche getroffen hätte. Auf die Frage, ob mehrere Täter, die sich in Tötungsdelikten auskennen, einen jungen Mann wie Boris F. so hätten traktieren können, um anschließend Suizid vorzutäuschen, antwortete der Judoka: «Wenn ich das vorhätte, kein Problem. Ich kann mir das ohne weiteres vorstellen.»

Vergleichbare Fälle sind aus der Kriminalgeschichte bekannt. Der englische Massenmörder Burke hatte sich sogar darauf spezialisiert: Er kniete auf dem Opfer oder setzte sich so darauf, dass die Atmung extrem beeinträchtigt wurde, gleichzeitig hielt er dem Opfer Mund und Nase zu. Die Methode nennen Kriminalisten bis heute nach seinem Namen – «Burking». Der Kriminologe und Publizist Prof. Dr. Frank-Rainer Schurich gibt zu bedenken, «dass es wegen der diskreten Befunde an der Leiche Tötungsdelikte gibt, die selbst durch forensisch geschulte Experten nicht erkannt werden ...» Besonders problematisch werde ein Fall, so Schurich, wenn die an der Leiche vorhandenen Spuren, die auf die wahre Todesursache hinweisen würden, durch «andere, massiv fingierte Spuren, die auf einen Suizid oder einen Unfall hindeuten sollen, überlagert werden»[19].

Nur professionelle Täter könnten so vorgehen. Sie müssten wissen, worum es geht und wie Spuren vermieden werden können. Man kann sich vorstellen, dass mehrere Täter eine Person mit professionellen Kampftechniken schnell bewusstlos machen, mit ihrem Werkzeug, das dem Gürtel des Opfers ähneln muss, oder einem, das garantiert keine auffällige Strangfurche hinterlässt, erdrosseln und es dann an seinem eigenen Gürtel aufhängen. Dr. Markus Rothschild schreibt zu dieser fiktiven Situation: «Wird die Person anschließend in eine Erhängungssituation gebracht, bei der entweder das gleiche Strangwerkzeug oder ein ähnliches verwendet wird, das in die zuvor entstandene Strangmarke hineingelegt

---

19 Prof. Dr. Frank-Rainer Schurich: Die kriminalistische Untersuchung verdächtiger Todesfälle durch Detektive (Teil 1), in: Detektiv-Kurier 11/98, http://www.detektiv-kurier.de/titelthe.htm

wurde, so könnte die richtige Diagnosestellung im konstruierten Fall ausgesprochen schwierig werden, da sich nur eine einzelne Strangmarke finden würde.» Vorausgesetzt, zwischen der Tat und dem Aufhängen vergeht nur eine relativ kurze Zeitspanne.

Aus diesem Grund findet sich in Pennings Standardwerk der warnende Hinweis: «Steht der Tod des Opfers fest, sollte das Strangwerkzeug vom Arzt nicht verändert werden. Besteht Verdacht auf Fremdeinwirkung, gesamten Tatort möglichst unverändert lassen!» War der obduzierende Rechtsmediziner, wie im Falle des toten Boris F., *nicht* am Fundort der Leiche, was ein Staatsanwalt gegenüber den Eltern behauptete, ist er, die Umstände betreffend, auf die Hinweise der Kriminalpolizei und desjenigen Arztes angewiesen, der den Leichenschauschein ausgestellt hat.

Das Obduktionsgutachten legt sich, was den Todeszeitpunkt angeht, fest: Boris sei, als man ihn fand, nicht länger als einen guten Tag tot gewesen. Das suggeriert, Tron sei am Mittwoch oder gar erst in der Nacht zum Donnerstag gestorben, nicht früher. Es sei immer ausgesprochen schwierig festzulegen, wann ein Erhängter zu Tode gekommen ist, und, wie Dr. Rothschild brieflich betont, «wenn ein Rechtsmediziner selbst nicht am Ort war, [eine] unsichere Angelegenheit». Die Pathologen beurteilen die Leichenstarre, wie die Totenflecke ausgeprägt sind, den Abfall der Körpertemperatur und beginnende Fäulniszeichen und Eintrocknungen.

Die Totenstarre meint das Erstarren der Muskeln. Schuld daran sind der fehlende Sauerstoff und der Zerfall von Adenosintriphosphorsäure, einer Substanz, die Energie speichert und sie in den Stoffwechsel überträgt. Die Leichenstarre beginnt am Kopf. Die Lider erstarren schon nach zwei Stunden, die Kaumuskeln nach vier Stunden. Dann schreitet sie fort, um sich später in der gleichen Reihenfolge wieder zu lösen. Nach sieben oder acht Stunden ist der Leichnam schon fast ganz steif, nach 18 Stunden hat dieser Zustand seinen Höhepunkt in jedem Fall erreicht. Ab dem zweiten Tag (nach 48 bis 96 Stunden) baut sich die Totenstarre wieder ab,[20] weil die Muskeln zu faulen beginnen.

Die Totenflecke sind einfach zu erklären – sie resultieren aus der Schwerkraft. Das Blut sinkt nach unten, weil der Kreislauf nicht mehr funktioniert. An den – je nach Lage des Toten – unteren Gliedern bilden sich rötliche oder violette Flecke, ähnlich wie beim Bluterguss. Noch nach sechs Stunden kann man sie «wegdrücken». Wird der Leichnam verlagert, wandern die Flecke wieder an die unterste Position. Nach zwölf Stunden jedoch sind sie irreversibel, sie lassen sich dann nicht mehr verändern. Wenn die Lage der Flecken an einem Toten nicht mit der Situation übereinstimmt, in der der Leichnam gefunden wurde, ist der Körper bewegt worden, nachdem die Leichenflecke schon fixiert waren.

Die Körpertemperatur ist nur dann ein Indiz, um den Todeszeitpunkt eingrenzen zu können, wenn der Tod noch nicht lange zurückliegt. Sie nimmt um ein oder zwei Grad Celsius pro Stunde ab, bis sie sich der Außentemperatur angleicht. Der Körper des Menschen ist 37 Grad warm, wenn er gesund ist. Wenn Boris F. 18 Stunden tot gewesen wäre, hätte sich seine Körpertemperatur wahrscheinlich bis zum Auffinden der Leiche der durchschnittlichen Temperatur am Fundort angeglichen, hier zwischen zwölf und 16 Grad Celsius.

Es ist auch für erfahrene Rechtsmediziner schwierig, den Zeitpunkt des Todes auf einige Stunden einzugrenzen, wenn die betreffende Person, falls sie obduziert wird, schon mehrere Tage tot war. Professor Walter Bär, Direktor des Instituts für Rechtsmedizin der Universität Zürich, wurde vom Journal der Hochschule zum Thema interviewt: «Im Normalfall», sagte er, basierte die Schätzung des Gerichtsmediziners auf Totenstarre, Leichenflecken und

---

20 Quelle u. a.: Roche Lexikon Medizin, München–Wien–Baltimore 1987, http://www.lifeline.de/roche/3/7/6/27.htm. Sichere Todeszeichen: http://www.rzuser.uniheidelberg.de/~bburke/Recht.htm. Vgl. auch Nicole Szlezak: «Nur mühsam lässt sich der Zeitpunkt des Todes bestimmen», in: Die Welt, 5. 12. 1998, http://www.welt.de/archiv/1998/12/05/1205ws02.htm

Auskühlung. «Gestützt auf diese Zeichen ist eine genaue Angabe des Todeszeitpunktes nur innerhalb der ersten sechs bis zwölf Stunden möglich.» Später gebe es «rasch einmal Schwankungen von zwei bis drei Stunden, halben Tagen oder auch Tagen»[21].

Dr. Klaus Philipp, Oberarzt am Institut für Rechtsmedizin der Ernst-Moritz-Arndt-Universität Greifswald[22], meint: Wenn der Betreffende länger als zwölf Stunden tot ist, sei es fast unmöglich, sich beim Todeszeitpunkt auf einen möglichen Zeitraum von einigen Stunden festzulegen. In das Gutachten flössen nicht nur medizinische, sondern auch die Umstände des Auffindes mit ein. Wenn jedoch die Polizei und der Arzt, der den Leichenschauschein ausfülle, der Meinung wären, es handele sich um Selbstmord, «dann kommt heute nur noch selten jemand auf den Obduktionstisch». Wenn ja, dann gebe es schon einen Anfangsverdacht.

In diesem Fall, Boris F., könne ihm «niemand weismachen», dass «noch am Donnerstag abends obduziert worden sei». Er gehe davon aus, dass das am Freitag früh geschehen sei. Mit jeder Stunde, die verrinne, sei es aber schwieriger, konkrete Aussagen über den Todeszeitpunkt zu treffen. Hier sei es wahrscheinlich, dass der Tote schon mindestens seit Mittwoch dort gehangen habe. Dann wäre bis zur Obduktion schon so viel Zeit verstrichen, dass man nicht viel Genaues sagen könne. Wenn zwischen dem vermuteten Tod und der Obduktion gar mehr als eineinhalb Tage vergangen seien, dann, so Dr. Philipp, könne er auch den Dienstag als Todeszeitpunkt nicht ausschließen, oder den Montag. «Ein Gerichtsmediziner sollte sich da sehr zurückhalten.»

Es komme noch ein weiterer Aspekt hinzu. Wenn ein Mensch obduziert werde, der dem Augenschein nach Suizid begangen habe, dann komme es vorrangig darauf an, die Todesart zu bestimmen. Wenn es jedoch um den Zeitpunkt ginge, dann müsse der obduzierende Arzt auch den Fundort besichtigen – «dann muss ich

---

21 http://www.unizh.ch/upd/journal/4–96/rechtsmedizin.html
22 http://www.medizin.uni-greifswald.de/rechtsmed/

sofort da hin». Wenn die Polizei es jedoch unterlässt, den betreffenden Gerichtsmediziner zu informieren, muss der, was die Umstände des Auffindens angeht, mit den Fakten vorlieb nehmen, die ihm von anderen geliefert werden. Das bestätigt einer der Mediziner, die den Leichnam Boris F.s obduziert haben, schriftlich: «Ohne Kenntnis der Vorgeschichte wäre auch keiner von uns allein aufgrund der rechtsmedizinischen Befunde auf die Idee einer möglichen Fremdbeteiligung gekommen; allerdings können wir naturgemäß eine Fremdeinwirkung allein aufgrund unserer Befunde nie völlig ausschließen.» Das heißt: Selbst wenn der Obduktionsbefund keine Anzeichen eines Fremdverschuldens liefert, ist Mord nicht ausgeschlossen.

Ein weiterer Gerichtsmediziner hat sich zum Todesfall Boris F. geäußert, einer der bekanntesten Pathologen Kroatiens. Dieser urteilte nur nach den Fotos, die ihm vorgelegt worden sind. Er behauptet, angesichts der Vertrocknungen an den Lippen und anderer Indizien sei ein früherer Todeszeitpunkt als der Mittwoch mehr als wahrscheinlich. Dr. Klaus Philipp ist hier vorsichtiger: «Anhand von Fotos kann man das nicht unterscheiden.»

Angesichts dieser umstrittenen Argumente kann man ein vorsichtiges Fazit ziehen: Da es in diesem Fall extrem schwierig ist, exakte Aussagen über den Todeszeitpunkt zu treffen, ist es denkbar, dass Boris F. auch schon am Samstag, dem Tag seines Verschwindens, gestorben ist. Dann erscheinen viele Dinge in einem anderen Licht.

Das trifft vor allem auf den Mageninhalt zu. Laut Obduktionsbericht: «Ca. 400 Milliliter, große Nudelstücke, fruchtig, aromatisch, Salatstücke, kein Fleisch.» Ein Foto zeigt die Reste des Gerichts, Einzelheiten sind nicht zu erkennen. Die Eltern sind sicher, dass Boris nie Salat gegessen hat. Am Samstag aber, kurz bevor er das Haus verließ, hatte ihm die Mutter sein Lieblingsessen gekocht: Spaghetti, in der Sauce waren handgeschnittene Basilikumblätter. Die könnten auch wie Salat aussehen, wenn sie schon halb verdaut sind. Da der Magen nicht mehr verdaut, wenn ein

Mensch stirbt, muss Tron ungefähr vier bis sechs Stunden vor seinem Tod dieses Nudelgericht gegessen haben.

Daher bleiben nur zwei Möglichkeiten: Entweder die Nudeln sind genau jene, die er zu Hause vorgesetzt bekommen hatte, und Boris F. ist schon am Samstagabend gestorben. Oder er hat sich zwischen Samstag und Mittwoch an einem unbekannten Ort, aber in der Nähe der elterlichen Wohnung aufgehalten, am Mittwoch noch einmal ein ähnliches Gericht gegessen, entweder wieder mit Basilikum oder ausnahmsweise mit Salat, und ist dann zu Tode gekommen. Im ersteren Fall war die mühevolle Recherche der Kriminalpolizei, wo Tron sich aufgehalten haben könnte, völlig vergeblich. Sein Handy hat sich am Sonntagabend ausgeschaltet, weil der Akku sich geleert hatte. Dreimal ist es am Samstag noch angesprungen. Eine nachträgliche Ortung ergab, dass Boris F. zu dieser Zeit das Gebiet zwischen Britz-Süd und der Gropiusstadt, wo seine Mutter wohnt, nicht verlassen hat.

Eine Mordtheorie

Die Mordtheorie, die von Anfang an integraler Bestandteil des Mythos war, der sich um Boris F. rankt, kann also glaubhaft nur diskutiert werden, wenn man, unabhängig vom Todeszeitpunkt, zwei Voraussetzungen akzeptiert: Das Erhängen war die eigentliche Todesursache – die Blutungen der Kopfbandmuskeln und andere Details lassen sich nicht anders erklären. Und: um Suizid zu simulieren, musste das Opfer vorher willenlos gemacht werden. Wer merkt, dass er ermordet werden soll, wehrt sich. Die potentiellen Täter müssen Profis gewesen sein, und das Risiko, Spuren zu hinterlassen, wenn das Opfer sich heftig sträubt, wäre zu groß. Das widerspräche auch der Annahme, dass Selbstmord suggeriert werden sollte.

Andere Theorien müssten beweisen, dass zwei Rechtsmediziner mit untadeligem Ruf und großem, auch internationalem Renommee ihr – extern einsehbares – Gutachten gemeinsam gefälscht haben, um aus unerklärlichen Gründen Suizid vorzutäuschen. Diese Art von Verschwörungstheorien sind zwar in der Hacker-Szene beliebt, werfen aber eher ein bezeichnendes Licht auf diejenigen, die sie vertreten.

Wie hätten die Mörder am Tatort, dem kleinen Park in Berlin-Britz, vorgehen müssen? Können mehrere Personen, davon eine nicht freiwillig, gemeinsam das Gelände betreten, ohne ein großes Risiko einzugehen, entdeckt zu werden? Von vorn, vom Haupteingang aus, ist das so gut wie unmöglich. Jeder Autofahrer, der die Gutschmidtstraße entlangfährt, würde das bemerken, tagsüber ohnehin. Außerdem sind die Betriebshaltestelle der BVG-Busse der Taxihalteplatz Britz-Süd und der Eingang der U-Bahn fast in Sichtweite. Professionelle Killer würden sicher anders vorgehen, wenn ein Opfer schon in ihrer Gewalt ist.

Das Argument, Tron könnte seine Mörder freiwillig in den Park begleitet haben, weil er nichts Böses ahnte, ist leicht widerlegbar: Boris hatte eine kleine Universalzange in seiner Hosentasche. Die kriminaltechnische Untersuchung ergab, dass der Gartendraht, mit dem der Gürtel verlängert und am Ast des Baumes verknotet war, mit dieser Zange verkürzt worden ist. Die Szenerie könnte sich nur so abgespielt haben: Mörder und Opfer halten sich in unmittelbarer Nähe des Tatorts auf. Die Täter durchsuchen die Taschen Trons und entdecken, dass sich dessen Zange dafür eignet, eine zusätzliche falsche Spur in Richtung Suizid zu legen. Ohne dass Boris sich wehrte, bereiten sie den Gartendraht vor. Dazu müssen sie auf den Baum klettern, um den Draht zu befestigen. Dann nehmen sie Tron seinen Gürtel ab und verknoten das Ende des Gartendrahts mit diesem Gürtel. Wenn das Opfer nicht die Augen verbunden hat, wird es wissen, was geplant ist. Während dieser Zeit müssen die Mörder die Garantie haben, dass niemand den Park betritt und sie überrascht. Sie müssen den Tatort schon vorher beobachtet und eingeschätzt haben, ob er sich für ihre Zwecke eignet.

Wenn man annimmt, dass der Todeszeitpunkt erst am Mittwoch oder gar in der Nacht zum Donnerstag war, wäre Boris vier oder fünf Tage unfreiwillig und an einem unbekannten Ort in der Hand von Entführern gewesen. Dann wiederum müsste erklärt werden, wie die Täter ungesehen mit ihrem gefangenen und vielleicht sogar gefesselten Opfer in den Park gelangten, ohne Aufsehen zu erregen. Außerdem hinterlassen Fesseln jeder Art Spuren, die so auffällig sind, dass sie selbst bei einer flüchtigen Obduktion nicht übersehen werden können. Und von einer oberflächlichen Obduktion sollte man im Fall Boris F. nicht ausgehen.

Kann man sich von der Rückseite unbemerkt dem dritten Eingang des Parks nähern? Das lässt sich testen, am besten gegen Mitternacht. Wenn man mit dem Auto und eingeschalteten Scheinwerfern die ehemalige Zufahrt zum Asylbewerberheim entlangfährt, bleibt man zunächst unbeobachtet. Auf der anderen Seite der Geleise erhebt sich ein Stellwerk, das Tag und Nacht in Betrieb ist, von dort aus ist das gesamte Gelände einsehbar. Nähert man sich dem Gebäude und dem Tor, öffnet es sich meistens wie von selbst, bevor man es erreicht hat. Der Pförtner kann die Zufahrtsstraße in ihrer gesamten Länge, bis zum Asylbewerberheim, überblicken und erwartet mit jedem sich nähernden Fahrzeug Arbeiter, die Schichtdienst haben und ihren Wagen innerhalb des umzäunten Geländes parken wollen. Deshalb fährt er das Tor zurück. Ein Angestellter der Berliner Verkehrsbetriebe, der es bedient, sagt: «Hier läuft immer jemand draußen herum, auch in der Nacht, so eine Art Streife.» Im letzten Jahr, im Sommer, sei sowieso viel los gewesen, wegen des damals noch belegten Asylbewerberheimes. «Da war doch häufig Polizei.»

Das Deutsche Rote Kreuz, die Betreiberin des Wohnheims, versichert, im Oktober 1998 habe dort niemand mehr gewohnt. Der ehemalige Hausmeister, Herr N., arbeitet jetzt in Treptow. Er sagt, damals habe er das Gelände «in der normalen Dienstzeit, von acht bis vier Uhr» beaufsichtigt. Niemand sei dort gewesen. Er habe alles kontrolliert und abgeschlossen. Nachts sei ein Wachschutzunternehmen zuständig gewesen. Zwischen dem 17. und dem 22. Oktober hat er nichts Auffälliges bemerkt. Man kann sich auch nicht vorstellen, dass Boris F. sich dort aufgehalten hat.

Wenn die potentiellen Mörder Trons den Tatort erkundet haben, ist ihnen sicher aufgefallen, dass der südliche Zugang zu viele unkalkulierbare Risiken birgt, um eine willenlose oder gefangene Person auf diesem Weg in den Park zu transportieren. Auch der Zugang von Osten, vom Grünen Weg her, ist wenig wahrscheinlich: Die Rückseite der gesamten Häuserzeile ist dem Pfad zugewandt, der Verkehrslärm gedämpft und das Risiko, durch Geräusche oder etwas anderes zufällig entdeckt zu werden, ist sehr hoch. Außerdem liegen zwischen dem Zugang am Grünen Weg und dem Fundort mehrere hundert Meter unbeleuchteten Wegs.

Es bleiben nur die beiden Eingänge des Parks übrig, die an der Gutschmidtstraße liegen. Man könnte mit einem Auto zwischen den Pollern des Haupteingangs direkt in den Park fahren, die kleinen Fahrzeuge der Berliner Gartenbaubetriebe tun es ebenso. Dann müssten sich die Täter sehr sicher gefühlt haben: Einen Park, der nur für Fußgänger gedacht ist, mit einem Kraftfahrzeug zu befahren ist selbst gegen Mitternacht auffällig. Auch diese Idee ist nicht sehr wahrscheinlich.

Keiner der zahlreichen Artikel, die sich mit dem Tode Trons befassten, berücksichtigt ernsthaft das gerichtsmedizinische Gutachten. Das verwundert, denn wenn dessen Befund zutrifft, sind alle Spekulationen über potentielle Mörder Trons und deren Motive schlicht hinfällig, so interessant sie sich in Presseverlautbarungen von Lobbyisten des Hacker-Milieus auch ausnehmen. Vor Abschluss eines Verfahrens dürfen Rechtsmediziner sich zu einem konkreten Fall nicht äußern. Das darf neugierige Rechercheure jedoch nicht abhalten, hinter die Kulissen zu schauen.

Aber auch eine seriöse gerichtsmedizinische Expertise kann die Wahrheit verfehlen, selbst wenn alle fachlichen Standards eingehalten wurden. Auch in diesem Fall darf der Leser an allen Gutachten zum Tode Trons zweifeln. Die Autorität dessen, der etwas behauptet, darf nicht darüber hinwegtäuschen, dass Irren menschlich ist. Das gilt für Mediziner wie auch für Programmierer. Was richtig oder falsch ist, kann nur anhand der Fakten überprüft werden.

3 SIMULATOREN

Es schien ein Routinefall zu sein: jugendlicher Vandalismus und nächtliche Ruhestörung. Am dritten März 1995, kurz nach Mitternacht, rufen Anwohner im Berliner Stadtteil Alt-Mahlsdorf die Polizei. Zwei Männer schlügen mit einem Vorschlaghammer auf eine Telefonzelle ein. Ein Streifenwagen rückt an, die Täter werden noch in unmittelbar Umgebung der Zelle gefasst. Auch das Tatwerkzeug findet sich, es wiegt zehn Kilogramm. Die beiden jungen Männer, beide sind rund zwanzig Jahre alt, versuchen weder zu fliehen, noch leisten sie Widerstand. Es handelt sich um den Studenten Boris F. und Daniel S. Letzterem gehört der Wagen, mit dem die Täter zur Telefonzelle gefahren sind. Beide gestehen bei der Vernehmung ohne Umschweife die Sachbeschädigung. Die Polizei durchsucht ihre Wohnungen, es wird nichts gefunden, was auf weitere Straftaten hindeutet.

Damit ist der Fall jedoch noch nicht erledigt. Der Polizei fällt auf, dass die Umstände der Tat ungewöhnlich sind. Auch fehlt jede Spur von einem Motiv. Beide Täter leben in geordneten Verhältnisse und sind noch nie unangenehm aufgefallen. Um Geld konnte es ihnen nicht gegangen sein. In der mit dem Hammer traktierten Zelle war ein Kartentelefon, in dem naturgemäß keine Münzen zu finden sind. Was also, so grübeln die Beamten, bewegt zwei geistig normale Männer, mit schwerem Gerät mitten in der Nacht auf ein unschuldiges Kartentelefon einzuprügeln?

Die Akten landen im Sommer beim Berliner Landeskriminalamt. Dort nimmt man die bei den Tätern gefundenen Gegenstände etwas genauer unter die Lupe. Boris F. hatte drei Chipkarten in seiner Hosentasche. Als diese untersucht werden, erleben die Kriminalbeamten eine Überraschung: es sind Simulatoren von Telefonkarten. Jeder, der eine solche Karte besitzt, kann sie wie eine normale Telefonkarte benutzen, aber unbegrenzt lange und kostenlos von jeder öffentlichen Zelle aus telefonieren. Im Kofferraum des Wagens finden sich mehrere Platinen. Das sind Chips mit einer Software – ein Programm, das dem Kartentelefon befiehlt, wie es mit einer Telefonkarte, die in den Schlitz gesteckt wird, umzugehen hat. Eine Telefonkarte ist in der Hand ihres Besitzers «leblos». Die Hardware, das Innere eines Telefons, gibt zunächst Strom auf die Karte, weil auf der Karte selbst keine Batterie Platz fände. Dadurch wird die Karte erst in die Lage versetzt, mit dem Telefon zu kommunizieren. Ist das der Fall, beginnt die Aufgabe des Chips. Der gibt der Zelle Auskunft über die Seriennummer der Telefonkarte, verrät, wie viel Geld noch vorhanden ist, endlich erscheint auf dem Display, dass alles in Ordnung ist – oder nicht. Die gefundenen Platinen stammten aus anderen Telefonzellen, die die beiden Männer offenbar auch schon zerhauen hatten.

Wenn die Polizei mit dem Jargon der Computerfreaks vertraut gewesen wäre, hätte sie schon beim T-Shirt des Boris F. gestutzt. Es trug die Aufschrift: «alt.2600». «Alt» steht für eine Hierarchie der Diskussionsforen, der so genannten Newsgroups, im Internet. Die englischen Abkürzungen grenzen die Themen ein: «sci» zum Beispiel – für «science» – ordnet Newsgroups über wissenschaftliche Themen, «comp» steht für Computerforen, daneben gibt es noch eine Reihe weiterer. «Alt» meint Inhalte, die sich nicht einer der anderen Hierarchien zuordnen lassen. «alt.2600 meinte die Frequenz eines Tones in Hertz, der auf alten Telefonen das Abrechnungssystem ausser Kraft setzte. Die Newsgroup alt.2600 widmet sich der Hacker-Gazette 2600».[23] Die Botschaft des T-Shirts lautete also sinngemäß: Ich begeistere mich für Computer oder gar: Ich bin ein Hacker.

Stefan Redlich, heute Hauptkommissar und gelernter Programm-

---

23 Vgl. http://www.2600.org sowie http://www.alt.2600/#hack.FAQ

mierer, war 1995 stellvertretender Leiter des Bereichs Computerkriminalität beim Berliner Landeskriminalamt. Redlich erkannte die Brisanz des Fundes. Er beschloss, bei Boris F. noch einmal eine Hausdurchsuchung vornehmen zu lassen. Tron habe in der Mitte seines Zimmers auf dem Boden gesessen, schildert Redlich die Situation, «und litt wie ein Kind», nicht so sehr wegen der unangenehmen Situation, sondern weil die Polizisten seine Computer mitnahmen.

Die gesetzliche Grundlage, Computer zu beschlagnahmen, findet sich im Paragraphen 269 des Strafgesetzbuches[24]. Er behandelt die Fälschung «beweiserheblicher» Daten. Diesen Passus gibt es erst seit 1986. Damals sahen sich die Juristen benötigt, die Rechtsprechung der veränderten Realität anzupassen. In umständlichem Deutsch heißt es dort: «Wer zur Täuschung im Rechtsverkehr beweiserhebliche Daten so speichert oder verändert, dass bei ihrer Wahrnehmung eine unechte oder verfälschte Urkunde vorliegen würde, oder derart gespeicherte oder veränderte Daten gebraucht, wird mit Freiheitsstrafe bis zu fünf Jahren oder mit Geldstrafe bestraft. Der Versuch ist strafbar.» In besonders schweren Fällen droht sogar eine Freiheitsstrafe «nicht unter einem Jahr».

Wer verdächtigt wird, mit seinem Computer eine vorsätzliche Straftat begangen zu haben, muss damit rechnen, dass nach Paragraph 74[25] diese als «Tatmittel» eingezogen werden. Nur die Tatmittel werden beschlagnahmt: wenn sie «die Allgemeinheit gefährden» oder der Verdacht besteht, dass ein Straftäter sie noch einmal benutzt. Ein Schreibtischstuhl zum Beispiel fällt nicht unter die Gegenstände, die eingezogen werden.

Wer eine Telefonkarte mit Hilfe seines Computers simuliert, das heißt fälscht, fälscht somit Daten. Der Straftatbestand des «Computerbetrugs», der im Paragraphen 236 des Strafgesetzbu-

---

24 http://www.compuserve.de/recht/gesetze/stgb/p269.html
25 http://www.compuserve.de/recht/gesetze/stgb/p74.html

ches[26] geregelt wird, ist weiter gefasst. Dort geht es um die «Absicht, sich oder einem Dritten einen rechtswidrigen Vermögensvorteil zu verschaffen». Darunter fiele auch, umsonst telefonieren zu wollen oder etwa eine Software zu fälschen oder so zu verändern, dass sie von anderen gratis benutzt werden kann, obwohl der Hersteller das nicht so beabsichtigt hat.

In juristischem Deutsch heißt das: «Wer das Vermögen eines anderen dadurch beschädigt, dass er das Ergebnis eines Datenverarbeitungsvorgangs durch unrichtige Gestaltung des Programms, durch Verwendung unrichtiger oder unvollständiger Daten, durch unbefugte Verwendung von Daten» beeinflusst, begeht Computerbetrug. Diese spezielle Betrugsart ist das Gegenstück zur elektronischen Urkundenfälschung. Eine Urkunde ist nur eine Urkunde, wenn der Hersteller darauf zu erkennen ist. Für Telefonkarten trifft das zu, denn sie haben jeweils eine Seriennummer und eine Signatur, in Deutschland von der Telekom.

Stefan Redlich erinnert sich noch genau an die Hausdurchsuchung bei Boris F. Sie verlief etwas anders, als er es gewohnt war. «Bei anderen jungen Männern finden sich irgendwelche Mädchenbilder», das sei die langjährige Erfahrung der Polizei. Bei Tron jedoch «fanden wir nur Schaltpläne». Auch an der Wand hing der Schaltplan eines Amiga-Computers. Boris machte aus seinen Kenntnissen keinen Hehl. Zur Überraschung der Polizei schilderte er, als man ihn noch einmal vernahm, ohne Umschweife seine Taten, die ja in den Augen der Staatsanwaltschaft strafrechtlich relevant waren, und schien sogar stolz darauf zu sein. Stefan Redlich zitiert einen Satz Trons: «Man kann das Anwenden von mathematischen Formeln doch nicht unter Strafe stellen?!» Er war offenbar verwundert, dass er etwas Verwerfliches getan haben sollte, von dem er annahm, es sei nichts Unrechtes daran zu finden. Der Hauptkommissar fasst seinen Eindruck von Boris mit den Worten zusammen: «Er war der absolute Freak.»

---

26 http://www.compuserve.de/recht/gesetze/stgb/p263a.html

Das klingt aus dem Mund eines Kriminalbeamten, der sich mit Computern gut auskennt, nicht abwertend. Eher spürt man eine gewisse Hilflosigkeit, das Phänomen Tron nirgendwo in gewohnte Raster einordnen zu können, eine Mischung aus Unverständnis, Neugier und vielleicht sogar heimlicher Bewunderung. Boris erschien ihm nicht naiv, meint Redlich. Er habe seinem Leben nur einen anderen Schwerpunkt gegeben als die meisten seines Alters. Tron sei «sympathisch und absolut authentisch» gewesen. «Aber», entfährt es dem Kriminalbeamten, «so etwas ist doch nicht normal.»

Und noch etwas war bei Tron anders als bei ähnlichen Fällen. Es schien, als sei es dem Studenten nicht darum gegangen, einen finanziellen Vorteil durch die Simulatoren zu erlangen. Die Polizei fand heraus, dass er die Karten nicht verkauft hatte, obwohl ein potentieller Kunde ihm einen kompletten Amiga-Computer dafür geboten hatte. Die Telefonkarten seien «ausschließlich für ihn selbst» und «gute handwerkliche Arbeit» gewesen, Herstellungskosten: ungefähr vierzig Mark. Auf dem Schwarzmarkt hätten sie rund tausend Mark eingebracht. 1995 war dieser Schwarzmarkt noch recht klein und die Preise dementsprechend hoch.

Den Stolz, etwas gebaut zu haben, was ihm niemand zugetraut und das auch niemand erwartet hätte, hört man noch einige Jahre später aus Trons Äußerungen heraus: In einem Interview zum Film «Hacks» von Christine Bader sagt er – seine Stimme lässt er verzerren: «Ich bin der erste, der das deutsche Telefonkartensystem geknackt hat. Das deutsche System ist eines der sichersten, das schwerste in Europa.»

Am 13. September 1995 erschien in der *Berliner Zeitung* ein Bericht über den Prozess gegen Tron[27]. Boris F. hatte eine sechsmonatige Haftstrafe auf Bewährung dafür bekommen, dass er den

---

27 http://www.BerlinOnline.de/archiv/berliner_zeitung/dump/19950913/wirtschaft/1995063111/1.html? TEXT1 = Simulatoren& TEXT2 =& TEXT3 = & TEXT4=

Simulator hergestellt hatte, und weitere sechs Monate wegen der Beschädigung der Telefonzelle, beide Strafen wurden zu insgesamt zehn Monaten zusammengezogen. Die Zeitung schrieb, diese Betrugsaffäre sei bislang einmalig in Deutschland. Der Mann habe «die so genannten Chipkarten-Simulatoren in einer eigenen Werkstatt konstruiert und programmiert». Die Fahnder seien ihm nur «zufällig» auf die Schliche gekommen. Der Student habe angegeben, die Fälschungen «nur für sich selbst zum kostenlosen Telefonieren sowie aus Profilierungsgründen hergestellt zu haben». Ob er «mit einer Fälscherbande zusammengearbeitet» habe, sei noch unklar.

Die Telekom nahm 1988 die ersten 500 Kartentelefone in Betrieb. 1995 verkaufte sie schon über 200 Millionen Telefonkarten, die Mitte der neunziger Jahre in über 165 000 öffentlichen Zellen benutzt wurden. Der damalige Pressesprecher der Telekom, Ulrich Lissek, schränkte ein, dass der Konstrukteur des Telefonkarten-Simulators nicht den Chip geknackt, sondern einen eigenen gebaut und auf eine Karte gesetzt habe. Der Elektronik des Kartentelefons wurde vorgegaukelt, es handelte sich um eine Originalkarte der Telekom. Das System der Chipkarten, so schreibt das Berliner Blatt, sei von der Telekom bisher als äußerst sicher eingeschätzt worden. «Die Telekom ist jetzt dabei, ihr Sicherheitssystem umzurüsten.»

Allzu viel scheint das nicht genützt zu haben. Trotz der Sicherheit gab es bald Nachahmer, die, ohne Boris F. gekannt zu haben, ebenfalls Simulatoren auf den Markt brachten. Ein Jahr später wandte sich die Telekom an die Polizei. Das Unternehmen hatte ein Gerät entwickelt, mit dem nachgewiesen werden konnte, in welcher Zelle eine gefälschte Telefonkarte benutzt wurde. So etwas ist nach diversen Prinzipien möglich: Gefälschte Karten haben ein leicht unterschiedliches Timing, vergleichbar mit dem leichten Flackern einer Glühlampe, wenn die Stromspannung variiert. Oder die Simulatoren setzten bei höheren Lesetaktraten aus. Oder – und so kann die Authentizität einer Karte garantiert geprüft werden: Falls die Versorgungsspannung für einen kurzen Moment abgeschaltet wird, darf eine echte Telefonkarte nur das Teilguthaben zeigen, das sich nach mehreren Telefonaten ergibt, nicht die gesamte Summe, also den Nennwert. Macht sie das, ist das nicht unbedingt ein Anlass zur Freude, sondern ein sicheres Zeichen dafür, dass die Karte «nur» ein Simulator ist.[28]

Die Vertreter der Deutschen Telekom eröffneten damals, im Jahr 1996, der Polizei, dass pro Tag mehr als 200 Simulatoren in Betrieb waren, die Telekom verlor täglich 10000 Mark. Stefan Redlich und andere Fachleute der Kriminalpolizei sahen ihre Chance. Sie planten einen groß angelegten Einsatz mit fast einem Dutzend Beamten, der sich über mehrere Monate hinzog. Die Telekom informierte die Einsatzgruppe per Handy, wo illegal hergestellte Telefonkarten in Betrieb genommen wurden, und die Kriminalbeamten ergriffen die Täter innerhalb kurzer Zeit. Meistens waren es Asylbewerber, die kein Geld, aber ein starkes Motiv hatten, in ihre oft weit entfernte Heimat anzurufen. «Da spielten sich oft menschliche Dramen ab», erinnert sich Stefan Redlich. Eine hochschwangere Frau wurde festgenommen, als sie gerade mit ihren Verwandten im Iran telefonierte. Viele der Asylbewerber hatten gar nicht begriffen, dass das, was sie taten, verboten war.

Der Handel mit den gefälschten Karten funktionierte so: Der Hersteller, dessen Identität zu Anfang der polizeilichen Ermittlungen noch niemand kannte, vermietete die Simulatoren an diverse Gruppen von Vietnamesen. Die Karten schalteten sich nach einer bestimmten Zeit selbsttätig wieder ab und mussten beim Hersteller wieder aufgeladen werden. Die «Mieter» der Telefonkarten postierten sich neben diejenigen Zellen, die von Asylbewerbern oft benutzt wurden, und boten gegen ein kleines Entgelt ihre «Dienste» an. Die Kosten für die «Miete» einer Karte, die ihnen ja nicht gehörte, amortisierten sich nach ungefähr einer Woche.

---

28 Vgl. eine Fallschilderung des Anwalts Freiherr von Gravenreuth: http://www.burks.de/tronbuch.html

Die Kriminalpolizei ließ in ihren Ermittlungen nicht locker. Nachdem man das System verstanden hatte, fürchteten die Beamten, «dass es zu Standortrivialitäten kommen würde». Das wiederum hätte die organisierte Kleinkriminalität gefördert. Sie verhafteten manchmal drei Dutzend Benutzer der illegalen Karten am Tag. Ein Asylbewerber aus Eritrea hatte den Vietnamesen eine Karte für eine erhebliche Summe abgeschwatzt und telefonierte stundenlang nach Hause, weil dort seine Freundin lebte, die ihn verlassen wollte, was sie ihm wiederum per Telefon mitgeteilt hatte. Er weinte hemmungslos, als die Polizei ihn festnahm.

Wer aber die Karten produzierte, blieb lange unklar. Offenbar hatte sich die Kunde, mit gefälschten Telefonkarten könne man gut Geschäfte machen, in diversen Kreisen schnell herumgesprochen. Plötzlich tauchten auch «Händler» aus osteuropäischen Staaten auf. Niemand von ihnen wusste jedoch, dass die Techniker der Telekom nur darauf warteten, dass jemand einen Simulator in den Schlitz einer öffentlichen Zelle steckte.

Ein Mann kam mit dem Zug am Berliner Hauptbahnhof an, ging schnurstracks zum nächsten Telefon, benutzte seine gefälschte Karte und meldete den Hintermännern oder Auftraggebern seine Ankunft. Die Einsatzgruppe der Kriminalpolizei in Zivilkleidung stand zufällig genau neben der betreffenden Telefonzelle, weil man sich gerade einen Imbiss genehmigte. Ein Handy der Polizei klingelte, die Techniker der Telekom verrieten den exakten Standort des Kartentelefons am Hauptbahnhof. Schon in der ersten Minute seines Telefonats wurde der ahnungslose und völlig überraschte «Täter» festgenommen. «Der hat wahrscheinlich eine sehr gute Meinung von der deutschen Polizei», erinnert sich Hauptkommissar Redlich.

Die Spezialisten der so genannten «EDV-Prüfgruppe» des Landeskriminalamts nahmen die beschlagnahmten Simulatoren auseinander und analyisierten sie. Anhand der benutzten Elektronikteile identifizierten sie die Firma, die diese hergestellt und geliefert hatte. Am 30. Oktober 1996 griffen die Ermittler zu: der Hersteller fast aller gefälschter Telefonkarten war ein Informatikstudent aus Berlin-Spandau, der mit Boris F. nicht in Kontakt gestanden und auch von dessen Existenz nicht gewusst hatte. Die Polizei fand 65 Simulatoren, ein Gerät, um die elektronischen Chips auf den Karten herzustellen, und 120 000 Mark Bargeld in einer Tasche neben dem Arbeitstisch des Täters.

Auch dieser Täter wollte sich nicht bereichern. Er hatte sich in eine vietnamesische Prostituierte verliebt und wollte ihr mit dem erworbenen Geld den Ausstieg in ein neues Leben ermöglichen. Daher stammten auch seine Kontakte zu den vietnamesischen Zwischenhändlern. Der Student hatte Pech, als die Polizei eine Hausdurchsuchung gerade zu dem Zeitpunkt machte, als mehr als zwei Drittel der Karten, die nur für 300 Mark freigeschaltet waren, zum Wiederaufladen in seiner Wohnung lagen.

Beim Betrug mit Telefonkarten gibt es nach Ansicht der Kriminalpolizei nur wenig Wiederholungstäter. Nur bei einigen wenigen Personen, sagt Stefan Redlich heute, «haben wir schon die vierte Rechnergeneration in der Asservatenkammer». Auch der Spandauer Student zeigte sich reumütig. Er hatte nach einigen Wochen schon geplant, keine Karten mehr zu produzieren. Die Zwischenhändler, die sich noch mehr Gewinn erhofften, setzten ihn jedoch unter so großen Druck, dass er so lange fortfuhr, Simulatoren zu bauen, bis man ihn verhaftete. Während der Vernehmung sagte er: «Wer mit dem Teufel speisen möchte, braucht einen langen Löffel.» Er hatte akribisch Buch geführt, sodass die Beweislage beim Prozess eindeutig war. Der Informatiker bekam zwei Jahre und neun Monate Haft, die Telekom bezifferte den Schaden auf über zwei Millionen Mark.

Trons Telefonkarten-Hack

Boris F. war nicht der Erste, der einen Telefonkartensimulator gebaut hat, obwohl er das in der Öffentlichkeit behauptete. Schon 1993 wurde die erste gefälschte Telefonkarte beschlagnahmt. Die

Basis dieser Chipkarte war ein Mikrocomputer aus nur einer Platine. Eine Platine (auch: Modul) ist nichts anderes als eine Art Schaltplan, eine Sammlung von leitenden Bahnen, zum Beispiel aus Kupfer. In diesem Fall war die Platine mit dünnen Drähten mit der Anschlussfläche (dem so genannten *pad*[29]) auf der Kunststoffkarte verbunden. Diese Konstruktion war schon mit dem bloßen Auge leicht als Fälschung zu erkennen.

Boris F. hatte allerdings die «zweite Generation» der Simulatoren erfunden. Er brauchte dazu keine geheimen Informationen. Die 1995 benutzten Telefonkarten unterschieden sich erheblich von den Smart Cards, die zum Beispiel im elektronischen Geldverkehr eingesetzt wurden. Tron benutzte einen Mikroprozessor mit der Typenbezeichnung PIC16C84[30], der im Prinzip wie ein «großer» eigenständiger Computer funktioniert. Zusätzlich setzte er einige elektronische Bausteine, nicht mehr und nicht weniger als die Techniker der Telekom, die die Originalkarten konstruiert hatten. Diese Bausteine entsprachen der Sicherheitslogik der Originalkarten.

Mit der war es aber nicht weit her, alle Prozesse auf dem Modul liefen offen und nicht verschlüsselt ab. Die Telefonkarten bestanden im Wesentlichen aus einem so genannten «nichtflüchtigen» Speicher, dem EEPROM *(electrically erasable read-only memory)*, der fast in allen Chipkarten verwendet wird. Der Inhalt des Speichers konnte mit einem Kartenlesegerät beschrieben, verändert oder auch gelöscht werden, die Anzahl der Zugriffe war aber begrenzt.

Das schwierigste Problem, das Tron gelöst hatte, war weniger elektronischer, sondern mechanischer Natur: Die Telefonzelle ak-

---

29 Das *pad* (von engl. padding – Auffüllen) ist standardisiert nach der ISO-Norm. Die *International Standardisation Organisation* mit Sitz in Genf kontrolliert und unterstützt die weltweite Normung und zertifiziert die Sicherheit informationstechnischer Systeme.

30 Vgl. http://www.idt-isep.ipp.pt/isep/electro/automacao/doc/giicm/icp.htm

zeptiert eine Karte nur, wenn sich die Abdeckung, der «Shutter»[31], hinter der eingesteckten Karte schließt. Dieser würde mit einer Art Messer alle Kabel abtrennen, die aus dem Schlitz nach draußen führen. Damit verhindert der Shutter, dass jemand die Kommunikation zwischen Karte und Terminal[32] abhört oder manipuliert.

Die Platine auf dem Simulator muss sehr dünn sein – weniger als einen Millimeter. Außerdem kann man eine derart gefälschte Karte nicht mit Kabeln an einen Computer – insbesondere einen Laptop – anschließen. Der «Shutter» würde sich der erzwungenen Verbindung der Telefonkarte mit der «Außenwelt» verweigern. Deshalb tüftelten Hacker wie Tron an ihren Simulatoren herum und versahen sie mit einer Aussparung für ein so genanntes SMD-Bauteil *(surface-mounted device)*. Das sind elektronische Bauteile *(device)*, die auf der Oberseite *(surface)* direkt ohne Drähte verlötet oder anderweitig befestigt sind *(mounted)*, zumeist in Miniaturausführungen. Im Gegensatz dazu stehen die «klassischen» Bauteile, die durch Löcher gesteckt und von der Unterseite gelötet werden. Die Karte hatte somit zwei Schnittstellen, zwei Kontakte, um zu kommunizieren: einen für die Telefonzelle und den anderen, um später wieder an den Speicher zu gelangen und ihn zu verändern.

Das Kartentelefon wurde jetzt hinters Licht geführt. Es vermutete, es hätte eine authentische Telefonkarte in seinem Schlitz, die zum Beispiel mit 50 Mark aufgeladen ist. Das war beinahe die reine Wahrheit. Das Telefon konnte, damit alles seine Ordnung hatte, die Gebühren, die bei einem Anruf entstanden, von der Karte abbuchen und den Vorgang sogar verifizieren. Der Simulator entlud sich wie eine richtige Karte, mit dem einen, aber wesentlichen Unterschied: war die gefälschte Karte leer, das Guthaben also ver-

---

31 Details zum Shutter vgl. http://gsho.thur.de/hhgs/telefon_shutter.html

32 Das Terminal ist ein Gerät mit Tastatur und Anzeige (Display). Es regelt den Datenaustausch mit der Chipkarte.

braucht, speicherte sie diese Tatsache nicht, sondern gaukelte der Telefonzelle vor, dass bei einem erneuten Gebrauch alles von vorn begänne – mit einem Guthaben von 50 Mark. Die nachgebaute Telefonkarte erzeugte also eine Art finanzieller Endlosschleife – der Besitzer der lügnerischen Karte konnte endlos lange telefonieren, ohne zu bezahlen. Diese Simulatoren waren mühsam gefertigte Einzelstücke, die die ursprünglich vom Hersteller, der Telekom, eingesetzten Platinen simulierten, ähnlich wie die erste «Generation» der Fälschungen, die zur Simulation ein externes Gerät einsetze.

Die dritte Stufe der Fälschungen tauchte 1996 auf, fast zeitgleich mit der Verhaftung des Studenten in Berlin-Spandau. Eine Fälscherbande «klonte» den gesamten Chip und stellte Simulatoren fast als Massenprodukt her. Die mafiose Organisation – der Anführer war ein Hamburger Bordellbesitzer – wollte fast eine halbe Million Telefonkarten in Umlauf bringen. Die Herren aus der Unterwelt planten, die benötigten Chips in Indien fertigen zu lassen und dann die leeren Plastikkarten damit zu bestücken. Am 2. August beschlagnahmte die Polizei 30 000 gefälschte Telefonkarten und sogar ein Gerät, mit dem sich diese Karten personalisieren ließen.

Die Telekom versuchte, auch als Reaktion auf die Fälschungen, die Telefonkarten sicherer zu machen. Ab Mitte 1996 besaßen alle Karten eine 22-stellige Kontrollnummer. Damit konnte man den Chiptyp identifizieren, die Druckfarbe war nur mit ultraviolettem Licht zu erkennen. Mittlerweile sahen die neuen Module auch Authentisierungsprotokolle vor, also eine Datenübertragung zwischen Karten und Telefon, die den Gebrauch von Simulatoren unmöglich machte. Wie das funktionierte, blieb nicht lange geheim. Wer wollte, konnte sich über die Details und die Interna der eingesetzten Chips informieren. Die kanadische Firma Semiconductors Insights Ltd. in Ontario offerierte «eine detaillierte Designanalyse eines im Telefonkartenbereich eingesetzten Mikrochips». Das schrieb die auf Chipkarten-Sicherheit spezialisierte Zeitschrift *à la Card*[33] und fügte, ohne zu werten, hinzu: «Laut Angebot enthalten die Unterlagen den kompletten Schaltplan des Chips mit Signalbezeichnungen.» Nicht nur diese, sondern auch andere Firmen bieten weltweit diesen Service an, den man Reverse Engineering nennt.

Die neuen Maßnahmen der Telekom, um die Sicherheit zu erhöhen, schreckten die Fälscher nicht ab. Für die Tatsache, dass weiter Fälscher am Werk waren, gab es eine untrügliche Spur: Mitte der neunziger Jahre zog der Preis für gebrauchte Standardtelefonkarten plötzlich ohne Grund an von fünf Pfennig auf 20 Pfennig. Gleichzeitig sank der Umsatz der authentischen Telefonkarten erheblich, bei einer der größten Firmen, die Telefonkarten verkauften, um durchschnittlich zehn Prozent. Und die Kunden, die die gefälschten Karten kauften, konnten sie äußerlich nicht von echten unterscheiden, somit begingen sie keine strafbare Handlung.

Zwar gibt es heute – nach den Erkenntnissen der Polizei – nur noch wenige Fälle von Telefonkartenbetrug, ihre Zahl lässt sich innerhalb eines Jahres an einer Hand abzählen. Doch das liegt vermutlich auch daran, dass Handys den Kartentelefonen den Rang abgelaufen haben und der Markt sich erheblich verkleinert hat.

Die Hersteller von Telefonkarten haben sich der Tatsache angepasst, dass jede Chipkarte nur so lange sicher ist, wie sie nicht von einem Hacker «geknackt» worden ist. Die letzte und aktuellste Version der Fälschungen zeigt ein Problem, das sich vermutlich nie befriedigend lösen lassen wird: im Jahr 1998 manipulierten Fälscher den Originalchip einer bestimmten Serie von Telefonkarten. Diese Serie erlaubte, bestimmte Karten wieder aufzuladen. Der Fehler bestand darin, dass die Herstellerfirma versucht hatte, den aufladbaren Bereich vor dem Zugriff nicht befugter Personen zu schützen. Wie, das verriet sie niemandem. Das Prinzip «Sicherheit durch Geheimhaltung» funktionierte aber nicht. Die Tele-

---

33 http://www.alacard.de, in: à la Card 8-9/99, S. 115

kom zog daraus die logische Konsequenz: Seit 1998 gelten die Telefonkarten der Deutschen Telekom nur drei Jahre.

Wer das nötige Kleingeld besitzt, kann sich eine technische Ausstattung leisten, die alle Sicherungsmaßnahmen der Telefonkartenhersteller ad absurdum führt. Oliver Kömmerling, General Manager der Firma Advanced Digital Security Research[34] und – auch nach Meinung seiner Kollegen – einer der fähigsten Chipkartenexperten Europas, ist mit den passenden Geräten ausgestattet. Er demonstrierte dem Autor Folgendes: Mit einem sehr guten Mikroskop, ungefähr im Wert von 80 000 Dollar, kann man die Leiterbahnen einer Platine, also im freigelegten Chip einer Telefonkarte, im Mikrometerbereich beobachten. Diese Bahnen liegen offen dar wie ein Geflecht mehr oder weniger regelmäßiger Fäden, die miteinander verknüpft sind. Jetzt fehlt nur noch ein passender Lasercutter, eine Art Schneidemesser oder Minikanone, die mit Laserstrahlen arbeitet. Der Cutter kostet freilich noch deutlich mehr als das Mikroskop, knapp 100 000 Dollar. Dafür lässt er sich aber so exakt einstellen, dass ein gezielter Schuss nur diejenige Leiterbahn verdampft, die der Telefonkarte Auskunft darüber gibt, ab wann sie sich abschalten muss, weil das Guthaben verbraucht ist. Jetzt ist die Telefonkarte orientierungslos und lässt ihren Besitzer endlos telefonieren, ohne dass er bezahlen muss. Wer aber weist nach, dass der Schuss mit dem Lasercutter eine bewusst herbeigeführte Fälschung ist? Jeder Käufer einer solchen Karte würde vermuten, dass es sich um einen zufälligen Materialfehler handelt und er nur beim Kauf unwahrscheinliches Glück gehabt hat. Ob derartige Karten aber im Umlauf sind, ist schwer zu sagen. Sie verlangen nach einem Fälscher, der, um Simulatoren herzustellen, zunächst eine viertel Million Mark investiert. Und außerdem müsste er schon sehr genau wissen, welche der Leiterbahnen die richtige ist, und mit jedem Bit, das sich im Modul bewegt, so vertraut wie mit dem besten Freund sein.

---

34 http://www.adsr.de

4 BASTLER, FORSCHER, HACKER

Boris F. wuchs im Süden Berlins auf, in der Gropiusstadt. Dort recken sich Hochhäuser in den Himmel, dazwischen ducken sich normale zweistöckige Gebäude, trotz der geballten Wucht der Steine gibt es viel Grün. Die Architektur sieht so aus, wie man sich in den siebziger Jahren moderne Wohnkultur vorstellte. Alles ist geordnet, rechteckig, bequem und unauffällig. Wenn jemand sinnierte, wo in Berlin ein Jugendlicher normal aufwachsen könnte, dann hier. In der Gropiusstadt gibt es keine Szenekneipen, keine Szenediskothek, keine Orte, vor denen Eltern ihre Kinder warnen. Ist das Wetter ungemütlich, pfeifen Wind und Regen um die Ecken und durch die Häuserschluchten. Dann sind Straßen und Plätze wie leer gefegt. Hier kann man anonym bleiben. Es gibt zu viele Leute, und die arbeiten tagsüber. Und wenn sie das nicht tun, sieht man sie nicht mehr oder weniger als in einer Kleinstadt in Westfalen.

Boris wohnte mit seiner Mutter in einer Wohnung in einem kleineren Mehrfamilienhaus. Alles hat seinen Platz. Der blumenbekränzte Balkon lässt fast vergessen, dass man sich in einer Hochhaussiedlung am Stadtrand Berlins befindet. Boris' Vater lebt heute eine halbe Stunde entfernt im Osten der Stadt. Beide Eltern betreiben ein Reisebüro und kommen trotz der Trennung ohne Probleme miteinander aus. Man fährt gemeinsam in das Ferienhaus in die kroatische Heimat des Vaters in einen malerisch gelegenen Ort an der Küste Istriens. Niemand weiß von Streit oder nennenswerten Konflikten in der Familie.

«Schon als kleiner Junge baute Boris alles auseinander, was er in die Finger bekam», erinnert sich der Vater. «Radiogeräte, Fernseher, Uhren, Rasenmäher, nichts war vor ihm sicher.» In der ersten Klasse dürfen die Kinder ein Bild ihrer Wahl malen. Wofür interessieren sich Sechsjährige? Sonne, Mond und Sterne, die Geschwister, ein Hund und eine Katze, Häuser, Bäume, vielleicht ein Auto – die Welt aus Kinderbüchern. Boris jedoch fällt der Lehrerin auf. Er zeichnet eine Batterie und vergisst auch nicht ein Plus- und ein Minuszeichen. Die Pädagogin wundert sich und bestellt die Eltern in die Schule. Wie könne man das erklären? Vielleicht ist der Junge besonders begabt?

Seine Zeugnisse jedoch fallen nicht so aus. Nur in technischen Fächern gibt es Höchstnoten. Boris scheint weniger theoretisch als praktisch interessiert zu sein. Er geht nach der zehnten Klasse von der Schule ab, obwohl alle ihm raten, das Abitur zu machen. Es sieht so aus, als wenn ihn der Unterricht langweile, als fühle er sich unterfordert und missverstanden, bei einigen Lehrern gilt er als «zappelig» und hyperaktiv. Manchmal fehle es ihm an Konzentration, obwohl sich das nicht unbedingt negativ auf seine Leistungen auswirkt. Boris sagt, er wolle lieber «fummeln».

Er bewirbt sich auf eine Lehrstelle an der Technischen Universität Berlin. Die Universität bildet in speziellen Werkstätten, Labors und Büros in mehreren Berufen aus[35]. 150 Ausbildungsplätze stehen für 17 Berufe zur Verfügung: technischer Zeichner, Chemielaborant, Industriemechaniker, Metallbauer, Angestellte für Bürokommunikation, Elektroinstallateur, Orthopädiemechaniker, sogar Tischler und Gärtner zieht die TU heran. Boris F. entscheidet sich für die Sparte «informations- und kommunikationstechnische Fachleute» und hier für die Abteilung Kommunikationselektroniker, Fachrichtung Informationstechnik. Die Ausbildung dauert dreieinhalb Jahre.

Die TU präsentiert diesen Zweig nicht ohne Stolz: Arbeitgeber von Fachkräften hätten im Rahmen des betrieblichen und beruflichen Ausbildungssystems «quasi eine Ausbildungspflicht». Die Universität komme dem nach. Ein Informationsblatt für Interes-

---

35 Referat für Aus- und Weiterbildung, TU Berlin, http://www.tu-berlin.de/zuv/IID/rechtsa.html

sierte beschreibt das Berufsbild: Kommunikationselektroniker «fertigen, messen, prüfen, warten und reparieren die Geräte, Anlagen und Systeme der Informations- und Datentechnik sowie in Steuer- und Regeleinrichtungen». Diese Fachleute suchen Fehler in den Geräten und beseitigen sie.

Der Leiter des Referats, Rudolf Rapp, kann sich noch an Boris F. erinnern. Der habe als fleißig, zuverlässig, aber auch als introvertiert gegolten. Jeder an der TU kennt den mysteriösen Todesfall «Tron». Eine spontane Erklärung hat niemand. Einer der Meister, der den Lehrling ausgebildet hat, kramt in seinen Schränken. Es gibt noch Erinnerungsstücke aus Boris' Lehrzeit. Zu Beginn dürfen alle Auszubildenden etwas basteln, was ihnen gerade in den Sinn kommt und worauf sie Lust haben. Boris baut eine stilisierte Mondfähre mit Sonnensegeln, aus Kupferdraht, aber perfekt geformt. Der andere Meister besitzt noch ein winziges Raumschiff von Tron, zusammengelötet aus Kondensatoren und anderen Elektroteilen.

Meister Müller erinnert sich, dass er den «Neuen» 1989 bekommen hat. «Er war ein typischer Einzelgänger», bei Tests habe er nur durchschnittliche Ergebnisse gezeigt. Boris verweigerte sich aber weder den Schulungen in der Gruppe noch den regelmäßigen Sportveranstaltungen am Freitag. Die Lehrlinge fuhren gemeinsam nach England. Tron nahm nicht an dieser Fahrt teil, weil er sein Geld lieber für eine neue Festplatte seines Computers ausgab.

In den ersten Jahren bauen die künftigen Kommunikationselektroniker einzelne Teile, zum Beispiel Zähler für Lichtschranken, und machen Messübungen. Damals, Anfang der neunziger Jahre, gab es weder Kartenlesegeräte, noch waren Chipkarten, das spätere Spezialgebiet Trons, Teil der Ausbildung. Den Meistern fällt auf, dass Boris F. im Gegensatz zu den anderen «rasend schnell» auf der PC-Tastatur herumhämmert, als wenn er darin große Erfahrung besäße. Sie fragen nach, und der Lehrling gibt bereitwillig Auskunft: er habe sich alte Motherboards[36] gekauft und die repariert. Er sei an allem interessiert, was mit Computern zu tun habe.

Boris scheint seine Meister gemocht zu haben. Als er mit seiner Mutter in Ägypten ist, während eines Urlaubs, sieht er in einem halb fertigen Gebäude einen Raum, in dem Unmengen von losen Kabeln von der Decke hängen. Die Mutter kann sich heute noch daran erinnern, dass ihr Sohn bemerkt hatte: «Wenn das Meister Müller sähe!»

Während der Lehre freundet sich Boris mit einem anderen jungen Mann an, Manuel L., der sein bester Freund bleiben wird. Walter George, Laborleiter am Institut für technische Informatik und dort unter anderem für Mikroelektronik und für die Betreuung der Lehrlinge zuständig, sagt: «Die beiden waren wie Brüder.» Beide gelten in den Augen der anderen als ein wenig verschlossen, introvertiert, und das schweißt sie umso mehr zusammen. Manuel, so erzählt George, sei ein paar Mal operiert worden und krank gewesen. Der sei kein Draufgänger, eher das Gegenteil. «Der hat immer hinter Boris gestanden.» Boris selbst sei, obzwar «ein typischer Einzelgänger», «zukunftsorientiert», ein «positiv denkender Mensch gewesen». Sein damaliger Lehrling Boris, dessen Pseudonym Tron der Meister kennt, sei auch extrem hilfsbereit gewesen. Wenn ein Computer streikte, hätte er nur anzurufen brauchen, und der sei gekommen. Tron habe auch geholfen, wenn er dadurch keine persönlichen Vorteile gehabt hätte. Nein, eine Freundin habe er nicht gehabt. Das habe ihn nicht interessiert, für Tron habe es «nur fachliche Interessen» gegeben.

George ist ein Mensch von altem Schrot und Korn und redet nicht gern mit der Hand vor dem Mund. Man kann sich vorstellen, dass Lehrlinge ihn als Autorität anerkennen. Er spricht «Hard-

---

36 Motherboard (engl.): die Hauptplatine eines Computers, auch «Mainboard» genannt. Die Platine beherbergt den Prozessor und Steckplätze für Erweiterungskarten (zum Beispiel für die Soundkarte, die für den Ton oder Sound [engl.] zuständig ist).

ware» nicht englisch, sondern deutsch aus, als müsse er sich an die vielen Anglizismen noch gewöhnen, die in den Computerjargon eingeflossen sind. «Boris war bettelarm. Er sah immer noch aus, als müsse man ihm eine Mark zustecken.» Sein Lehrling sei dafür bekannt gewesen, dass er jeden Pfennig für Computerteile ausgegeben habe. Das ist nicht böse gemeint. Der Meister hat nur eine klare und nicht unbedingt liberale Vorstellung davon, was in seinen Augen «ordentlich» ist. Aber wenn er über Boris erzählt, klingt ein tiefer Respekt mit. Er gibt zu erkennen, dass er sich über das Leben Trons seine eigenen Gedanken gemacht hat und sich wundert, dass ihn bisher niemand dazu befragt hat. Offenbar erkennt er die Fertigkeiten eines so jungen Mannes neidlos an. Auch nach der Lehre kommen Boris und Manuel noch, um an diversen Geräten zu experimentieren.

«Boris war in so einer Art Computerclub», sagt George. Mehr weiß er davon nicht. Aber Tron sei mehrere Male mit drei Notebooks angekommen, von denen immer eines nicht funktioniert habe, und der Rest «war geöffnet». Ja, mit Chipkarten kannte er sich schon damals aus. Dem Meister ist zu Ohren gekommen, ohne dass er das aus erster Hand zu wissen scheint, dass Boris und Manuel sich sogar eine Chipkarte gebaut haben, um gratis in der Mensa essen zu gehen. Fachlich würde er das den beiden zutrauen. Nach der Lehre macht Boris F. am Oberstufenzentrum in Berlin-Wedding doch noch das Fachabitur nach. Auf seinem Zeugnis sind nur Bestnoten, außer in Deutsch und Englisch. Dann beginnt er, an der Technischen Fachhochschule Berlin-Wedding[37] Informatik zu studieren. Er lernt einen Professor kennen, der einer seiner wichtigsten Bezugspersonen und Ansprechpartner sein wird: Dr. Clemens Kordecki vom Labor für Prozessdatenverarbeitung.

Mit manchen seiner Kommilitonen hat er Probleme. Auf die, die ihn nicht kennen, macht er den Eindruck, als komme er mit dem Stoff nicht mit, weil er nicht in der Lage ist, Seminarpapiere

---

37 http://www.tfh-berlin.de/

zu erstellen – und andere bitten muss, ihm dabei zu helfen. Der Student Boris F. war «gelegentlich schwierig», sagt Professor Kordecki. Er arbeitete «unkonventionell, intuitiv und mit einer Geschwindigkeit, die seine Mitstudenten in den Seminaren nicht halten konnten».

Boris, der sich auch an der TFH Tron nennt, ist zu offenherzig in den Augen mancher Studenten. In einer Vorlesung steht er auf und beschwert sich darüber, dass der Stoff zu langsam vermittelt würde. Das macht ihn unbeliebt. «Kaum einer wollte etwas mit ihm zu tun haben», sagt einer, der in denselben Seminaren wie Tron saß. Die Studenten denken, Boris sei ein typischer «Streber». Sie sind aber auch irritiert, dass er alles besser und schneller kann und ganz neue, auch das Lehrpersonal überraschende Wege für manche Lösungen findet. «Alle anderen quälten sich», erinnert sich der Professor, «es ging um Algorithmen für Grafikprogramme. Boris schrieb in kurzer Zeit ein Programm in Assembler und hatte das Problem im Griff.» Eine Gruppe von ehrgeizigen Mitstudenten «versuchte zu partizipieren», aber Boris war ihnen zu sehr überlegen, «in Zehnerpotenzen». Tron hat ein wenig mehr Kontakt mit einem Studenten aus Syrien, Wail M., mit dem zusammen er einige Semester lang Vorlesungen besucht, aber irgendwann kann auch der nicht mehr nachvollziehen, womit sich sein Kommilitone beschäftigt. Die anderen Hochschullehrer hätten wahrscheinlich nicht verstanden, so vermutet Professor Kordecki, «was Boris F. gemacht hat».

Eine besondere Begabung

Warum? War Tron besonders intelligent, besonders fleißig, außergewöhnlich begabt? «Ich habe gleich gemerkt, was mit ihm los war», meint Professor Kordecki. Auch einer seiner Lehrmeister stellte etwas Eigentümliches an Tron fest. «Boris konnte nicht mit der Hand schreiben, dafür schrieb er am Computer schneller als alle anderen.»

Er konnte nicht schreiben? Was bedeutet das? Meister Walter George weiß darauf eine Antwort: «Das Wort ‹Legasthenie› ist gefallen.» Und Professor Clemens Kordecki kann nicht mehr genau sagen, wie er auf diese Diagnose gekommen ist. «Das merkt man einfach.» Auf die Nachfrage, woran man das erkenne, korrigiert er sich: «Ich merke das sofort ...»

Sieht man die Literatur zum Thema «Legasthenie» durch, fällt eine unstrittige Tatsache sofort auf: *die* Legasthenie gibt es nicht. Sie kann nicht direkt beobachtet werden, wie Stottern oder Schielen, sondern ist nur an den Folgen zu erkennen. Menschen, die an legasthenischen Symptomen leiden, sind oft hoch begabt, haben aber Probleme mit bestimmten Arten des Lernens. Diese Störungen beeinträchtigen Lernen, Forschen und Erkennen nicht an sich, sondern nur in einem Schul- und Ausbildungssystem, das sich an Standards und bestimmten Normen orientiert. Schule sei «die problematischste Institution für legasthenische Kinder», schreibt Saskia Steltzer, Journalistin, Buchautorin zum Thema [38] und Mutter eines Sohnes, der Legastheniker ist.

Der Begriff «Legasthenie» stammt von Paul Ranschburg, einem ungarischen Neurologen und Psychiater, der die lange vorher bekannten Symptome 1916 zusammenfasste und definierte. Das englische Wort Dyslexia gibt es bereits seit 1896. «Legere» für lateinisch: lesen und «Asthenie», griechisch für: Schwäche, meinen umgangssprachlich eine «Lese- oder Rechtschreibschwäche» (LRS) oder beides zusammen. Legastheniker leiden an dem Problem, dass es ihnen mehr Mühe als anderen macht, zusammenhängende Texte zu lesen oder zu schreiben. Mit Intelligenz oder Begabung hat das nichts zu tun. In Deutschland ist das Wort immer noch mit großen Vorbehalten besetzt und wird irrigerweise oft als eine Art Behinderung gesehen.

Da viele Experten hier befragt werden müssen, haben sich auch

---

38 Saskia Steltzer: Wenn die Wörter tanzen – Legasthenie und Schule, München 1998. Vgl. http://www.legasthenie.ch/steltzer.htm

genauso viele oder noch mehr Begriffe eingeschlichen; neben Legasthenie und LRS auch die von diversen Erlassen der Kultusminister abgesegneten «Lese-Rechtschreib-Schwierigkeiten». Das ist oft unsinnig, weil Legastheniker als Spezialfall dann zusammen mit denen unterrichtet werden, die wahrhaft unbegabt oder faul sind. «Legastheniker lassen sich allerdings», räumt Saskia Steltzer ein, «durch ihren besonderen Lernstil nicht so einfach in die Norm unseres Regelschulsystems integrieren.» Wie gut man liest oder schreibt, hat nichts damit zu tun, wie klug man ist.

Ronald D. Davis, ein US-amerikanischer Buchautor, der ebenfalls Legastheniker ist, arbeitet seit mehr als zwei Jahrzehnten mit lernbehinderten Schülern. In seinem Standardwerk «Legasthenie als Talentsignal»[39] schildert er, wie Menschen mit dieser eigenartigen Wahrnehmung die Welt erleben. Viele seiner Beobachtungen finden sich in dem wieder, was Freunde und Bekannte des Legasthenikers Boris F. über ihn sagen, ohne dass sie davon wussten. Davis schreibt: «Sie besitzen eine angeborene Fähigkeit, alle möglichen Gegenstände zu reparieren, Maschinen, Elektronik, alle Arten von Installationen und Konstruktionen.»

Boris' Mutter erzählt, dass ihr Junge in Kroatien, wenn sie dort in der Heimatstadt des Vaters Urlaub machten, immer «der Meister» genannt wurde, eben wegen dieser offenkundigen Begabung, alles, was mit Technik zu tun hatte, schon als Kind reparieren zu können. Die Leute sagten: «Der hatte immer einen Schraubenzieher statt eines Schnullers.»

Als junger Mann fährt Boris oft mit seinen Eltern in andere Länder, die beiden haben ein Reisebüro. Die Mutter erinnert sich: In Ägypten hatten sie einen schweren Unfall, ein Reifen des Reisebusses war geplatzt. Der Fahrer hatte nicht gewusst, wo der Ersatzreifen war. Boris hat ihn gefunden und aufgezogen. Während der Rei-

---

39 Ronald D. Davis (mit Eldon M. Braun): Legasthenie als Talentsignal, Kreuzlingen 1999, 10. Auflage, «The Gift of Dyslexia», New York 1997.
Vgl.: http://www.dyslexia.com/german.htm

sen «reparierte Boris immer alles». Alle mochten ihn gern. Deswegen könne sie nicht verstehen, warum andere, zum Beispiel seine Meister während der Lehrzeit, ihn als Einzelgänger sahen.

Tron hatte berühmte «Kollegen», die ebenfalls Legastheniker waren: Albert Einstein, Charles Darwin, Thomas A. Edison, Leonardo da Vinci. Auch Winston Churchill, Nelson Rockefeller, Walt Disney und der ehemalige US-amerikanische Präsident Woodrow Wilson konnten nur sehr mühsam schreiben und lesen. Nicht alle Legastheniker entwickeln die gleichen Talente, aber gewisse sind ihnen gemeinsam: Sie denken in Bildern, also nicht in Worten, sondern nonverbal. Sie sind zumeist überdurchschnittlich wissbegierig, neugierig und phantasiebegabt. Legasthenie, so Davis, sei «eine Gabe und eine Begabung, eine natürliche Fähigkeit. Sie ist eine besondere Qualität, die das geistige Potential der Person steigert.» Für diese Gaben gibt es keine Garantie, sie tauchen aber häufig bei Legasthenikern auf.

Wie kann man dieses besondere Talent, also auch das Trons, beschreiben? Und welche der Gaben wirken sich sowohl positiv als auch negativ aus, je nach der Situation, mit der jemand, der an dieser Lernschwäche leidet, zu tun hat? Ronald D. Davis betont immer wieder, dass legasthenische Symptome in Wahrheit das Resultat einer misslungenen Anpassung sind – des nonverbalen, bildhaften Denkens an eine Realität, die sich an der analytischen Sprache orientiert.

Wie lernt man eine Sprache? Was können Legastheniker nicht? Bestimmte Lautgruppen sind zu Wörtern gefügt: der Begriff «verstehen» zum Beispiel beginnt mit der Lautgruppe «ver». Die wiederum kann auch der Anfang der Wörter «fährt», «fertig» oder «verlaufen» sein. Eine Gruppe von Lauten ergibt erst dann einen Sinn, wenn sich Menschen darauf einigen, wenn sie zu Teilen einer gesprochenen und dann auch geschriebenen Sprache werden.

Bei den so genannten piktographischen Schriften wie dem Japanischen oder dem Chinesischen ist ein Schriftzeichen ein Bild, das aussagt, was das gemeinte Wort bedeutet. Das Bild oder Piktogramm sagt nichts über den Lautwert des Wortes. In Buchstabenschriften wie dem Deutschen ergibt sich im Unterschied zum Japanischen etwa der Lautwert aus der Reihe der Buchstaben, denen wiederum zugeordnet ist, wie man sie aussprechen soll.

Legastheniker empfinden es als schwierig, Wörter zu lesen und sie in einen Satz zu ordnen, wenn diese Wörter keinem Bild zugeordnet werden können. Wie kann man Wörter denken, von denen man nicht weiß, was sie bedeuten – weil man kein Bild von ihnen hat? Welche visuelle Vorstellung, welches Bild verbindet man mit dem Wort «deshalb»? Lesen ist für viele Menschen mit dieser Schwäche unangenehm: Sie sind verwirrt, weil sich aus der Kette der Assoziationen einer Wortreihe zwar etwas ergibt, aber sie wissen nicht sofort und genau, welchen Sinn das Ganze hat. Das Bild, das sich formt, wird immer wieder zerrissen. Sie können das, was sie hören und sehen, nicht ins Geschriebene umsetzen.

Davis wählt ein anschauliches Beispiel: Wenn ein junger Legastheniker in der Schule zum ersten Mal das Wort «rot» an der Tafel sieht, habe er 40 Daten gespeichert, aber 39 davon seien falsch. Er sieht das Wort vorwärts, rückwärts, auf dem Kopf stehend und im Raum schwebend. Die Striche: einer senkrecht, ein Bogen und ein kleiner nach unten, ein Kreis und zwei sich kreuzende Linien, haben mit seinem Bild der Farbe «Rot» nichts oder nur sehr wenig zu tun. Er denkt «rot» anders als jemand, der die drei Buchstaben aus ihren zugeordneten Lautwerten zusammensetzt und dann erst die Farbe assoziiert.

Wer nonverbal denkt, denkt, wenn er schreiben und lesen soll, viel zu «umständlich» – wie ein Schachcomputer, der alle möglichen Züge ausprobiert, um zu sehen, ob einer davon sich eignet. Nur haben wir es hier nicht mit einer Analyse, sondern mit einer Kette von Bildwerten zu tun. Legastheniker sprechen während des Lesens nicht im Kopf mit, es sei denn, sie lesen laut. Und wenn ihre Verwirrung zunimmt oder – wie Davis und andere Theoretiker diesen Zustand nennen – wenn sie *desorientiert* sind, sehen sie nicht mehr, was auf dem Papier steht, sondern das, was sie dort zu sehen *glauben*.

Ein häufiges Symptom jugendlicher Legastheniker ist Hyperaktivität in bestimmten Situationen: sie scheinen unaufmerksam und zerstreut zu sein, und Eltern und Lehrer meinen, sie könnten sich nicht richtig konzentrieren. Das kann mehrere Ursachen haben: man *konzentriert* sich auf nur einen Gegenstand; wenn man *aufmerksam* ist, bleibt man für alle neuen Sinneseindrücke offen – man ist ständig wissbegierig. Davis behauptet, dass diese Wissbegier Kinder und Jugendliche, die legasthenische Symptome zeigen, «mehr als alles andere dazu veranlassen, sich von irgendetwas ablenken zu lassen». Sie sehen nur das, was für sie neu und interessant ist.

Da eine Kette von Bildern im Gehirn wesentlich schneller abläuft als eine Reihe gesprochener Buchstaben, denken Legasthiker um ein Vielfaches schneller als andere. Das Sprachzentrum verarbeitet nicht schneller als die maximale Geschwindigkeit, mit der man Gesprochenes versteht, höchstens 250 Wörter pro Minute, also ungefähr vier pro Sekunde. Wenn Kinder, die Legastheniker sind, in der Schule wie alle anderen lesen sollen, müssen sie ihre Denkgeschwindigkeit «herunterbremsen».

Die Designerin Temple Grandins schreibt in ihrem Buch «Thinking in Pictures»[40]: Wörter seien wie eine zweite Sprache, sie denke nur und zuerst in Bildern. Wörter übersetze sie in Filme mit Ton und Farbe, die wie ein Video in ihrem Kopf abliefen. In ihrem Beruf hat sie große Vorteile – sie benötigt keine Computeranimationen. Sie könne Gegenstände, die sie entwirft, aus diversen Perspektiven betrachten, ihre Entwürfe speichern und wieder abrufen. Legastheniker können oft die Lösungen von Rechenaufgaben «einfach sehen», ohne sie schriftlich vor sich haben zu müssen. Sie zeichnen sich häufig dadurch aus, dass sie in ihrem Beruf «brillante Abkürzungen oder Schnellverfahren» entwickelt ha-

---

40 Temple Grandins: «Thinking in Pictures», New York 1996

ben, schreibt Davis. Das erinnert an die Szene, die Professor Kordecki beschrieb, in der sein Student Boris F. eine komplexe Aufgabe eher löste als alle anderen.

Da Legastheniker nicht automatisch die Buchstaben beim Lesen aneinander reihen, verwechseln sie visuell ähnliche Zeichen wie «a» und «o», sie lassen beim Schreiben und auch beim Lesen Wortteile weg, die sie nicht auf Anhieb identifizieren können, sie schreiben, wenn sie es tun, sehr langsam, beinahe, als malten sie ein Bild.

Karl-Ludwig Herne hat eine Software entwickelt, um junge Legastheniker zu unterstützen, sich des Computers zu bedienen. Der Computer mache sie «unabhängig von der Fehlerdiagnose anderer». Sie würden so nicht immer an ihre Schwäche erinnert. Das exakte Schriftbild einer Tastatur und das ebenso genaue Ergebnis des Schreibens auf dem Monitor erleichtert ihnen, die Sprache zu erkennen.

Ronald D. Davis weiß aus seiner eigenen Biographie: «Wir müssen sehr gut darin sein zu kaschieren, dass etwas nicht mit uns stimmt.» Er fühlte sich den anderen – gleichaltrigen Freunden und Kollegen – nicht gleichwertig. Und die Psychotherapeutin Karin Staab, die von Saskia Steltzer befragt wurde, sagt: «Ich beobachtete aber auch, dass Kinder sich zurückziehen, ängstlich, scheu und mutlos werden, ihr Selbstwertgefühl und Selbstbewusstsein ist so weit gesunken, dass suizidale Reaktionen auftreten können.» Und das sogar mit einem weit überdurchschnittlichen Intelligenzquotienten.

Davis in einem Interview: «In meiner gefühlsmäßigen und psychologischen Entwicklung war ich, im Vergleich zu einem durchschnittlich entwickelten Kind, elf Jahre später dran. Ich weiß nicht, was mich aus dem Autismus herausgeholt hat, ich weiß nur, dass das sehr selten ist.»

Da der klassische Schulunterricht für Legastheniker oft eine Tortur ist, sind sie oft auf der Suche nach einer Alternative. Man suche sich einen Job, so Davis, in dem man seine «Begabung für technisch-mechanische Dinge anwenden kann». Kein Wunder, dass Boris keine übermäßige Lust hatte, die Schulbank zu drücken, und stattdessen lieber «fummeln» wollte!

Während des Studiums macht er ein Praktikum, vom Oktober 1995 bis zum Februar 1996. Offenbar hat die Fachhochschule eine Kartei mit Unternehmen, die Studenten bei sich aufnehmen. Boris wählt die Firma «Angewandte Computer-Technik» (ACT), die von Mitarbeitern des ehemaligen Forschungszentrums des Verkehrswesens der DDR, Zentrum Prozessautomatisierung, gegründet wurde. Die Firma war damals darauf spezialisiert, Geräte für die Münzprüfung, -bewertung und für den Zahlungsverkehr zu entwickeln. Vor allem Banken, Geldtransporteure und die Betreiber von Service- und Geldautomaten sind daran interessiert. ACT hat ihren Sitz im Innovationspark Wuhlheide im Osten Berlins. Ganz in der Nähe wohnt Trons Vater, und er hat es morgens nicht allzu weit. Am Wochenende wohnt er bei der Mutter.

Thomas Kahl, Diplomingenieur, ist der Leiter der Entwicklungsabteilung. Er kramt den Praktikumsbericht des Studenten Boris F. hervor: Es sei damals um das Thema elektronische Geldbörse gegangen und damit um zwei Aufgaben: einerseits um einen Vergleich der Entwürfe von Telekom, Banken, Bahn und Nahverkehr; andererseits um die «Entwicklung einer kleinen Einheit zur Guthabenanzeige der elektronischen Geldbörse»: die Auswahl kostengünstiger Bauelemente, der Entwurf einer einfachen Schaltung, das Layout der Leiterkarte mitsamt dieser Schaltung.

Der Student Boris F. habe sein Büro betreten, erzählt Thomas Kahl, und er habe ihm ein paar Fragen zum Thema Chipkarten gestellt, um seine Vorkenntnisse zu prüfen, welche Chipkarten und Systeme es zur Zeit auf dem Markt gäbe und was von deren Sicherheit zu halten sei. «Wir sind Profis auf diesem Gebiet», sagt Kahl nicht ohne Stolz. Bei seinem jungen Praktikanten erlebt er eine kleine Überraschung. «Nach zwei Fragen merkte ich, dass der mehr wusste als ich.» Kahl muss lächeln, wenn er sich daran erinnert, als könne er das heute noch kaum glauben. «Er war der Beste von uns allen, besser als die Hersteller von Chipkarten.»

§ 3 — Kostenerstattungs- und Vergütungsansprüche

Dieser Vertrag begründet für die Ausbildungsstelle keinen Anspruch auf Erstattung von Kosten, die bei der Erfüllung dieses Vertrages entstehen. Dies gilt nicht, soweit es sich um Schadensfälle handelt, die in die Haftpflicht des Studenten fallen.

§ 4 — Ausbildungsbeauftragte

Die Ausbildungsstelle benennt

Dipl.-Ing. Thomas Karl

Herrn/~~Frau~~

als Beauftragte(n) für die Ausbildung des Studenten.

Die TFH benennt

Prof. Dr. F. Habel

Herrn/~~Frau~~

als Beauftragte(n) des zuständigen Fachbereichs für die allgemeine Durchführung des praktischen Studiensemesters sowie

bleibt erst mal frei

Herrn/Frau

als fachlich betreuende Lehrkraft.

Abschnitt aus dem Praktikumsbericht mit handschriftlichen Einträgen von Boris F.

Der Leiter der Entwicklungsabteilung ahnt, dass er jemanden vor sich hat, der für seine Firma von sehr großem Nutzen sein könnte. Die Firma ist neu, jung und ostdeutsch und strebt nach unkonventionellen Lösungen. Dafür ist jemand wie Tron – so der erste Eindruck – hervorragend geeignet. Er muss zwar seine Aufgaben lösen, aber sonst belästigt man ihn nicht mit allzu viel Vorschriften und den üblichen bürokratischen «Durchführungsbestimmungen». Zuerst baut der Praktikant, ganz nebenbei, ein Gerät, mit dem man das lesen kann, was auf eine Chipkarte programmiert worden ist – ein so genanntes Chipkarten-Lesegerät, in diesem Fall eines der Marke Eigenbau. Aus Neugier zeigt der Entwicklungsleiter Boris eine Geldkarte, wie sie vom Zentralen Kreditausschuss der Banken ausgegeben werden, ohne allzu viel von den Details der Herstellung zu verraten. «Ich hatte den Eindruck, der kannte die schon.»

Tron sei sehr mitteilsam gewesen, sagte Kahl, ein offener Mensch, aber ein wenig zerstreut. Er habe einmal das Auto seines Vaters so abgeschlossen, «dass der Schlüssel drinnen steckte und er nicht mehr hineinkam». Er war «schnell, aber chaotisch», obwohl er gleichzeitig auch «zuverlässig und pünktlich» gewesen sei. «Wissenshungrig» sei er gewesen, er habe alle Informationen «in sich hineingefressen». Aber für eine geregelte Produktion könne man so jemanden wie Tron nicht gebrauchen. Der sei nur an Prototypen interessiert gewesen. «Er wollte nur wissen, dass und wie etwas funktioniert.» Danach habe er sich wieder einem neuen Problem gewidmet. Für eine Produktion nach wirtschaftlichen Gesichtspunkten brauche man jedoch Schaltpläne, die andere nachvollziehen und nachbauen können.

Boris habe ihm unter anderem erzählt, dass er in Kroatien in Urlaub gewesen sei. Dort habe es zu seiner Überraschung inzwischen Kartentelefone gegeben. Er habe bei einem seiner Verwandten in seinem Urlaubsort einen nicht mehr funktionstüchtigen Amiga-Computer ausfindig gemacht, den man ihm gern überließ. Den reparierte er. Dann sei er mit dem Computer «und einer Autobatterie» zu einer Telefonzelle und «hat die Software geknackt». Das habe nicht so lange gedauert wie die Reparatur des Amigas.

Uwe V. war derjenige bei ACT, der am engsten mit Tron zusammengearbeitet hat. Er ist heute Netzwerkverwalter in einem Berliner Rathaus. Er kann offen reden, ohne Rücksichten auf seine alte Firma nehmen zu müssen. «Boris war ein Genie, vom Technischen her ein Berg unter Hügeln», sagt er ohne Umschweife. «Er war Bastler, Forscher, Hacker, sehr neugierig und hatte zwei rechte Hände.»

Es schien aber schwierig gewesen zu sein, mit ihm in Kontakt zu kommen. Er habe nur mit ausgesuchten Leuten gesprochen. «Er ließ einen ganz schnell merken, ob er einen mochte.» Mit Leuten, die ihm nicht gefielen, habe Tron kein überflüssiges Wort geredet. Er habe sich selbst motiviert, dann habe er seine Kenntnisse an wenige Freunde oder Bekannte weitergegeben, und die hätten das kommentiert und selbst neue Ideen beigetragen. Boris sei schwer zu überzeugen gewesen, ein wenig stur, aber trotzdem impulsiv. «Boris mit seinem kindlichen Leichtsinn», sagt Uwe V. nachdenklich. Nach einigen Wochen sei Tron «aufgetaut», er erzählte etwas mehr von privaten Dingen. «Er sagte, seine Eltern seien beide o. k.»

Im Frühjahr, zum Ende seines Praktikums, sei es um Stromzähler gegangen, die man mit Chipkarten hätte auslesen sollen. Es stand viel auf dem Spiel, ein großes asiatisches Land winkte mit einem Auftrag. Auch eine ganze Fabrik zur Herstellung sollte gebaut werden. Ein Konsortium kleinerer deutscher Firmen versuchte in Konkurrenz zu den Marktführern mitzubieten. «Boris hat den Prototyp gebaut», erinnert sich Uwe V. Er habe aber nicht in wirtschaftlichen Dimensionen, sondern nur in Stückzahlen «von eins bis vier» gedacht. Wenn die Kosten eines elektronischen Bauteils aber nur ein paar Pfennige steigen, macht das für die ökonomische Kalkulation einer Firma viel aus, wenn es um eine sechsstellige Anzahl geht.

Jetzt musste Boris zum ersten Mal etwas in schriftlicher Form abgeben. «Er hatte da ein Manko», erinnert sich Uwe V. Er habe das zum ersten Mal gemerkt, als es darum gegangen sei, etwas konkret zu beschreiben. Es habe sich offenbar um eine Rechtschreibschwäche gehandelt. So jemandem sei er noch nie begegnet. Tron habe zugegeben, dass er äußerst ungern schriebe. Das machte ihm Mühe. Die beiden Techniker scheinen sich recht gut verstanden zu haben. Uwe V. hinterlässt den Eindruck, dass er keine Probleme hat, von einem Praktikanten eine Menge gelernt zu haben. Im Gegenzug ist er hilfsbereit.

Boris sei mit seiner Rechtschreibschwäche offen umgegangen. Ronald D. Davis schreibt: Wenn ein Legastheniker einen Job habe, «der erfordert, dass er schriftliche Berichte abliefert, wird er jemanden finden, der das für ihn macht». Die wenigen schriftlichen Zeugnisse, die Boris F. abliefert, demonstrieren, dass die Buchstaben wie mühsam gemalt aussehen, er verfügte keinesfalls über einen flüssigen Schreibstil oder eine ebensolche Handschrift.

Die Dokumentation des Projekts wird fertig. Nach dem Ende des Praktikums, im März, erscheint Boris F. zur Präsentation, obwohl der Verschlüsselungsmechanismus des Prototypen noch nicht implementiert ist. Leider bekommt eine andere Firma den Auftrag.

Security by Obscurity

Thomas Kahl hat mit seinem Praktikanten Gespräche über die Sicherheit von Chipkarten geführt – mit einem überraschenden und für eine Firma nicht unbedingt üblichen Ergebnis. Thomas Kahl zitiert aus dem Gedächtnis einen Satz des Studenten Boris F., an den er sich trotz der komplizierten Aussage noch erinnert: «Wenn man Informationen schützen will, darf man nicht diese schützen, sondern muss sie mit einem öffentlich zugänglichen Programm verschlüsseln und nur den Schlüssel geheimhalten.» Diese These habe er sich zu Herzen genommen. Er habe mehrere Mal den Eindruck gewonnen, dass es mit der Sicherheit von Chipkarten nicht zum Besten stehe. Der Aufwand, diese Karten herzustellen, sei hoch. «Sie werden oft nur mit vagen Mitteln geschützt.» Die Frage sei, ob ein Kunde bereit wäre, für eine Chipkarte, die man heute «nachgeworfen» bekomme, zehn oder zwanzig Mark zu bezahlen. Wenn eine Firma sichere Chipkarten herstellt, «in großem Maße», dann gehe das nicht so. «So» bedeutet: Man dürfe nicht glauben, Sicherheit bedeute, nicht zu sagen, wie man etwas sicher gemacht hat.

Das Konzept, das Boris F. gegenüber seinem Chef kritisierte, nennt man in Hacker-Kreisen *security by obscurity*[41]. Die Hersteller von Sicherheitssystemen – zum Beispiel Verschlüsselungsverfahren, Kodierung von Chipkarten, abschirmende Software für Computernetze – verraten nicht, worin ihre Maßnahmen bestehen. Das erzeugt ein starkes Motiv, es herauszufinden und das Konzept zu widerlegen. Uwe V. erinnert sich, dass Boris immer angekündigt habe: «Wir zeigen es ihnen!» Man solle, das ist mit der These gemeint, jedem Interessierten über die Methoden und Maßnahmen der Sicherheit des Systems Auskunft geben, aber eben nur solche benutzen, von denen man weiß, dass sie sicher sind. Wenn das immer wieder durch Angriffe von außen überprüft werden kann, könne man auch flexibel darauf reagieren und das System ständig verbessern. Kodierung und Entschlüsselung geheimer Informationen war eines von Trons Lieblingsthemen. Sein Kollege bei ACT sagt, Boris habe «stundenlang Vorträge über Verschlüsselungsverfahren halten können».

Es ist nicht schwer, sich vorzustellen, warum ausgerechnet dieses – nicht gerade «volkstümliche» – Thema Boris F. so sehr fasziniert hat. Jedes Mal, wenn er ein bedrucktes Papier vor sich hatte oder etwas aufschreiben sollte, hatte er ein Problem: die Zeichen gaben ihr Geheimnis nicht mühelos preis, sondern mussten entziffert werden. Sie waren für den Legastheniker Boris F. ein Code, den es zu entschlüsseln galt. «Was so durch kindliche Eindrücke, was

---

[41] obscurity (engl.): Unklarheit, Unbekanntheit. Frei übersetzt: Sicherheit durch Geheimniskrämerei

durch Zufälligkeiten der Lebensverhältnisse in uns erweckt wird, nimmt später eine ernstere Richtung an, wird oft ein Motiv wissenschaftlicher Arbeiten, weiterführender Unternehmungen.» Das schreibt Alexander von Humboldt über seine Motive, die neue Welt Amerika zu erkunden. Und Tron ist auf dem besten Weg, seine scheinbare Schwäche – die ihm als Schüler und Student lästig war –, wenn er schreiben sollte, zu einer seiner Stärken zu machen: als Thema einer Diplomarbeit über verschlüsselte Kommunikation.

Natürlich sind nicht alle Firmenchefs aufgeschlossen, tolerant und neugierig auf neue Mitarbeiter, die wie Außenseiter erscheinen und die in den Augen gestandener Ingenieure sehr unkonventionell arbeiten. Jeden Donnerstag am Abend treffen sich in einem asiatischen Lokal in Berlin-Wilmersdorf Elektronikbastler, Computerfreaks und ehemalige Amateurfunker, von denen die Gruppe als eine Art *jour fixe* gegründet worden ist. Zweimal im Jahr schaute auch Boris hier vorbei. Das Durchschnittsalter der gut ein Dutzend Teilnehmer ist hoch, höher, als man denken sollte. Die meisten haben einen festen Job und Familie. Nur einige junge, introvertierte und gegenüber Fremden sehr schüchterne junge Männer sind hier geduldet, weil die anwesende «ältere» Generation weiß, dass man von ihren Kenntnissen profitieren kann. Einer der jüngsten trägt den Spitznamen «Idefix» und wird selbst von den anderen, die sich nicht unbedingt mit Themen beschäftigen, die Normalsterblichen auf Anhieb zugänglich sind, als Original mit merkwürdigem Verhalten angesehen. Bei einem Anruf, Boris F. betreffend, lässt er in Panik den Hörer auf die Gabel knallen, was von denen, die ihn kennen, genau so vorhergesagt worden war.

Tron hat einen dieser Männer kennen gelernt, Stefan W., der bei einer Hightechfirma in Berlin-Adlershof arbeitet. Über das Treffen gerät er in Kontakt zu Holger H., genannt «Idefix». Die beiden tauschen ab und zu Elektronikteile und Ideen aus. «Alle zwei Monate» taucht auch Boris bei Stefan W. auf, aus demselben Grund. Beide profitieren voneinander. Boris verschenkt an die, die ihm helfen, gern seine jeweils neue Software, welcher Art sie auch sei und die sonst nur auf dem grauen oder noch dunkleren Markt zu haben ist. Und Tron, der nie Geld hat, bekommt hier und da Elektronikteile, an die andere günstiger herankommen. «Seine Bastelausrüstung war eher mager.»

Boris hält gern Kontakt zu Leuten, mit denen er effektiv zusammengearbeitet hat. Er besucht seinen Meister Walter George in Wedding, um zu fachsimpeln, er telefoniert mit Uwe V. aus seiner alten Firma, er erscheint bei seinem früheren Chef und plaudert stolz über das, was er treibt, er verbringt ganze Nachmittage in der Universität in engem Kontakt mit seinem Professor, er spricht mit Stefan W. über seine Zukunftspläne.

Der hat ein differenziertes Bild von seinem Bekannten und ist einer der wenigen, der aus dessen überragenden Fachkenntnissen keinen persönlichen Profit zieht. «Tron hatte einen sozialen Umgang wie ein 17-Jähriger», sagt er. Soziale Kompetenz bekomme man nur in einer heterogenen Gruppe, nicht als Einzelgänger und nicht zusammen mit Leuten, die einem selbst sehr ähneln oder, was Erfahrung, Wissen und Fertigkeiten angeht, auf demselben Niveau sind. Stefan W. empfindet sich als Boris' Freund, obwohl er sich nicht sicher ist, ob der das auch so sah oder ob er Wert darauf legte.

Tron berichtet ihm, dass er auf der Elektronikmesse Cebit in Hannover 1997 zum Stand eines Handy-Herstellers gegangen sei. Dort habe er in Windeseile den Servicecode der Handys so umprogrammiert, dass sie nicht mehr zu gebrauchen gewesen seien. Die Techniker hätten sich wahrscheinlich sehr gewundert, welcher Fehler sich plötzlich in ihre Telefone eingeschlichen habe. «Davon hat er voller Stolz erzählt.» Auch habe Trons Handy ihm selbst immer Auskunft darüber gegeben, in welcher Funkzelle er gerade gewesen sei. Sein Pseudonym Tron erschien auf dem Display, wenn er es einschaltete. Stefan W. schüttelt den Kopf, wenn er darüber nachdenkt. «Um so etwas zu machen, muss man anders verdrahtet sein», sagt er.

Im Sommer 1998 schlägt Stefan W. Boris vor, sich bei der Firma zu bewerben, in der er selbst arbeitet. Man beschäftigt sich gerade mit einem geheimen Projekt, bei dem es um ein Gerät geht, das Daten verschlüsselt. Die Firma arbeitet mit einem Unternehmen in der Schweiz zusammen, dem in der Presse dubiose Kontakte mit einem Geheimdienst vorgeworfen wurden. Davon weiß Stefan W. und davon weiß Tron nichts. Wahrscheinlich hätte er es abgelehnt, überhaupt die Türschwelle der Firma zu übertreten.

Boris versucht sich an einem Bewerbungsschreiben. Stefan W. sieht sich das Ergebnis an und weiß sofort, dass aus der Angelegenheit nichts werden würde, falls er nicht korrigierend eingreift. «Seine Bewerbung war primitiv», sagt er vorsichtig. Er wusste damals nicht, dass Tron Legastheniker war. Mit dessen Einverständnis korrigiert er die Bewerbung, bis sie beiden gefällt. Stefan W. fühlt, dass der Job bei der Firma seinen Freund «schon gereizt» hätte, «das merkte man ihm an». Es kommt auch zu einem Gespräch mit einem der Projektleiter. Boris F. spricht aus, was er denkt. Er hat sich noch nicht oft beworben. Er könne nur allein arbeiten, meint er. Und Dokumentationen schreibe er auch nicht.

Das kommt nicht gut an. Die Firma betrachtet sich als effektives «Team» von hoch qualifizierten Ingenieuren und Programmierern. Einzelgänger kann man dort nicht gebrauchen. Trons Bewerbung wird rundweg abgelehnt. Vielleicht ist Stefan W. insgeheim letztlich froh, dass er Boris nicht an seine eigene Firma vermittelt hat. Er befürchtet, der hätte «aus Ehrgeiz» auch die Algorithmen der Firma geknackt, mit der seine eigene kooperierte. Und das hätte denen wahrscheinlich nicht gefallen, weil sie auch nach dem Prinzip *security by obscurity* arbeiteten. Stefan W. meint heute: «Wenn ihm jemand ebenbürtig gewesen wäre, dann wäre er auch teamfähig gewesen. Das zu erkennen ist aber schwierig.» Sehr deutlich zieht er das Fazit und nennt den Namen eines der größten deutschen Elektronikkonzerne: «Die wären nicht in der Lage gewesen, sein Genie zu würdigen.»

5 SMARTE KARTEN

Nur eine Woche bevor Tron mit dem Vorschlaghammer auf die Mahlsdorfer Telefonzelle einschlug, schrieb er einen elektronischen Brief, eine E-Mail. Dieser Brief war an eine Mailing-Liste im Internet adressiert: das ist eine Art virtuelles Diskussionsforum zu einem bestimmten Thema. Man kann diese Liste abonnieren, dann werden alle eingehenden Nachrichten an das persönliche Postfach geschickt. Dort werden sie von der Software, mit der man seine elektronischen Briefe liest, wie persönliche Nachrichten (PMs – für *personal mail*) behandelt. Im Unterschied zu einer öffentlichen Newsgroup im Internet ist eine Mailing-Liste geschlossen, also nicht jedem zugänglich. Der oder die Betreiber behalten sich vor, den Zugang zu verweigern, Abonnenten zu streichen oder Nachrichten zu löschen («canceln»), wenn sie stören oder dem Thema zuwiderlaufen. Meistens verwaltet eine Software die Mailing-Liste, weil es zu viel Zeit bräuchte, «per Hand» die vielen E-Mails zu sortieren.[42]

Trons E-Mail vom 24. Februar 1995 hatte ein Bekannter, Markus Kuhn[43], vorab redigiert. Kuhn, der heute am «Computer Laboratory» der Universität von Cambridge in England als Diplominformatiker arbeitet, sagt, er habe Boris geholfen, sein Anliegen auf Englisch zu formulieren, daher sei «der Schreibstil der ersten Mail nicht ganz der Originalstil von Boris, wie ihn spätere Mails deutlicher zeigen».[44]

---

42 Häufig gestellte Fragen (FAQ) zur Mailing-Listen-Verwaltung per Software: http://www.prima.de/intern/faq/Mailing_Lists.html. Vgl. auch http://www.burks.de/search.html#K.

43 http://www.cl.cam.ac.uk/~mgk25/

44 Vgl. Boris' E-Mail in Kapitel 8: «Pay-TV»

Boris hat die E-Mail, wie die automatisch erzeugte Datumszeile im Kopf der Nachricht bezeugt, am 24. Februar um 13 Uhr 16 geschrieben, wahrscheinlich auf einem Rechner der Fachhochschule. Seine Adresse s581001@tfh-berlin.de identifiziert ihn für andere als *User* (engl. für Benutzer) über einen so genannten *Account* (engl. für Zugang oder Konto) der TFH Berlin.[45]

Die Nachricht ist die einzige öffentlich dokumentierte Selbstdarstellung Trons. Sein Name sei Boris F[…], er sei 22 Jahre alt, lebe in Berlin, studiere Informatik und habe das Pseudonym Tron gewählt. Er sei besonders an Mikroprozessoren interessiert, an Programmiersprachen wie Assembler, Pascal und C[46], an Elektronik allgemein, an digitaler Daten- und Funkübertragung und daran, «alle Arten elektronischer Geräte zu hacken», «alles, von dem behauptet wird, es sei sicher». «Device» steht für «Bauteil» und meint hier, wie Boris erläutert, Magnetkarten, Kommunikationsprotokolle für Telefone, Telefonkarten, Pay-TV-Systeme. Sein Hobby seien Filme, vor allem die Fernsehserie «Star Trek» und Horrorfilme. «Es sollte ein gutes Kettensägenmassaker vorkommen.»

Boris verkündet, dass er eine Software in der Programmiersprache C geschrieben habe, die das englische Pay-TV-System BSkyB09[47] freischalte. «Sie funktioniert immer noch.» Zurzeit beschäftige er sich mit dem System Syster/Nagravision[48], einem

---

45 Mahmood Shahbaz, der an der TFH für die E-Mail-Adressen der Studenten zuständig ist, schreibt am 8. Juni 1999 an den Autor: «Boris' E-Mail-Adresse wurde nach seiner Ematrikulation deaktiviert und seine Daten wurden gelöscht.»
46 Vgl. zu Assembler: http://www.imn.htwk-leipzig.de/~wischrop/asm86faq/baw.htm#1. Zu Pascal: http://home.tu-clausthal.de/~inas/computer/FAQ/. Zu C: http://www.uni-giessen.de/hrz/programmiersprachen/C/
47 British Sky Broadcasting Group, vgl. http://www.skydigital.co.uk/fr_default2.html
48 FAQ zu TV-Crypt: http://home.kamp.net/home/u12591/279.html, Vgl. http://www.fastviper.de/index1.htm, Theoretische Grundlagen zu Syster/Nagravision: http://www.ccc.de/tvcrypt/pctv-theorie.html

Verschlüsselungsverfahren für Fernsehsender, die man abonnieren kann und für die man bezahlen muss. In Deutschland wird diese Methode vom Sender Premiere[49] eingesetzt. Er habe auch ein Programm geschrieben, dass den «Adult»-Kanal freischalte – das ist ein Sender – «The Adult Channel» –, der ausschließlich Filme pornografischen Inhalts verbreitet.

Diese E-Mail ist an die Mailing-Liste *tv-crypt* gerichtet. Dort diskutierten damals die Teilnehmer über die Sicherheit der Verfahren, mit denen die Chipkarten der Pay-TV-Decoder vor Manipulation geschützt werden. Wenn man es weniger seriös formuliert: Dieses Forum war ein Treffen von Chipkarten-Hackern. Und genau deswegen wollte Boris dort seine Erkenntnisse mit denen anderer vergleichen. Falls jemand ihm helfen könne, das System zu analysieren, solle man ihm, so schreibt Tron, eine E-Mail schicken. Da er aber das Internet nicht oft nutze, nur einmal in der Woche, sei es besser, ihn zu Hause anzurufen – die Telefonnummer folgt. Am Schluss seines elektronischen Briefes bedankt er sich dafür, dass Markus Kuhn ihm den Zugang zu der Mailing-Liste vermittelt hat.

Dieser Brief widerlegt Vorurteile, stellt manchen unzureichend recherchierten Artikel zum Tode Trons richtig und demonstriert, worum es geht: nicht um Computer, sondern um Chipkarten und Pay-TV-Systeme. Und darum, dass es mit deren Sicherheit nicht immer zum Besten steht, ganz im Gegenteil zu dem, was die Herstellerfirmen behaupten.

Markus Kuhn gilt als einer der wenigen erfahrenen Chipkartenexperten Europas. Boris kannte ihn seit 1995. Er rief ihn häufig an, stand in regem Kontakt per E-Mail und traf ihn auf diversen Messen wie auf der Cebit in Hannover. Kuhn schreibt: «Ich habe ihn das letzte Mal Ende Dezember 1997 in Hamburg getroffen, wo wir gemeinsam einen Vortrag über Chipkartensicherheit bei

---

49 http://www.premiere.de

Date: Fri, 24 Feb 1995 13: 16:16 --100
From: s581001@tfh-berlin.de(Boris F[...])
Message-Id: <9502241216.AA00644@tfh-berlin.de>

Hello tv-crypt list!

I would like to introduce myself here: My name is Boris F[...], I am 22 years old and I live in Berlin, Germany. My pseudonym is TRON and I am an informatics (computer science) student in the 4th semester.
My interests are:
– hardware, especially microcontrollers (PIC16C84, 80C51)
  – electronics
  – programming (assembler, Pascal, C)
  – hacking all kinds of electronic devices e.g. magnetic cards, telephone lines, telephone cards, pay-tv systems, digital radio transmissions (e.g. City Beep, Scall, C-Netz), dongles and whatever else is supposed to be secure ...
  – watching movies (science fiction e.g. STAR TREK and horror (there must be a good chain-saw-massacre: –))

I have developed a PIC programmer with software for PCs in Pascal. I got all my know-how about Video-Crypt from PIC clone cards and from Markus (thank you). I have a lot of practical experience with phone cards and know a number of interesting and useful things about them.

For one year, I have been interested in pay-tv systems. I have written a Season-like Prg in C for Adult and BSkyB09 (which still works now) and I have also developed an Adult code for the PIC16C84. At the moment, I am working on the Syster Nagravision system. Until now, I only know something about the hardware level key protocol but nothing more detailed. I have already opened a key (=3D card) to take a

> closer look at the chip and have rebonded one, but so far I haven't found out much. If somebody can assist me with reverse engineering the Syster system, please contact me by e-mail!
> I would like to thank Markus for the access to the tv-crypt list.
>
> Boris F[...] (TRON)
>
> e-mail: s581001@tfh-berlin.de
>
> PS: Because I do not often use the Internet (once a week) it is better to call per voice Tel: ++4930[...].

einem CCC-Treffen gehalten haben.»[50] Kuhn und Ross Anderson[51] verfassten zusammen eine Arbeit über die Sicherheit von Chips: *«Tamper Resistance – a Cautionary Note»*[52]. Das Fazit: Es ist einfacher, hinter die verschlüsselten Geheimnisse der bunten Plastikkarten zu kommen, als es denen lieb sein dürfte, die sie vertreiben. Viele seiner Kenntnisse über Chipkarten hatte Boris von Kuhn. Tron gibt auch zu, dass sein Wissen über die Verschlüsselungsmechanismen von Pay-TV von anderen illegal hergestellten Karten stammt, die er untersucht hat *(«PIC clone cards»* – die so genannten DSPC – *digital pirate satellite cards.).* Auch die in der E-Mail erwähnte «Season»-Software hat Kuhn entwickelt.

Lutz Donnerhacke, Sicherheitsexperte beim Provider IKS GmbH Jena, kann sich noch an einen Vortrag Kuhns erinnern, bei dem auch Boris F. beteiligt war. Tron sei von «den Berlinern», womit die Berliner Sektion des CCC gemeint ist, «sehr abgeschirmt» worden. Boris war seiner Meinung nach «unerfahren im Umgang

---

50 http://www.informatik.uni-mannheim.de/~rweis/ccc97chip/sld003.htm
51 http://www.cl.cam.ac.uk/users/rja14/
52 http://www.cl.cam.ac.uk/uscrs/rja14/tamper.html

mit anderen und deshalb, nun ja, ‹unhöflich›. Sein gewaltiges Wissen und der Drang, es zu vergrößern, haben ihm vermutlich Schmerzen bereitet, wenn andere Falsches erzählen.» Tron sei ihm «etwas zappelig und extrem mitteilungsbedürftig» vorgekommen. «Er hat den Chipkarten-Workshop so gestört, dass der Vortragende keine andere Wahl hatte, als Tron ranzulassen. Und Trons Englisch war grauenhaft.» Trons Vorträge könnten «am treffensten mit Braindump»[53] bezeichnet werden.

Chipkarten oder Smart Cards mit ihren kleinen eingebauten Halbleiterchips sind erst seit zehn Jahren vermehrt im Handel. Im Vorwort des Standardwerks[54] zum Thema heißt es, das Geschäft mit diesen Karten «wird einmal so bedeutend wie das mit Computern heute». Das schreibt Jürgen Dethloff, der 1967 das erste Patent für Chipkarten anmeldete.

Chipkarten stecken in mobilen Telefonen, werden in Pay-TV-Decodern eingesetzt, man braucht sie, um Geld am Bankautomaten abzuholen, und für den elektronischen Handel, sie dienen zur Einlasskontrolle in Firmen.[55] Im Sommer 1999 berichteten die Medien, dass geplant sei, die Chipkarte als Ersatz für den Krankenschein einzusetzen. Die Karte könne aktuelle Diagnose, Medikationen, den Notfallausweis und Arztbesuche speichern.

Wem es gelänge, die Angaben auf Chipkarten zu fälschen, wer diese Chipkarten klonen, das heißt duplizieren oder anderweitig verändern könnte, der könnte einen riesigen Schaden anrichten. Deshalb sollten an die Sicherheit die höchsten Ansprüche gestellt werden. Das kostet jedoch Geld. Und wenn zum Beispiel eine EC-Karte den Kunden 20 Mark oder gar mehr kostete, würden sie wahrscheinlich weniger akzeptiert als kostenlose Exemplare.

---

53 «brain» (engl.) Gehirn; «dump»: hinwerfen, Schutt abladen
54 Wolfgang Rankl/Wolfang Effing: Handbuch der Chipkarten. Aufbau – Funktionsweise – Einsatz von Smart Cards. München/Wien 1993 (3. Auflage). Vgl. http://www.hanser.de/computer/buecher/21115.htm
55 Diverse Karten im «Kartenzoo» der German Smartcard Hackers Organisation (GSHO): http://gsho.thur.de/technik/cards/cards.html

Was ist eine Chipkarte? Die ersten Plastikkarten in den 50er Jahren bestanden aus dem Kunststoff Polyvinylchlorid (PVC). Sie hatten keine Sicherheitsvorrichtungen und wurden nur an wenige ausgewählte Personen ausgegeben, zum Beispiel an die Mitglieder des Diners Club. Man setzte voraus, dass die Besitzer sorgfältig damit umgingen. Auf den Karten waren nur ihre Namen zu lesen, die Nummer der Karte und eine Unterschrift, damit diejenige Institution, der die Chipkarte vorgelegt wurde, die Originalunterschrift mit der auf der Karte vergleichen konnte.

Das änderte sich, als es notwendig wurde, sie maschinenlesbar zu machen. Dafür diente der Magnetstreifen. Dieser Streifen besteht aus drei Spuren – zwei zum Lesen und eine, die beschrieben werden kann. Auf dem Streifen sind bis zu 1000 Bits digitale Daten verborgen. Zusätzlich führten die Hersteller die so genannte PIN ein – für: *personal identification number* – um den Besitzer zu identifizieren.

Der Magnetstreifen hat aber einen gravierenden Nachteil: Wer ein Gerät besitzt, mit dem er die Daten verändern oder den Streifen beschreiben kann – wie die, die ihn erstellt haben –, ist in der Lage, alle Informationen zu fälschen. Wer eine Karte stiehlt, deren einzige Sicherheit in einem Magnetstreifen besteht, kann sie benutzen wie der, dem sie ursprünglich gehörte. Wenn man den Plastikkörper der Karte mit einer Art Wasserzeichen versähe, um zu verhindern, dass komplette Fälschungen zum Einsatz kommen, würde das die Kosten erheblich erhöhen. Dann müssten die Terminals einen zusätzlichen Sensor besitzen, um die Karten zu erkennen.

Das Prinzip der Sicherheit ist geheim. Auch hier geht es wiederum um *security by obscurity*: Die Hersteller gehen davon aus, dass niemand ihre Betriebsgeheimnisse verrät. Sie schweigen über das benutzte Material, über die Verfahren der Herstellung oder versuchen, einen hohen technischen Aufwand zu betreiben, und hoffen, dass es niemandem gelingt, ihre Prinzipien zu imitieren, womöglich eleganter und weniger kompliziert und aufwendig.

Was Chipkarten können

Security by obscurity funktioniert selten auf Dauer. Ein Beispiel: Am 23. März 1998 sprach das Landgericht München ein Urteil über einen Angeklagten, der sechs Jahre zuvor Karten mit Magnetstreifen überlistet hatte. In der Begründung heißt es: «Der Angeklagte Sch. hatte etwa im September 1993 ein Computerprogramm entwickelt, das es ermöglichte, auf der Nummernzeile des Magnetstreifens von VISA-Kreditkarten statt der Originalkreditkartennummer illegal erlangte Nummern anderer VISA-Kunden aufzucodieren, um die so manipulierten Kreditkarten zu Lasten dieser Kunden einsetzen zu können.» Beide Angeklagten wollten das Programm einsetzen, «um ihre Erwerbsquellen dauerhaft zu erweitern». Sie besorgten sich über 100 Kreditkarten, die «unbekannte Dritte» zuvor gestohlen hatten, und verkauften die manipulierten Karten dann im Halbweltmilieu.[56]

Dieses Urteil ist schon deshalb interessant, weil es zeigt, wie Chipkarten noch Anfang der 90er Jahre konstruiert waren, obwohl es bessere und sicherere Möglichkeiten gegeben hätte. Die Halbleiterindustrie hatte inzwischen für eine Revolution in der Chipkartenherstellung gesorgt. Man konnte Informationen, gespeichert in winzigen Schaltkreisen, auf Siliziumchips unterbringen. Die waren nur wenige Millimeter groß und konnten beschrieben und programmiert werden. Verschiedene Firmen, vor allem in Frankreich, hatten fast fünfzehn Jahre experimentiert, welche Art der Karte am geeignetsten sei.

Der erste Feldversuch fand in Deutschland im Jahr 1984 statt. Man testete verschiedene Möglichkeiten, Informationen auf einem Stück Kunststoff unterzubringen. Die Chipkarte blieb eindeutiger Sieger: sie war sehr schwer zu manipulieren, sie war sicher, zuverlässig und einfach zu benutzen. Die heutige, allgemein anerkannte Definition, was eine Chipkarte sei, bezieht sich auf Karten mit ein-

---

56 http://www.burks.de/tronbuch.htlm

gebautem Datenträger: «Chipkarten sind kleine Computer in Scheckkartenformat und ohne Mensch-Maschine-Schnittstelle.» Der Körper der Karte, fast immer aus Plastik oder einem anderen Kunststoff, ist nur dazu da, den Mikrocontroller, also den winzigen Computer, zu transportieren und zu schützen. Eine Karte ist erst dann «smart», wenn sie eine Recheneinheit besitzt, die so genannte *central processing unit* (CPU). Diese kann Informationen verarbeiten und «denken» wie ein richtiger Computer.

Frankreich und Deutschland benutzen seit den 80er Jahren unterschiedliche Techniken. Die Franzosen bauten bis vor wenigen Jahren noch Chipkarten, deren kleiner Datenspeicher nicht mehr verändert, sondern nur noch durch ultraviolettes Licht gelöscht werden kann. Sie benutzten das EPROM (englisch für: erasable read-only memory), eine so genannte nichtflüchtige Speicherart. In den meisten Chipkarten in Deutschland kommt das EEPROM – *electrically erasable read-only memory* – zum Einsatz. Dieses «Gedächtnis» ist ebenfalls ein Speicher, der nicht verschwindet, wenn die Karte ihren Kontakt mit dem Lesegerät beendet. Der Inhalt dieses Speichers lässt sich jedoch verändern, wenn man die geeigneten Geräte dafür hat. Es gibt – zur Sicherheit – eine Obergrenze der erlaubten Zugriffe. Das EEPROM gilt als technisch moderner und flexibler.

Die Telefonkarten spielten eine Vorreiterrolle. Sie wurden zuerst von vielen Leuten akzeptiert und benutzt und haben sich mittlerweile in über 50 Ländern durchgesetzt. Die Geldkarten, mit denen man von seinem Konto abheben oder bezahlen kann, müssen noch höheren Ansprüchen genügen. Erst Mitte der 90er Jahre galten diese Chipkarten als so sicher und waren so «smart», dass die Banken sie allgemein einführten.

Ein Grund für den Vertrauensvorschuss in die neue Technik lag in neuen Verschlüsselungsverfahren für digitale Daten. Die Chips, die von der Plastikhülle der Karten umschlossen waren, konnten jetzt mathematische Operationen – Algorithmen – ausführen. Man weiß, welche Algorithmen die Daten verschlüsseln. Auch darf jeder wissen, welche Codes der Hersteller benutzt. Aber diese Algorithmen lassen sich dennoch nicht so einfach «knacken»: Sie wurden von Experten, im günstigsten Fall sogar von der Konkurrenz, überprüft. Und das wissen sowohl die «Verteidiger», die Herstellerfirmen der Karten, als auch die «Angreifer», die irgendein Motiv haben, hinter die Geheimnisse im Inneren der Chips zu kommen. Die Informationen blieben also kodiert, auch wenn jemand versuchte, sich mit einem Chipkarten-Lesegerät Zugang zum Inneren der Karte zu verschaffen. Ein Terminal jedoch, eine Schnittstelle zwischen Maschine und Karte, ist dazu in der Lage. Es kann prüfen, ob die Karte echt ist, und den Besitzer authentifizieren.

Rankl/Effing unterscheiden grob drei Arten von Chipkarten: *Speicherkarten, Mikroprozessorkarten* und *kontaktlose Karten*.[57] Das ist missverständlich, weil «kontaktlos» eher die Technik meint, mit der die Karte mit dem Lesegerät kommuniziert, und die beiden anderen Kategorien etwas über die Art des Speichers aussagen. Es gibt auch kontaktlose Mikroprozessorkarten.

Die gängige Telefonkarte ist eine Speicherkarte, auch *Token Card*[58] genannt: Der Kunde kauft und bezahlt sie. Auf dem Chip ist der Wert gespeichert, und der reduziert sich, wenn der Besitzer der Karte sie benutzt. Wenn die Telefonkarte keinen Chip besäße, sondern nur einen Magnetstreifen, könnte man sie problemlos neu beschreiben und somit nachladen. Diese Art von «Hacken» nennt man *Buffern*. Die Hersteller von Telefonkarten behaupten selbstredend, dass ihre Produkte vor solchen Angriffen absolut geschützt seien. Wenn sich jedoch Experten wie Tron an ihnen zu schaffen machen, kann man ziemlich sicher sein, dass der Mechanismus, die Karte zu schützen, schnell umgangen sein wird.

Speicherkarten sind überall verbreitet, als Einlass für Schwimm-

---

57 Vgl. Levona Eckstein: «Universelle Kartenterminals und standardisierte APIs – Voraussetzungen für eine erfolgreiche Verbreitung der Chipkarten-Technologie im PC-Bereich», http://www.darmstadt.gmd.de/~eckstein/CT/mkt.html
58 von engl. *token*: Gutschein, Spielmarke

bäder, im öffentlichen Nahverkehr, bei Verkaufsautomaten, als Mitgliedsausweis in Organisationen und Vereinen, bei den Krankenkassen. Der Chip ist einfach gebaut, weil das Produkt preisgünstig sein muss. Man kann die Karten aber, und das unterscheidet sie von den Mikroprozessorkarten, nur einmal verwenden. Wenn sie abgelaufen sind, müssen sie entsorgt werden.

Chipkarten mit eingebauten Prozessoren können neu programmiert werden wie ein normaler Rechner. Was man mit ihnen anstellen kann und wofür sie nützlich sind, richtet sich nach der Größe des Chipspeichers und danach, wie viel der Mikroprozessor leistet. Wie gut sie sind, entscheiden also die gleichen Kriterien wie bei Computern. Ein heutiger Smart-Card-Mikroprozessor hat schon beinahe die Rechenkapazität wie ein gängiger Heimcomputer vor zehn Jahren, vergleichbar dem legendären Commodore C 64.

Das Innenleben dieser Karten besteht aus vier Segmenten: a) der CPU, dem Minicomputer, b) dem EEPROM, dem Speicher, der beschrieben werden kann und dessen Daten nicht verschwinden, c) dem Arbeitsspeicher, RAM genannt, dessen Inhalt erlischt, wenn die elektrische Spannung unterbrochen ist, und d) dem so genannten Masken-ROM, der das eingebrannte Betriebssystem beherbergt und nicht manipuliert werden kann.[59]

Mikroprozessorkarten traten ihren weltweiten Siegeszug erst an, als das Mobiltelefon in Mode kam. Und umgekehrt gilt: Ohne die neue Generation der Chipkarte hätten sich Handys nicht so verbreitet. Die Händler konnten die Geräte und die Dienstleistung der Netzbetreiber jetzt getrennt verkaufen. Man einigte sich außerdem auf einen Standard des digitalen europäischen Mobiltelefons, das *Global System for Mobile Communications* (GSM)[60] in Deutschland bekannter unter dem Namen «D-Netz». GSM (D1, D2 und ePlus) hat sich in den letzten zehn Jahren zum weltweiten

---

59 Vgl. http://www.burks.de/tron/5_2.htm
60 Vgl. zu GSM: http://omnibus.uni-freiburg.de/~scideli/gsm12.htm.

Abbildung oben: Speicherarten eines Mikroprozessors, hier auf einer Irdeto-Chipkarte; Originalgröße: 10 × 6 Millimeter.
Abbildung unten: Detailaufnahme desselben Chips (vgl. Markierung).

Standard für zellularen digitalen Mobilfunk entwickelt. Mehr als 70 Millionen Teilnehmer in mehr als 100 Ländern nutzen das System. Die heutige GSM-Technik entspricht aber nur der Geschwindigkeit eines Modems, das maximal 9600 Bit pro Sekunde übertragen kann. Das ist viel zu wenig, um etwa via Handy komfortabel im Internet zu surfen.

Kontaktlose Chipkarten sind die jüngste Generation. Eine Fehlerquelle der Karten mit Kontakten, über die der Datenaustausch lief, war, dass diese verschmutzen oder sich schnell abnutzen konnten. Damit die Daten zwischen Chip und Terminal strömen, brauchen kontaktlose Karten keine elektrische Koppelung mehr: Sie besitzen eine winzige eingebaute «Antenne», eine eingewickelte Spule, die aber an der Oberfläche nicht zu sehen ist. Die Karte funktioniert prinzipiell auch dann noch, wenn der Abstand zum Terminal einen Meter beträgt. Sie wird nicht mehr in einen Schlitz gesteckt, sondern nur auf eine markierte Stelle des Kartenlesegerätes gelegt. Oder sie kommuniziert ganz ohne physischen Kontakt mit dem Terminal: Das Terminal erzeugt ein elektromagnetisches Feld. Falls die Karte, auch wenn sie noch in der Hosentasche des Besitzers steckt, in dieses Feld eindringt, induziert das Terminal elektrische Spannung in die Spule. Die Karte erwacht zum Leben und sendet ihre Informationen. So funktioniert heute schon das Mautsystem auf Frankreichs Autobahnen: die Gebühren buchen sich automatisch ab. Die Firmen, die sich mit diesem System beschäftigen, hoffen, dass kontaktlose Karten vor allem bei der Zugangskontrolle, als Flugticket, beim Identifizieren von Gepäckstücken oder auch bei Ausweisen eingesetzt werden können.

Die Plastikkarten sind nur das Gehäuse, das den wertvollen Kleinst-PC, den Chip, umhüllt. Ganz gleich, ob sich im Plastik Mikroschriften verbergen, ob die Unterschrift fälschungssicher aufgeprägt ist, ob sogar Hologramme die Karte unverwechselbar machen sollen: das alles dient nur dazu, per Augenschein die Karte dem rechtmäßigen Besitzer zuzuordnen. Eine Maschine jedoch, ein Terminal, denkt nicht. Wer ihr einen gefälschten Chip oder einen unterjubelt, dessen Inhalt manipuliert worden ist, der hat im Sinne des Wortes gute Karten.

Wie kommt der Kontakt zwischen dem Mikroprozessor in einer Chipkarte und der Außenwelt zustande? Der Chip lagert fest in einem Gehäuse, einem Modul. Der Minicomputer und seine Hülle sind durch hauchdünne Goldfäden – nur wenige Mikrometer «dick» – verbunden, durch die die Daten fließen.[61] Ein menschliches Haar misst etwa 60 Mikrometer! Dieses Verfahren nennt man Draht-Bond-Verfahren *(Wire-Bonding)*. Ein Teil des Moduls hat Kontaktflächen, über die eine elektrische Spannung von und nach außen geleitet werden kann. Andere Hersteller verzichten auf die aufwendigen Goldfäden, sondern verbinden den Chip mechanisch und direkt mit dem Modul. Die heute am meisten benutzte Methode ist die *Chip-on-Flex*-Technik: Man fräst in die fertige Plastikkarte ein Loch, in das der Mikrocontroller samt Gehäuse exakt hineinpasst. Die Kontaktflächen sind aus galvanisch vergoldetem Kupfer, damit sie nicht oxidieren. Auch hier verbinden Golddrähte die Kontaktflächen und Chips. Das so genannte *Lead-Frame*-Modul, das zur Zeit kostengünstigste Verfahren, hält die Kontaktflächen durch einen winzigen Kunststoffrahmen zusammen, funktioniert aber auch mittels Golddrahtverbindung.

Die Mikrocontroller auf Chipkarten sind komplette Computer: sie besitzen einen Prozessor, einen Speicher (aus drei verschiedenen Speicherkarten) und kommunizieren über eine Schnittstelle. Weil es nur eine Leitung gibt, können Karte und Terminal nur abwechselnd senden und empfangen. Das nennt man *Halbduplex*-Verfahren, im Gegensatz zum *Vollduplex*-Verfahren, bei dem beide Beteiligten gleichzeitig Daten übertragen – wie beim Telefonieren. Letzteres wäre zwar möglich, ist aber bei Chipkarten noch nicht eingeführt. Die Chipkarte samt Mikrocomputer wird von sich aus nicht aktiv. Steckt man sie in ein Terminal, bleibt es diesem

---

61 Vgl. http://www.iis.ee.ethz.ch/dzdoc/dzdemo/dimension.html

überlassen, ob es sich «unterhalten» will. Die Beziehung ist also eindeutig: das Terminal ist der «Herr» *(master)*, die Karte der «Sklave» *(slave)*. Zuerst müssen die Kontakte des Chips mit denen des Lesegeräts mechanisch verbunden werden, danach fließt elektrischer Strom. Die Spannung ist sehr gering, sie beträgt maximal fünf Volt. Dann wechseln die digitalen Kommandos hin und her wie bei einem Tennisspiel. Wie bei einem Computer senden Herr und Sklave nur Einsen und Nullen: es reichen also zwei Spannungszustände aus, ähnlich einem Morsealphabet.

Das Betriebssystem, das dem Chip befiehlt, wie er zu funktionieren hat, besitzt im Gegensatz zu einem Computer, mit dem Menschen arbeiten, keine Benutzeroberfläche, also weder Tastatur noch einen Monitor, der etwas anzeigt. Das ist kein Mangel, sondern Absicht: Es soll ja verhindert werden, dass sich jemand an den Innereien zu schaffen macht. Noch vor einigen Jahren war gar nicht vorgesehen, die fertige Karte später irgendwie verändern zu können. In der Chipkarten-«Bibel» von Wolfgang Rankl und Wolfgang Effing stehen die mysteriösen Sätze: «Bei neueren Chipkarten-Betriebssystemen ist es möglich, ausführbaren Maschinencode in die Karte nachzuladen. Dieser kann dann mit einem speziellen Befehl aufgerufen werden und beispielsweise eine nur dem Kartenherausgeber bekannte kryptographische Funktion ausführen. Sobald ein ausführbares Programm in die Karte geladen wird, kann man aber prinzipiell nicht mehr verhindern, dass dessen Funktion unter anderem auch das Leben von geheimen Speicherinhalten beinhalten kann. Nun achten aber die Betriebssystem-Hersteller sehr darauf, dass der Aufbau und der Programmcode ihrer Betriebssysteme geheim bleiben.»

Das ist das Prinzip des so genannten «Trojanischen Pferdes»: Ein scheinbar harmloses Programm erfüllt unauffällig seine Aufgaben. In Wahrheit aber macht es im Hintergrund etwas anderes: es spioniert den Rechner aus, sammelt Passwörter oder verändert Struktur oder Dateien.

Security by obscurity! Wenn die Geheimnisse auf einer Chipkarte bekannt würden, hätte das fatale Folgen für den Hersteller. Das gilt zum Beispiel für Geldkarten oder auch für Karten, die digitale Fernsehsender freischalten. Die Anbieter dieser Dienstleistungen, wie Banken und Medienunternehmen, würden die Hersteller der unsicheren Smart Cards in Regress nehmen und Schadensersatz fordern. Und die Kartenhersteller würden sich bei denen schadlos halten, die ihnen die fehlerhaften Betriebssysteme der Mikrocontroller verkauft haben.

Ein Mensch kann mit den Speicherdaten eines Chips nicht viel anfangen. Der Maschinencode ist binär, er besteht also nur aus den Zahlen Eins und Null. Um die Maschinensprache darstellen zu können, transferiert man ihn in hexadezimalen Code: Hexadezimal bedeutet, dass die Zahlen auf dem Sechzehnersystem basieren. Ein Byte kann maximal 255 Zahlen darstellen (2^8). Als Ziffern werden jetzt die Zahlen 0 bis 9 und die Buchstaben A bis F benutzt. Das hexadezimale System konvertiert alle Zahlen bis 255, die einstellig (Null), zweistellig (22) oder dreistellig (250) sind, in zweistellige – 42 wird zum Beispiel zu 2A.

Eine Datei hat eine Art Beschriftung, den FID *(file identifier)*, ein nur zwei Byte großes Merkmal, eine Art «unveränderliches Kennzeichen». Es gibt mehrere Dateitypen, zum Beispiel die *elementary files*, zu denen die gehören, die das Kartenterminal lesen oder beschreiben muss. Die Datei *EFName* verrät immer den Namen des Benutzers und hat die hexadezimale Kennung 0004, die Datei *EFLang* definiert die bevorzugte Sprache, sie hat den FID 2F05 – im Dezimalsystem wäre das die Zahl 12 037.

Die Speicherseiten im EEPROM sind auch nicht so flexibel wie die Festplatte eines Heimcomputers. Man kann sie nicht beliebig oft beschreiben. Die Programmierer, die sich Systeme ausgedacht haben, die Dateien auf dem Chip zu verwalten, geizen mit jedem Byte. Es ist nur ein sehr begrenzter Platz vorhanden. Und alles ist bis aufs sprichwörtliche i-Tüpfelchen international genormt und geregelt.[62]

---

62 Aufbau von Dateisystemen nach der Norm ISO/IEC 7816-4, vgl. http://

Trotz dieser Regeln gibt es Schwachstellen. Rankl und Effing spekulieren über die «zwei grundlegenden Motivationen» von Leuten, die die Sicherheitssysteme der Chipkarten «austricksen» wollen. «Dies kann einerseits entweder schlicht und einfach Geldgier sein oder andererseits das Bedürfnis, Ruhm und Reputation in der Szene zu erlangen.» Wenn die Details des Hackens bekannt werden, werde der Ruf des Chipkartenherstellers nachhaltig geschädigt. Das sei auch bei Angriffen der Fall, die nur aus «wissenschaftlichen Gründen» erfolgten. Der Hacker wolle seine Ergebnisse veröffentlichen, und das müsse möglichst schnell geschehen, «da in diesem Gewerbe bekanntermaßen immer nur der erste den Ruhm erntet». Und das Schlimmste sei, wenn «Programme via Internet» veröffentlicht werden, die den Angriff von außen vollautomatisch durchführen.

Handy-Piraten

Mit einem vergleichbaren Szenario sahen sich 1998 Mobilfunk-Netzbetreiber konfrontiert. Wer ein Handy kauft und telefonieren will, erhält eine persönliche Chipkarte, die so genannte *Subscriber Identity Module* (SIM). Diese SIM ist nicht an ein bestimmtes Handy gebunden, man kann sich ein neues Mobiltelefon einer anderen Firma kaufen und die Chipkarte in diesem benutzen. Die Smart Card des Handys enthält eine eindeutige Nummer, um den Besitzer zu authentifizieren – die *International Mobile Subscriber Identity* (IMSI). Auf der SIM können die Nutzerdaten, Kurznachrichten und Gebühreninformationen gespeichert werden.

Zwischen der Basisstation des Netzes und dem Mobiltelefon werden die Daten verschlüsselt. Noch 1997 behauptete ein Referent während des Kongresses des Chaos Computer Clubs in Hamburg: «Das größte Sicherheitsproblem stellt im Moment die Ver-

---

www.iso.ch/cate/3524015.html. Chipkarten-Befehlssatz: http://f7alpha1.informatik.fh-muenchen.de/~anlauff/chipcard/betrieb/chiphtm.htm

bindung zwischen den Basisstationen des Netzbetreibers dar. Für die Strecken wird Richtfunk eingesetzt. Die Verbindung auf der Richtfunkstrecke ist nicht verschlüsselt und kann einfach abgehört werden.»[63]

Doch schon ein Jahr später zeigte sich, dass das viel schwerwiegendere Problem im System selbst lag. Wenn das Handy den Betrieb aufnimmt, geschieht etwas Ähnliches wie zwischen Chipkarte und Terminal, nur dass hier kein Kartenlesegerät aktiv ist, sondern stattdessen das GSM-Netz in Gestalt einer so genannten Basisübertragungsstation. Diese Station teilt dem Handy eine Funkfrequenz zu und überprüft Fehler beim Senden und Dekodieren der Signale.

Das System überprüft, ob der Benutzer des Handys der ist, für den er sich ausgibt. Das geschieht mit einem *Challenge-Response*-Mechanismus.[64] Die nächstgelegene Basisstation schickt dem Handy eine Zufallszahl. Das Mobiltelefon leitet diese Zahl gehorsam an die «smarte» Karte, die SIM, weiter. Diese berechnet mit Hilfe des Mikrocontrollers und eines speziellen Algorithmus eine Antwort und schickt sie auf demselben Weg wieder zurück. Jetzt kann sie im System kontrolliert werden. Außerdem erschafft die SIM einen Schlüssel, der nur für diesen einen Anruf gilt – den *session key* –, der zur Kodierung der Sprachnachricht dient.

Welche Algorithmen benutzt werden, blieb lange geheim – strikt nach dem System *security by obscurity*. Das internationale Firmenkonsortium, das GSM als Standard entwickelt hatte und sich auch *Memorandum of Understanding* (MoU)[65] nennt, sah keinen Anlass, den Sicherheitsmechanismus des Mobilfunksystems extern überprüfen zu lassen. Dennoch – oder vielleicht gerade deshalb – versuchten sich weltweit Hacker am *Reverse Engineering* von GSM.[66]

---

63 http://presse.ccc.de./0023/
64 «challenge» (engl.): Aufgabe, Herausforderung; «response»: Antwort
65 http://www.gsmworld.com/
66 Vgl. die Übersicht: «GSM related books», http://www.versamart.com/Nokia5110/nokia5110gsmbooks.shtml

Reverse (engl. das Gegenteil oder die Kehrseite) Engineering[67] meint: man geht den Weg des Programmierers einer Software auf umgekehrtem Weg, man analysiert die Software und versucht, ihre Struktur und ihr Konstruktionsprinzip zu verstehen. Im Gegensatz dazu kompensiert ein Hacker die Analyse durch Intuition. Ein Beispiel für erfolgloses *Reverse Engineering* ist, wenn ein Kind aus Neugier ein Spielzeugauto zerlegt, um zu verstehen, was «darin» ist und wie es funktioniert, es aber nicht wieder zusammenbauen kann.

Die *New York Times* berichtete am 14. April 1998, eine Verschlüsselungsmethode des GSM-Netzes sei durch Computerexperten der Universität von Kalifornien geknackt worden.[68] Das war in der Tat so: Marc Briceno von der «Smartcard Developers Association»[69] hatte herausgefunden, welcher Algorithmus eingesetzt wurde, um die Kommunikation zwischen der SIM-Karte des Mobiltelefons und dem GSM-Netz zu verschlüsseln und den *session key* zu generieren. Der Zufall und Neugier waren den Experten zur Hilfe gekommen. Sie hatten das GSM-Handbuch eingehend studiert, um es zu übersetzen. Ihnen fiel der Befehl auf: *«run GSM algorithm»* – «führe den Algorithmus aus». Das Verfahren nannte sich COMP128[70], war aber nirgendwo dokumentiert. Der Algorithmus sollte ja geheim gehalten werden, um sicher zu sein. Das war vermutlich die Idee des GSM-Konsortiums gewesen – wieder *security by obscurity*. COMP128 wurde von den meisten Netzbetreibern eingesetzt, auch in Deutschland, zum Beispiel im D2-Netz von Mannesmann.

Die Spezialisten der «Smartcard Developers Association» such-

---

[67] Definition: http://www.informatik.uni-bremen.de/~uniform/gdpa_d/part3/p3re.htm#WHAT

[68] John Markoff: «Researchers Crack Code in Cell Phones». New York Times v. 14. 4. 98. Vgl. http://userpage.zedat.fu-berlin.de/~dittbern/Telekom/Aus_Medien/20.html#NYT_1

[69] http://www.scart.org

[70] http://www.scart.org/gsm/a3a8.txt

ten und fanden den vollständigen Algorithmus – nach drei Monaten. Dann wandten sie sich an die Kryptographie-Experten Dave Wagner und Ian Goldberg von der Universität Berkeley. Die überprüften das mathematische Verfahren und entdeckten prompt einen Fehler. Im Algorithmus war eine Schwachstelle verborgen. Der 64 Bit lange Schlüssel ließ sich mit einem normalen Heimcomputer knacken, wenn der einen Tag lang rechnen konnte, obwohl das hätte nicht sein dürfen. Die Ursache lag in einer so genannten Kollision: Verschiedene Inputs ergaben denselben Output. Das wäre vergleichbar mit einem Geldautomaten einer Bank, der ein Dutzend vierstelliger Geheimzahlen nicht unterscheidet und eine PIN willkürlich und nach dem Zufallsprinzip einem der Konten der Bank zuordnet.

Goldberg und Wagner konnten, wenn sie über die PIN eines Handys verfügten, den Schlüssel auslesen, der den Benutzer des Handys gegenüber dem Netz identifiziert. Das hätte ausgenutzt werden können, die Chipkarte eines Handys zu duplizieren oder zu «klonen»[71] und auf Kosten des Besitzers unbegrenzt zu telefonieren.

Der Chaos Computer Club nahm diese Idee aus Kalifornien dankbar auf. Wenige Wochen später hatten einige Hacker, darunter auch Boris F., das «Klonen» der Chipkarte in die Tat umgesetzt. Nach seinem Prozess wegen des Telefonkarten-Simulators hatte ihn jemand vom CCC angesprochen und ihn zu den Treffen in Berlin eingeladen. Obwohl Trons Vater das nicht gern sah und ihn nur widerstrebend zum Vereinslokal fuhr, ergab sich zu einigen der dortigen Computer-«Freaks» ein Kontakt. Man partizipierte gern an den Kenntnissen des begabten Hackers.

Der so genannte «GSM-Hack» machte die Runde auch in deut-

---

[71] Ian Goldberg und Dave Wagner: ISAAC (Internet Security, Applications, Authentication and Cryptography), Universität of Berkeley. Technische Details: http://www.isaac.cs.berkeley.edu/isaac/gsm.html sowie «GSM System Security Study»: http://jya.com/gsm061088.htm

schen Medien.[72] Der CCC bastelte eine Software, die den Angriff praktizieren konnte, und stellte sie in seine Homepage. Die Hacker empfahlen, den Chipkartenleser *Uniprog*[73] zu benutzen. Den hatte ebenfalls Boris F. konstruiert. Andreas H., ein Freund Trons, schildert die Angelegenheit aus seiner Sicht so: «Tron hatte eine Software geschrieben, mit der der Chip auf der Karte die Protokolle einsehen konnte, also das, was innerhalb eines Handys geschieht.»

Der Chaos Computer Club argumentierte: «Ein typischer Fall des Versagens von *Security by Obscurity*: hätte das GSM-Konsortium frühzeitig alle Standards offen gelegt, wäre die Schwachstelle rechtzeitig aufgefallen.» Diese These unterschlägt freilich, dass Hackern jegliches Motiv abhanden kommt, wenn etwas veröffentlicht ist. Oliver Kömmerling von ADSR sagt zu der Behauptung des Chaos Computer Clubs lapidar: «Das ist Nonsens.»

Die Mobilfunkbetreiber spielten das Thema vorsichtig herunter und behaupteten, die Sicherheit des mobilen Telefonierens sei nicht gefährdet. Der Angriff auf den Algorithmus hatte keine großen nachteiligen Auswirkungen auf den regulären Netzbetrieb. Der «Hack» sei zu vergleichen mit dem Diebstahl eines einzigen Handys. Das ist sicher richtig, ändert aber nichts daran, dass erst eine externe Expertengruppe den Algorithmus veröffentlicht und dessen Fehler entdeckt hat.

Der Chaos Computer Club sammelt aktuelle Meldungen über Funktionsstörungen diverser Mobiltelefone und Netze, ohne sie zu kommentieren oder ihren Wahrheitsgehalt zu überprüfen.[74] Der CCC veröffentlichte nach dem GSM-Hack zusätzlich eine «Risikoabschätzung»[75]. Das größte Potential, Missbrauch zu be-

---

72 Presseerklärung des CCC zum GSM-Hack: http://www.ccc.de/D2Pirat/index.html. Vgl. auch «Die Datenschleuder» Nr. 63, S. 14f.
73 Uniprog: http://www.ccc.de/Library/HPA/ChipCards/UniProg/index.html
74 http://www.ccc.de/servicewatch/
75 http://www.ccc.de/D2Pirat/risiko.html

treiben, «liegt im Bereich der Händler». Diese hätten die Karten lange genug, um sie kopieren zu können. Es sei leicht möglich, den Brief mit der PIN zu öffnen, «mit den technischen Mitteln eines engagierten Briefmarkenfreundes». Die PIN brauchte man, um die IMSI, die persönliche Identifikationsnummer, auszulesen. Sie stehe «im *elementary file* 6F07» auf der Smart Card des Mobiltelefons.

Der normale Käufer wird kaum einen derartigen technischen Aufwand betreiben, um seine eigene Chipkarte zu verdoppeln. Und wer händigt dem Dieb des eigenen Handys freiwillig die PIN aus? Für die organisierte Kriminalität wäre es nur in Maßen interessant, einen schwarzen Markt für geklonte Handys zu bedienen. Aber kleine Händler und Cracker behaupten oft, sie hätten die Sicherheitsmaßnahmen auf den SIM-Karten umgangen, und bieten die dazu passende Software an. Im Internet, in den Diskussionsforen, tauchen immer wieder Nachrichten auf, die darauf aufmerksam machen.[76]

Den Mobilfunkbetreibern stehen Maßnahmen zur Verfügung, um «Hacks» sehr schnell zu unterbinden. Wer sich mit der Technik auskennt, wird das realistisch einschätzen. Zwei identische Karten können sich nicht gleichzeitig in das Netz einloggen. Man kann sehr schnell feststellen, ob mehr als eine Karte im Vertrag mit den Anbietern eingetragen ist. Außerdem überträgt sich nicht der Code der Karte, sondern auch der des Gerätes, also des Handys. Die Betreiber könnten also ein Telefon sperren, ganz gleich, welche Karte der Besitzer benutzt. Kömmerling fragt daher: «Wer traut sich, eine Karte zu klonen, wenn alles mitgeschnitten wird – für drei Monate?» Illegale Kartenduplikate könnten nur an Ahnungslose verkauft werden, denen die Betreiber in kürzester Zeit auf die Schliche kämen. Der so genannte «GSM-Hack» wirkte deshalb auch als gelungene Werbeaktion für den Chaos Computer Club. Man konnte sich zu Recht darauf verlassen, dass eine statt-

---

76 Vgl. http://www.burks.de/tronbuch.html

liche Anzahl von Journalisten keinesfalls der Versuchung erliegen würde, eine halbe Stunde zu opfern, um die Fakten im Internet zu recherchieren.

Oliver Kömmerling und Markus Kuhn verfassten im Mai 1999 in Chicago ein ausführliches Papier über die Prinzipien, nach denen die gängigen, auf dem Markt erhältlichen Smart Cards und deren Mikroprozessoren konstruiert sind, und zeigten deren Schwächen auf.[77] Smart-Card-Piraterie käme seit 1994 häufig vor. Beinahe jeder Typus eines Mikrocontrollers, der in Europa, Asien oder Amerika hergestellt worden sei, «*has been successfully reverse engeneered*». Illegale Duplikate und Imitate von Smart Cards seien auf dem grauen und schwarzen Markt im Handel. Diese «Klone» entschlüsseln Fernsehkanäle, die man eigentlich abonnieren und bezahlen müsste. Die Käufer dieser Karten können jedoch gratis ihre Lieblingssender sehen. Die beiden Autoren des Papiers merken an, dass die Qualität der Sicherheitsmaßnahmen, um die Chipkarten vor Hackern zu schützen, oft und häufig überschätzt werde.

Drei Personengruppen zeigen Interesse, das Innenleben der Karten zu entschlüsseln: Hacker, die zunächst keine zusätzlichen Informationen haben und die sich ihr Wissen im Internet oder bei anderen beschaffen müssen. Dann diejenigen, die in den Herstellerfirmen arbeiten und sich meistens problemlos auch die geschützten Informationen beschaffen können. Ein Beispiel aus einer E-Mail vom 17. Juni 1999 an den Autor: «Von [... Firmenname gelöscht, B.S.] habe ich eine Insiderinformation, dass die Kenntnisse, die zur Produktion der ja schon von Anfang an teuer verkauften DPSC-Karten *(digital pirate smart card)* nötig sind, vermutlich aus einer undichten Stelle stammen. Es wurde das Werk erwähnt, das die Karten erstmals produziert hat. Von ‹Wegrationalisierung einiger Mitarbeiter› war die Rede.»

---

77 Oliver Kömmerling und Markus Kuhn: Principles for Tamper-Resistent Smartcard Processors. UNSENIX Workshop on Smartcard Technology, Chicago 1999. http://www.cl.cam.ac.uk/~mgk25/sc99-tamper.pdf

Die dritte Personengruppe sind Organisationen, die über genug fachlich geschultes Personal und ausreichende finanzielle Mittel verfügen und sogar in der Lage sind, eigene technische Geräte zu entwickeln, um den Chipkarten zu Leibe zu rücken – Geheimdienste, organisierte Kriminalität, aber auch Universitäten und wissenschaftliche Einrichtungen.

Oft genügen aber schon harmlose Methoden, um die Mikroprozessoren auf Chipkarten näher in Augenschein zu nehmen. Vor einigen Jahren noch behalfen sich Hacker mit Kältespray: der Chip «schrumpfte» und sprang, wenn man die Plastikkarte bog, wie ein Kastenteufelchen aus der Plastikkarte.[78] Man kann den Chip mechanisch, etwa mit einem Messer oder einem anderen spitzen Gegenstand, aus seiner Hülle befreien. Das winzige, golden schimmernde Teilchen darf nach der Norm nur 0,76 Millimeter dünn sein. Der Betrachter mag kaum glauben, dass im Inneren des Chips ein kompliziertes System von Dateien und Schaltungen untergebracht ist. Liegt der Mikrocomputer frei, gibt er seine Geheimnisse immer noch nicht preis: Eine Schicht Epoxidharz (Gießharz) umgibt ihn und muss ebenfalls entfernt werden, ohne das Innere zu beschädigen. Doch das Harz leistet nicht lange Widerstand.

«Man braucht nur rauchende Salpetersäure», sagt Oliver Kömmerling fachmännisch, «und einen Heißluftföhn.» Wenn sich das Plastik erwärmt, kann der Chip mit einer Pinzette vorsichtig entfernt werden. Die Oberfläche des Chips bestehe aus Siliziumoxid, dem könne die Säure nichts anhaben. Wenn die Säure abgeätzt worden ist, reinigt man die Oberfläche des freigelegten Chips vorsichtig mit Azeton. Ein Laie könnte so vorgehen, doch die Eingeweide des Mikrocontrollers bleiben ihm ein Rätsel, selbst bei einem Blick durch ein hochauflösendes Mikroskop. Wer die Prinzipien einer Chipkarte jedoch kennt, wendet Tricks an, um die Sicherheitsfallen der Hersteller zu umgehen.

[78] http://x30deja.com/getdoc.xp?AN=494782248

Kömmerling klebt, wenn es zu Demonstrationszwecken schnell gehen soll, nur ein Stück Folie, wenig breiter als ein Faden, auf bestimmte Segmente des Chips. Das sei aber unprofessionell. Ein Experte wie er würde zum Beispiel mit dem Lasercutter «die *security refuses*» (Sicherungen) defekt schießen. Man müsse natürlich exakt wissen, welche Teile der Chips welchen Zweck erfüllen.

Ein «Laie» legt den Minicomputer unter eine Lampe, die ultraviolettes Licht spendet, und löscht damit den nichtflüchtigen Speicher, den EEPROM. Die abgedeckten Teile des Chips bleiben unbehelligt. Die Karte hat jetzt wichtige Schutzfunktionen verloren und kann neu beschrieben werden. Das geht prinzipiell einfach, wenn man die Tücken der Details kennt: Man kann zum Beispiel ein Kartenlesegerät an den heimischen PC anschließen, ein Terminalprogramm aufrufen, das zur Datenübertragung dient, und diesem befehlen, über die Verbindung des Computers zum Lesegerät Daten zu übertragen. Wenn man passende Software hat, dient die Chipkarte jetzt ganz anderen und vom Hersteller wahrscheinlich nicht immer gewünschten Zwecken.

Tron besaß keine Geräte, um einen Generalangriff auf Chipkarten auf dem Niveau der Herstellerfirmen zu wagen. Dazu benötigte man zum Beispiel eine Ionenstrahlanlage, um Leitungen auf dem Chip punktgenau zu trennen, den besagten Lasercutter, ein Elektronenmikroskop und andere Geräte, oft im Wert von mehreren hunderttausend Mark. Boris war darauf angewiesen, dass andere ihm Details über das Innere der Chipkarten verrieten. Im Chaos Computer Club gab es nur wenige, mit denen er sein Wissen teilen konnte. Oliver Kömmerling behauptet sogar: «Beim CCC hat niemand Ahnung von Chipkarten.»

Aber Trons Lehrer gestatteten ihm, das leistungsfähige Equipment der Hochschulen zu benutzen. Man redet ungern offen darüber, weil man sich im Nachhinein nicht sicher ist, ob der eifrige Student nicht auch mit Aktionen beschäftigt war, die nicht absolut legal waren. Boris' Lehrmeister Walter George erinnert sich sogar noch daran, dass er Tron gewarnt hat. «Nach der Geschichte mit der Telefonzelle», von der er aus der Zeitung erfuhr, habe er Boris und seinem Freund Manuel L., mit dem er oft viele Stunden gemeinsam im Labor verbrachte, eindeutig zu verstehen gegeben, dass sie «keine kriminellen Dinge machen» dürften.

Tron ging anders vor. Rankl und Effing beschreiben den «am ehesten vorstellbaren Angriff», die so genannte «Dummy-Chipkarte». Hacker verwenden eine selbst programmierte und um Analyse- und Protokollfunktionen erweiterte Chipkarte. Bis vor einigen Jahren sei das nicht möglich gewesen, da man Chipkarten und die dazu passenden Mikroprozessoren nur bei einigen wenigen Firmen erwerben konnte. Doch jetzt sind Chipkarten und dazugehörige Software frei erhältlich. Mit ein wenig Aufwand lasse sich eine funktionsfähige Smart Card im Eigenbau produzieren, die sich elektrisch und während der Datenübertragung wie eine echte verhält, «aus einem Kunststoffplättchen, einem Standard-Mikrocontroller im SMS-Gehäuse und etwas Geschick». Davon besaß Boris F. genug. Mit einer derartigen Karte «ließe sich zumindest ein Teil der Kommunikation mit dem Terminal protokollieren und später auswerten». Wer dazu in der Lage sei, dem sei es möglich, die Art der Datenübertragung zwischen der Smart Card und dem Terminal getreu wie eine Originalkarte auszuführen.

Wenn jedoch die Kommunikation verschlüsselt sei, sei «spätestens bei der Authentifizierung das Ende des Angriffs erreicht». Man müsse den geheimen Schlüssel kennen oder die Karte dazu veranlassen, ihre Codes nicht zu benutzen. Sollte eine solche Anwendung existieren, mutmaßen die Autoren des Chipkarten-Standardwerks, «darf aber stark bezweifelt werden, ob der durch diesen Angriff erreichbare Vorteil von einer solchen Bedeutung ist, dass sich der ganze dafür notwendige Aufwand rechtfertigt».

Das ist eine Frage des Motivs. Und Tron hatte zweifellos starke Motive, besser zu sein als die, die meinten, ihm durch Sperren und Sicherheitsmaßnahmen den Blick in das Innere der Karten verwehren zu müssen. Aber er konnte auch die Position der «Gegner» einnehmen: Man kann ein System sicher machen, wenn man verrät, welche Methoden man benutzt, um diese von anderen überprüfen zu lassen – *security by «transparency»*. Das ist auch eine Frage des Aufwands.

6 Abhören schwer gemacht

Ein Telefon macht keine Angst und birgt wenig unergründliche Geheimnisse. Kombiniert man das Wort jedoch mit dem Begriff «Verschlüsselung», wird die Angelegenheit gleich mysteriös. Zu diesem Thema kann in Deutschland grober Unfug gesagt und geschrieben werden, ohne dass das einer nennenswerten Zahl von Journalisten unangenehm auffällt. Codes zu knacken gilt als esoterische Geheimwissenschaft. Der schwungvolle Satz über Tron: «kein Code war vor ihm sicher» liest sich unterhaltsam, hat aber mit der Realität nichts zu tun. Auch gewiefte Hacker finden ihre Grenzen in den Gesetzen der Mathematik. Es gibt heute Verschlüsselungsverfahren, die *absolut* sicher sind.

Am 12. März erschien auf einer seriösen Medienseite im Internet eine Pressemeldung[79], als Quelle wurde der *Deutschlandfunk* angegeben: «ISDN-Telefon mit Verschlüsselung» – «Chaos Computer Club stellt Bauplan im Internet bereit.» ISDN-Leitungen seien bei weitem nicht so sicher, heißt es, «wie die digitale Technik suggerieren mag». Der CCC stelle jetzt seine neue Entwicklung, ein ISDN-Telefon mit Verschlüsselung, «zur freien Verfügung». Ein Mitglied, «in der Hackerszene unter dem Namen Tron bekannt», habe es konstruiert. Tron sei Ende letzten Jahres «unter ungeklärten Umständen ums Leben gekommen». Der Benutzer dieses Telefons brauche eine Chipkarte, die seinen persönlichen Schlüssel trage und die «bislang nicht überwundene Sicherheit gewährleistet».

Eine zehnminütige Internet-Recherche hätte die Journalisten davon überzeugen können, dass ihre Pressemeldung von keinerlei Sachkenntnis getrübt war. Einer der Pressesprecher des CCC,

---

79 http://www.zdf.msnbc.de/news/30219.asp#BODY

Frank Rieger, stellte die Meldung in einer geschlossenen Mailing-Liste sofort richtig: «Da hat aber jemand etwas wirklich gründlich missverstanden.» Es existierte nur das «ISDN-Cryptophon-Projekt von Tron», dessen Bauplan im Netz veröffentlicht worden sei. Es gebe aber noch Probleme: «das in Assembler hardgecodete D-Kanal-Handling und das Key-Handling (das mit PGP eher nicht so viel zu tun hat)».

Markus Kuhn antwortete ergänzend: «Mit an Sicherheit grenzender Wahrscheinlichkeit wieder nur das Übliche: Ahnungslosnaiver Journalist, auf der verzweifelten Jagd nach einer Story, denkt, mit Berichten über Kryptologie und Computersicherheit eine neue Sensationsmarktlücke aufgetan zu haben.»

Boris F. hat an der Technischen Fachhochschule Berlin am Fachbereich 13 – «Technische Informatik» – im Wintersemester 1997/1998 eine Diplomarbeit geschrieben. Der Titel lautet: «Realisierung einer Verschlüsselungstechnik für Daten im ISDN-B-Kanal».[80] Diese Arbeit stellt und beantwortet drei Fragen: Was ist neu am digitalen – statt analogen – Telefonieren? Warum sollte man Telefonate verschlüsseln? Und wie?

ISDN, für: *Integrated Services Digital Network*, bedeutet: ein Gespräch wird zerhackt in Bits und Bytes, also digitalisiert. Man könnte es auf eine Diskette oder auf der Festplatte eines Computers speichern. Parallel zum gesprochenen Wort können auch noch Daten gesendet werden – in beide Richtungen. Analoges Telefonieren meint: das gesprochene Wort erreicht den Empfänger durch Telefon und Kabel, indem die Frequenz der Leitung sich wie eine Sinuskurve verändert. Die Töne sind «physisch» noch vorhanden, sie schwingen und teilen so der Vermittlungsstelle und dem Telefon mit, wer sie aussendet und was sie bedeuten. Je weiter entfernt der Empfänger ist, umso mehr verlieren die Signale an Kraft und müssen zwischendurch «auftanken», also verstärkt werden.

80 http://www.burks.de/tron/tron.htm

Digitale Telefonie löst dieses Problem elegant: die Frequenz, die veränderte Spannung, wird in einen Zahlenwert umgerechnet. Die Vermittlungsstelle und das Telefon des Empfänger rechnen ihn wieder um, stellen also den «ursprünglichen Zustand» der Nachricht – als schwingende Kurve – wieder her.

Das ISDN-Telefon ist nicht nur ein Telefon, sondern ein kleiner Computer. Und der hat es in sich. Beim analogen Telefonieren konnte ein Abhörer sich mit zwei Klemmen an die Leitung hängen und die Gespräche verfolgen – er musste nur wissen, an welche. Das ISDN-Telefon kann selber abhören. Ohne Aktion des ahnungslosen Besitzers kann eine fremde Person aus der Ferne Mikrofon und Lautsprecher des Telefons einschalten – über das Leistungsmerkmal ‹direktes Ansprechen›. Im Prinzip kann man damit bequem jemanden belauschen. Da alles per Vorschrift geregelt ist, muss das Telefon durch einen Ton vor sich selbst warnen – aber dieser Ton lässt sich so verändern, dass das menschliche Ohr nichts wahrnimmt. Beim Export nach China etwa verlangen die dortigen Behörden, die Funktion, sich ohne Warnton in Gespräche einschalten zu können, a priori auszuschalten.

Da kaum jemand die komplizierten Handbücher zur Installation einer größeren Telefonanlage persönlich studiert, sondern in der Regel eine spezialisierte Firma beauftragt, sind sich viele Unternehmen nicht bewusst, was man mit ihren scheinbar harmlosen Telefonen anstellen kann. Wenn jemand abhören will, braucht er zwar viel technisches Wissen. Ist das Motiv Wirtschaftsspionage, dürfte dieses Know-how jedoch vorhanden sein.[81]

Boris F. argumentiert in der Einleitung seiner Diplomarbeit ähnlich: Man solle seine Privatsphäre sichern und sich nicht zum «gläsernen Menschen» machen lassen. Er will ein «komplettes ISDN-

---

81 Vgl. Stefan Krempl: Konzerne im Visier – Abhörspezialist Hans-Georg Wolf über Lauschangriffe von Geheimdiensten auf Unternehmen. In: c't 4/99, http://www.heise.de/ct/99/04/182/

Diplomarbeit
Technische Fachhochschule Berlin
Fachbereich 13 – Technische Informatik
Wintersemester 1997/1998
Boris F(...)

(...)

2. Motivation und Zielsetzung
In dieser Diplomarbeit wird der Aufbau eines Sprachverschlüsselungssystems behandelt, das am ISDN-Basisanschluss betrieben werden kann.

Es gewährleistet weitgehend die Geheimhaltung der Kommunikation zwischen zwei Gesprächspartnern. Die Privatsphäre wird zur Zeit immer mehr gestört oder eingeschränkt. Angefangen von Hackern, die aus Spaß an der Sache fremde Leitungen anzapfen und mithören, über professionellen Datendiebstahl, z.B. Industriespionage, bis hin zu staatlichen Maßnahmen wie «Der große Lauschangriff» reicht die Palette der Angriffe. Man sollte sich seine Privatsphäre sichern und sich nicht zum «gläsernen Menschen» machen lassen.

Ziel ist es, ein Gerät zu entwickeln, das die zu übertragenden Informationen zwischen den Endgeräten so unkenntlich für Dritte macht, dass nur die beiden Gesprächspartner ihre Nachrichten verstehen können. Die Daten, die über den hausinternen ISDN-S0-Bus, die UK0-Leitungen zu den Vermittlungsstellen und durch die Vermittlungsstellen gehen, werden verschlüsselt und können nur mit dem entsprechenden Code wieder entschlüsselt werden.

Der Grund, dass für dieses Projekt das ISDN-Netz und nicht das analoge Telefonnetz genutzt wird, besteht darin, dass bei ISDN die Sprachdaten schon in digitaler Form vorliegen und nicht erst komprimiert und auf die analogen Leitungen aufmoduliert werden müssen. Es soll also ein komplettes ISDN-Endgerät, entsprechend der Funktionalität eines Telefons, aufgebaut werden, das noch zusätzlich die Nutzdaten im jeweiligen B-Kanal ver- und entschlüsselt. Die verwendbaren Verschlüsselungsalgorithmen sollten einen hohen Sicherheitsstandard aufweisen. In der heutigen Zeit ist es möglich, mit entsprechendem materiellen Einsatz, wie ihn sich einige größere Organisationen oder staatliche Behörden leisten können, einfachere Codierungen zu entschlüsseln. Der Schlüssel sollte, wie bei einem realen Schloss, entfernbar und austauschbar sein. Dafür wird in dieser Arbeit, ähnlich einer Telefonkarte, eine Chipkarte eingesetzt, die den Schlüssel enthält. Besser wären Karten, die sowohl den Schlüssel als auch einen Teil des Algorithmus unterbringen, wie z. B. die NetKeyCard von Telesec.

Für ein ISDN-Endgerät muss das D-Kanal-Protokoll (siehe Seite 10) auf einem Steuerprozessor implementiert werden. Dieses D-Kanal-Protokoll ist nicht Teil der Diplomarbeit, sondern wird in einer getrennten Arbeit behandelt. Hier geht es vielmehr um die gesamte Hardware und die Verschlüsselungsalgorithmen. Es soll der Aufbau eines ISDN-Telefons mit Verschlüsselungsfunktion gezeigt werden. Softwareseitig wird auf Ver- und Entschlüsselung von Datenströmen eingegangen. Eine besondere Anforderung an die Hardware ist, dass sie aus Bauteilen besteht, die leicht im Elektronikhandel erhältlich sind. Denn diese Schaltung soll von jedermann leicht nachbaubar sein. Es sollen also keine exotischen Spezialbauteile und keine Chips, die mit speziellen Programmiergeräten gebrannt werden müssen, eingesetzt werden. Die Leiterplatte(n) sollen maximal zweiseitig sein, damit sie noch relativ einfach zu fertigen sind. Auch dürfen die verwendeten Bauteile nicht ein zu kleines Pinraster haben, damit sie auch von jedem leicht zu verlöten sind.

(...)

3.1 Was schon an Vergleichbarem existiert

Es existieren schon Einrichtungen, mit denen verschlüsselt auf dem ISDN-Netz telefoniert werden kann. Die meistgenutzte Variante ist der Einsatz eines Personalcomputers mit einer ISDN-Karte und einer Soundkarte. Die ISDN-Karte im PC arbeitet mit einem hardwarespezifischen CAPI-Treiber zusammen. Dieser CAPI-Treiber übernimmt alle Hardwarefunktionen der Karte und auch die gesamte Verwaltung des D-Kanals. Nun gibt es Programme, meist unter Windows, die mit Hilfe einer Soundkarte ein ISDN-Telefon simulieren. Ein Kopfhörer mit Mikrophon wird an die Soundkarte angeschlossen und damit ein Telefonhörer geschaffen. Auf einem Fenster der graphischen Oberfläche werden dann Tastenfeld und Display dargestellt. Nun kann noch bei einigen Programmen eine Verschlüsselungsfunktion aktiviert werden, um Gespräche mit einer gewissen Geheimhaltung zu führen. Die Ver- und Entschlüsselung wird dann vom Hauptprozessor des PC durchgeführt. Der Sinn dieser Variante ist, wenn schon ein PC mit ISDN und Soundkarte zur Verfügung steht, dass nur noch diese Software installiert werden muss, um verschlüsselt auf dem ISDN-Netz telefonieren zu können. Der Nachteil ist aber, dass für jedes Telefongespräch extra der PC mit Windows hochgefahren werden muss. Des Weiteren ist ein kompletter PC nur zum Telefonieren z.z. noch sehr aufwendig. Besser wäre ein Gerät wie ein normales Telefon, das eine Verschlüsselungsfunktion schon mit eingebaut hat. Die Firma Siemens baut unter dem Namen «DSM ISDN» ein solches Gerät, aber nähere Informationen sind derzeit nicht erhältlich. Das Verschlüsselungstelefon ist nicht für die Allgemeinheit bestimmt. Auch von der Telekom (Telesec) werden in einiger Zeit verschiedene Dienste gegen

> das illegale Abhören von Fernmeldeleitungen angeboten, die
> jedoch nicht generell vor einem Abhören schützen.
> Für das analoge Telefonnetz hat der Chaos Computer
> Club schon ein «Crypto-Phone» entwickelt. Es benutzt ein
> Modem zur Verbindung mit dem Telefonnetz und hat eine
> GSM-ähnliche Sprachkompression. Hauptbestandteil ist ein
> leistungsstarker DSP. Das Projekt ist neu, und es sind nur wenige
> Informationen zu bekommen.

Endgerät» bauen, dessen Daten ver- und entschlüsselt werden können. Ein digitales Telefon transportiert ein Gespräch, in Form von Bits und Bytes, über den so genannten B-Kanal. Die Telekom bietet bei einem Basisanschluss zwei Amtsleitungen, zwei B-Kanäle, und einen Steuerkanal an, den D-Kanal, über den Informationen technischer Art laufen: welche Ziffern gewählt wurden, die Rufnummer des Gesprächspartners, Gebühreninformationen. Zuerst wird also der D-Kanal aktiv, baut eine Verbindung auf und definiert, über welchen der beiden B-Kanäle das Gespräch oder die Daten gesendet werden.

Im D-Kanal müsse angegeben werden, schreibt Boris F., «welcher Art die Nutzdaten auf den B-Kanälen sind (Sprache oder Daten). Das ist insofern für die vorliegende Diplomarbeit wichtig, da ein Telefon ‹restricted› Sprechdaten anmeldet, aber diese nach dem Verschlüsseln nur noch ‹unrestricted› Binärdaten sind.»[82] Die Vermittlungsstelle muss also wissen, dass sie Binärdaten empfängt und nicht etwa Sprache per analogen Transfer. Träfe Letzteres zu, könnte die Software der Telekom auf die Idee kommen, diese per GSM zu komprimieren und somit zu verfremden. Damit käme nur noch Datensalat beim Empfänger an, als schnitte man ein Gemälde beim Transport in winzige Schnipsel, um zu versuchen, es an einem anderen Ort wieder zusammenzukleben.

82 http://www.burks.de/tron/3_2.htm

In der Zusammenfassung seiner Arbeit beklagt sich Tron, dass der Steuerkanal des Telefons das «größte Problem» gewesen sei. Die Analyse dieses D-Kanals war nicht seine Aufgabe gewesen, sondern war Gegenstand einer zweiten, separaten Diplomarbeit, die sein Freund Manuel L. verfassen wollte. Boris schreibt: «Aus gesundheitlichen Gründen war der Kommilitone gezwungen, seine begonnene Diplomarbeit abzubrechen, und damit gab es für das Verschlüsselungstelefon auch kein D-Kanal-Protokoll.»[83] Und ohne dieses Protokoll könne keine Verbindung zur Vermittlungsstelle und damit auch nicht zu einem anderen Telefon aufgebaut werden. Wenn der Partner fehle, werde auch die Verschlüsselung überflüssig, fügt Tron trocken hinzu. Er habe sich aber trotzdem an die Aufgabe gewagt und das D-Kanal-Protokoll «notdürftig» eingebaut. Diese zusätzliche Arbeit hätte viel Zeit verbraucht. Er habe sich außerdem zum Ziel gesetzt, dass die Hardware aus Bauteilen bestehe, «die leicht im Elektronikhandel erhältlich ist». Die Schaltungen sollten «von jedermann» nachbaubar sein, das Telefon keine exotischen Spezialbausteine und keine Chips enthalten, «die mit speziellen Programmiergeräten gebrannt werden müssen».

Professor Dr. Clemens Kordecki, der ihn betreute, kommentiert das Ergebnis beifällig: Boris' Diplomarbeit sei «genial» und bestehe «eigentlich aus drei Arbeiten». Seine Aufgabe sei nur der Verschlüsselungsalgorithmus gewesen. «Ich dachte nicht, dass er auch noch das Telefon baut, oder gar zwei davon.»

Die Einleitung der Diplomarbeit suggeriert jedoch einige Annahmen, die nicht ganz zutreffend sind. Trons Telefon ist weder das erste noch das einzige, das es gab. Deshalb wäre es falsch zu behaupten, er habe ein Telefon «erfunden», das per ISDN verschlüsselt. Derartige Geräte gibt es seit ungefähr drei Jahren, in

---

83 Das Bundesamt für Sicherheit in der Informationstechnik warnt: «Da die Integrität der zz. benutzten Vermittlungssoftware mit vertretbarem Aufwand nicht nachprüfbar ist, muss davon ausgegangen werden, dass exakte Vorhersagen über das Verhalten der Software auf bestimmten Befehlssequenzen im D-Kanal nicht möglich sind.» In: c't 4/99, S. 187. BSI: http://www.bsi.bund.de

Deutschland werden sie von mindestens vier Firmen angeboten.[84] Tron behauptet außerdem, der Chaos Computer Club habe für das analoge Telefonnetz ein «Crypto-Phone» entwickelt. Das Projekt sei neu, «und es sind nur wenige Informationen zu bekommen». Das ist ein merkwürdiger Satz für jemanden, der angeblich beim CCC ein und aus ging. Dieses Telefon existiert immer noch nicht nicht. Felix von Leitner vom Berliner Chaos Computer Club: «Das höre ich auch zum ersten Mal.»

Eckhard Lampe ist der Fachmann für Verschlüsselung bei der Firma DICA Technologies, die auch in Berlin eine Niederlassung hat. Das Unternehmen stellt schon seit einigen Jahren ein ISDN-Telefon her, das die Gespräche kodiert. Lampe kann sich erinnern, dass der Student Boris F. bei ihm aufgetaucht ist und ihn ausgefragt hat. Das Thema des Gesprächs waren Algorithmen und allgemeine Standards. Boris habe sich aber später nicht wieder gemeldet. Lampe erfährt erst bei der Nachfrage des Autors, mehr als ein Jahr später, dass Trons Diplomarbeit im Internet verfügbar ist.

Seit einem Jahr werde Kryptografie per ISDN auch in deutschen Firmen diskutiert. Für große Autohäuser sei das schon lange üblich. Bei Videokonferenzen, in denen es um neue Modelle gehe und an denen Mitarbeiter weltweit teilnähmen, sei Verschlüsselung der Kommunikation Pflicht. Das Thema kam parallel zur Einführung von ISDN auf die Tagesordnung. Konkret darf Eckhard Lampe nicht werden, aber er deutet an, dass Informationen aus einer dieser Konferenzen via ISDN bei der Konkurrenz einer bestimmten Firma aufgetaucht seien. Seitdem müsse man die Chefs

---

84 *D.I.C.A 7800* von DICA Technologies AAG:http://www.dica.de/deutsch/encrypt.htm.
T-TeleSec Crypt von der Telekom: http://www.telekom.de/angebot/telesec/vertrau/vertelf/,
BabylonMETA ISDN von Biodata GmbH: http://germany.biodata.com.sg/products/babylonmeta_isdn.de.shtml
Babylon ISDN von Interconnect: http://www.i-connect.de/d_babyhm.htm.
Siemens: http://crypto.mchh.siemens.de

des betreffenden Unternehmens nicht mehr mühsam überzeugen, dass ein gewisser Sicherheitsstandard empfehlenswert sei.

Noch vor wenigen Jahren gab es ein politisches Hindernis, kryptografische Produkte auf den Markt zu werfen: Die christdemokratische Regierung unter Helmut Kohl war sich nicht einig, wie mit Verschlüsselungsverfahren umzugehen sei. Das Niveau der öffentlichen Diskussion und die Statements der Politiker ließen vermuten, dass kaum einer der Beteiligten wusste, worum es eigentlich ging. Der innenpolitische Sprecher der CDU/CSU-Fraktion im Bundestag, Erwin Marschewski, forderte noch 1995 ein Verbot von «Krypto-Geräten», mit denen Straftäter sich angeblich einer angeordneten Überwachung entziehen wollten. Das ist ein Argument, welches ungefähr den technischen Stand zum Ende des Zweiten Weltkriegs im Auge hat, als es noch die geheimnisumwitterte Verschlüsselungsmaschine «Enigma» gab[85]. Offenbar war in Bonn noch nicht bekannt, dass heute Software die Aufgabe der Kodierung wahrnimmt.

Das Bundesministerium für Wirtschaft wies in einer Pressemitteilung im Oktober 1996 darauf hin, dass jeder Nutzer die Freiheit habe zu wählen, welche Kryptografieverfahren er einsetzen wolle. «Und ebenso wichtig ist es zu verhindern, dass Kriminelle diese Instanzen missbrauchen.» Es müsse «ein wirtschaftlich vertretbarer Ausgleich gefunden werden». Der Präsident des Bundesamtes für Verfassungsschutz, Peter Frisch, äußerte sich zur *Hannoverschen Allgemeinen Zeitung* im Dezember 1996, er würde ein Kryptogesetz sehr begrüßen, «das es den Sicherheitsbehörden ermöglichen würde, verschlüsselte Botschaften in den elektronischen Datennetzen mitzulesen». Andernfalls müsse der Staat «hilflos zusehen, wenn Extremisten auf diesem Weg zu Gewalt aufrufen». Da das «Mitlesen» bei bestimmten Kryptoverfahren wie der so genannten «asymmetrischen» Verschlüsselung technisch unmög-

---

85 http://www.valourandhorror.com/BC/Tactics/Enigma.htm und http://www.nsa.gov:8080/museum/enigma.html

lich ist, dürfte hier ein vorausgegangenes Briefing des Verfassungsschützers durch einen sachkundigen Mitarbeiter ausgeblieben sein.

Auch die CDU/CSU-Arbeitsgruppe Inneres forderte am 1. April 1997 ein «Kryptogesetz» und formulierte umständlich: Die «Teilnehmer des Telekommunikationsverkehrs» würden «vermehrt» Verschlüsselungseinrichtungen einsetzen, «mit denen Überwachungsmaßnahmen übergangen werden könnten». Was gemeint ist, wird nicht näher erläutert. Der innenpolitische Sprecher der CSU-Landesgruppe im Bundestag, Wolfgang Zeitlmann, wünschte sich im März 1997 gesetzliche Maßnahmen, die «Anbietung und auch die Nutzung nicht genehmigter Kryptierverfahren» unter Strafe stellen.[86]

Der damalige Bundestagsvizepräsident Burkhard Hirsch schrieb im April 1997 in einem Leserbrief an das Nachrichtenmagazin *Der Spiegel*: «Die Strafandrohung in einem ‹Krypto-Gesetz› möchte ich mal sehen, die so hoch ist, dass ein Straftäter lieber im Klartext über seine Pläne korrespondiert, als das Risiko einzugehen, eine nicht registrierte Verschlüsselung zu benutzen.»[87] Er betonte, wegen der erkennbaren Sinnlosigkeit eines solchen Verbots sei es selbst im so genannten «Dritten Reich» und in der DDR nicht strafbar gewesen, verschlüsselte Briefe zu schreiben. Ironisch, aber zutreffend fügte er hinzu: «Man könnte sich kaputtlachen, wenn man nicht wüsste, dass es tatsächlich so gemeint ist.»

---

86 Alle Zitate: http://www.thur.de/ulf/krypto/verbot.html
87 http://www.physnet.uni-hamburg.de/provos/archives/krypto/1883.html

Verschlüsseln erlaubt

Seit dem 2. Juni 1999 hat sich die Situation geändert. Die neue Bundesregierung verabschiedete ihre «Eckpunkte der deutschen Kryptopolitik».[88] In Zukunft würden Verschlüsselungsverfahren und -produkte «ohne Restriktion entwickelt, hergestellt, vermarktet und genutzt werden dürfen». Die Bundesregierung beabsichtige nicht, die freie Verfügbarkeit von Verschlüsselungsprodukten in Deutschland einzuschränken.

Wer jedoch Telefone mit Kodierungsfunktion verkaufen will, hat bürokratische Hürden zu bewältigen. Diese Hürden sind aber eher psychologischer Natur: niemand weiß genau, wer ob und wie die in Deutschland verbreiteten «Erlaubnisse und Genehmigungen» ausstellen darf. Noch im Sommer 1999 sind sich einige der angesprochenen Fachleute in privaten Firmen nicht ganz sicher: «Man braucht für ein ISDN-Telefon mit Verschlüsselung die Zulassung vom BSI, und natürlich vom Bundesausfuhramt.» Das ist falsch: Das Bundesausfuhramt muss gefragt werden, nicht jedoch das Bundesamt für Sicherheit in der Informationstechnik (BSI). Ein Anruf dort klärt auf: «Eine Zulassung durch das BSI war noch nie Pflicht und ist es auch jetzt nicht.» Eine Ausnahme gibt es: falls die Dokumente und Gespräche, die kodiert werden sollen, dem «Geheimschutz» unterliegen oder die Hersteller an regierungsnahe Organisationen und Ämter verkaufen, deren Interna nicht nach außen dringen sollen, tritt das BSI in Aktion.

Das BSI, hervorgegangen aus der «Zentralstelle für das Chiffrierwesen», untersteht dem Bundesinnenministerium. Das Amt muss Polizei, die Strafverfolgungsbehörden sowie den Verfassungsschutz, der keine polizeilichen Befugnisse hat, unterstützen. Private Unternehmen dürfen ebenso beraten werden: «unter Berücksichtigung der möglichen Folgen fehlender oder unzureichen-

---

88 http://www.bmwi.de/presse/1999/0602prm1.html. Vgl. auch: http://www.burks.de/artikel/tspp0499.html

der Sicherheitsvorkehrungen»[89]. Das BSI «prüft und zertifiziert informationstechnische Systeme und Komponenten».

Auch in den USA darf jeder verschlüsseln, wie und womit er will. Die Regierung versuchte nur in den vergangenen Jahren, den Export bestimmter Produkte, die als sicher galten, zu verbieten. Das hat sowohl politische als auch wirtschaftliche Gründe.[90] Den Amerikanern und insbesondere ihrem Geheimdienst National Security Agency sind «starke», das heißt unknackbare Kodierverfahren für elektronische Kommunikation sehr unangenehm. Sie drängen darauf, das Verfahren des *key recovery* zum Standard zu erheben: Ein Generalschlüssel muss bei einem «Trust Center», einer Behörde, die die jeweilige Regierung für vertrauenswürdig hält, hinterlegt werden.

Der US-Kryptobotschafter David Aarons hatte die EU-Vertreter im Sommer 1998 gedrängt, den amerikanischen Plänen zur Kontrolle kommerzieller Verschlüsselungsverfahren zuzustimmen. Die deutsche Bundesregierung akzeptierte im Dezember das umstrittene Wassenaar-Abkommen, das eine Obergrenze für frei verfügbare Schlüssel festlegt, obwohl das der Empfehlung des Bundestags der voraufgegangenen Legislaturperiode widersprach. Der Gesandte der US-Regierung gab unumwunden zu, dass er auf eine Lösung der Kryptofrage in seinem Sinn hoffte: die Geheimdienste der USA möchten alle kodierten Telefongespräche entschlüsseln können.

Das ist das gute Recht eines Geheimdienstes. Zum Belauschen ist er da. Um dieses Interesse durchzusetzen, müssten die Bürger und Bürgerinnen jedoch daran gehindert werden, bestimmte Verschlüsselungsverfahren zu benutzen, während sie auf digitalem Wege – per E-Mail oder ISDN-Telefon – kommunizieren. Wer

---

89 Auszug BSI-Gesetz: http://bsi.bund.de/literat/brosch/h_3_.htm

90 Vgl. vom Autor: *Der digitale Lauschangriff kommt*, taz 9.12.1998, http://www.burks.de/artikel/taz1298html; *Enfopol 98*, Tagesspiegel 14.3.1999, http://www.burks.de/artikel/taz0399.html

abhören will, macht sich heute lächerlich, wenn er fordert, die Schlüssel zum Dekodieren der Nachrichten müssten irgendwo hinterlegt werden, womöglich bei einer «vertrauenswürdigen» Behörde. Das würde nicht funktionieren. Daran sind Whitfield Diffie[91] und Martin Hellman schuld. Sie erfanden im Jahr 1979 das so genannte «asymmetrische» Chiffrierverfahren.

Im Prinzip ist alles ganz einfach, aber nur im Prinzip. In Wahrheit geht es um höhere Mathematik. Verschlüsseln bedeutet, das mathematische «Foto» eines Klartextes anzufertigen – man stellt zum Beispiel eine Buchstabenfolge als Zahlenreihe dar. Das Ergebnis dieser «Fotografie» ist der geheime Text. Entschlüsseln hieße: aus der mathematischen Abbildung das Original wieder herzustellen. Dazu müsste man wissen, nach welchen Prinzipien «fotografiert» worden ist. Dieses Prinzip ist der Schlüssel. Sicherheit, also das Geheimnis der Kodierung, bedeutet, dass niemandem verraten wird, wie der Schlüssel gebaut ist.

Dieses Verfahren kann man mit zwei Personen vergleichen, von denen die eine der anderen eine verschlossene Kiste mit einem unbekannten Inhalt übergibt. Damit die zweite Person die Kiste öffnen kann, muss sie von der ersten die Methode – den Schlüssel – erfahren. Wer das Gespräch zwischen den beiden belauscht und mithört, welche Methode die erste Person gewählt hat, um die Kiste zu verschließen, kann ebenfalls die Kiste öffnen.

Das ist das prinzipielle Dilemma der klassischen, «symmetrischen» Chiffriermethoden: Nicht das sichere Verschlüsseln ist das Problem, sondern die Übergabe des geheimen Schlüssels an den Empfänger. Es ist auch keine prinzipiell unlösbare Aufgabe, aus bestimmten Strukturen des geheimen Datensalats herauszufinden, welcher Art der Schlüssel sein könnte. Wenn – in einem primitiven Beispiel – jeder Buchstabe eines Satzes nur durch einen beliebigen

---

91 Vgl. Zusammenfassung (dt.) der Analyse Whitfield Diffies: Key Escrow: Its Impact and Alternatives, http://www.rvs.uni-bielefeld.de/lecture/adieckma/ Clip per/Diffie.html

und zufälligen Zahlenwert ersetzt wird, kann man trotzdem Schlüsse ziehen: man weiß, dass der Buchstabe «e» in der deutschen Sprache am häufigsten vorkommt. Man beginnt also, die Zahl, die am meisten in Zahlenkombinationen auftaucht, versuchsweise mit «e» gleichzusetzen – man wird bald das erste Wort richtig erraten haben.

Otto Leiberich, ehemaliger Leiter des BSI, schildert einen vergleichbaren Fall: In den sechziger Jahren stattete eine gegnerische Spionageorganisation ihre Agenten mit einem damals als absolut sicher geltenden Verschlüsselungsverfahren aus, dem «Doppelwürfel». Der funktioniert wie oben geschildert, er wendet die Methode, Buchstaben durch ein System von zufälligen Zahlen zu ersetzen, gleich zweimal nacheinander an. Aber auch hier braucht jeder, der den geheimen Text dekodieren will, ein Losungswort, den Schlüssel. Die Agenten bekamen Merksätze – Schlüssel –, die ihre Organisation aus der deutschen Literatur abgeschrieben hatte. Die Experten der damaligen «Zentralstelle für das Chiffrierwesen» ließen ihre Computer arbeiten: sie «probierten die aufgefangenen Meldungen mit allen der Struktur nach passenden Zitaten durch»[92]. Damit hatten sie Erfolg – der Code wurde entziffert.

In den Jahrzehnten nach dem Krieg erfanden die Kyptologen immer kompliziertere mathematische Verfahren, um unknackbare Codes zu schaffen. Nur den gewieftesten Experten gelang es, den komplizierten Algorithmen zu Leibe zu rücken.

Die Erfinder der «asymmetrischen» Verschlüsselung trennten jedoch das Verschließen der Kiste von der Methode, den Schlüssel zum Empfänger zu transportieren. Beide Personen, die die geheime Kiste austauschen wollten, erzeugen jeweils zwei Schlüssel. Einen davon, den öffentlichen, schicken sie sich gegenseitig zu,

---

92 Otto Leiberich: «Vom diplomatischen Code zur Falltürfunktion – Hundert Jahre Kryptographie in Deutschland». In: Spektrum der Wissenschaft 6/99, S. 26 ff. Die «brutale» Methode, alle Möglichkeiten durchzurechnen, nennt man *Bruteforce*-Angriff: ein Teil des Textes und etwas Chiffretext müssen bekannt sein. Vgl. http://nuke.simplenet.com/brute.htm

ohne ihn zu verbergen. Der Sender verschließt die Kiste mit dem öffentlichen Schlüssel des Empfängers und schickt die Kiste auf den Weg. Um sie öffnen zu können, braucht man aber den zweiten, den geheimen Schlüssel des Empfängers. Und dieser denkt gar nicht daran, den irgendjemandem zu zeigen, sondern behält ihn für sich. Die mathematische Abbildung eines Klartextes kann zwar umgekehrt, also dekodiert werden, aber nur, wenn man einen zusätzlichen Schlüssel hat – und der bleibt geheim. Die Kryptologen sprechen in diesem Fall von einer «Falltürfunktion» *(trapdoor function)*.

Das asymmetrische Verfahren wird seitdem *Public-Key*-Verschlüsselung genannt, das symmetrische *Secret-Key*-Verfahren.[93] Bei der *Public-Key*-Methode existiert also kein Generalschlüssel, der alle chiffrierten Texte entziffern könnte, sondern so viele Generalschlüssel, wie es Nutzer der Methode gibt. Wer fordert, jeder, der seine E-Mails verschlüsselt, sollte eine Kopie seines Schlüssels bei einer Behörde hinterlegen, hat das Prinzip nicht verstanden. Dann sollte man auch konsequent fordern, dass alle Hausbesitzer sowohl neue Schlösser einbauen müssten, die keinem anderen Schloss ähneln, als auch, dass sie einen Zweitschlüssel bei der Polizei hinterlegen. Otto Leiberich zitiert zustimmend David Kahn[94], den Nestor der Kryptografiegeschichte: «Das Wettrennen der Codemaker mit den Codebreakern ist entschieden, die Codemaker haben gewonnen.»

Drei Kryptologen setzten das Prinzip asymmetrischer Verschlüsselung in die Tat um: Ronald Rivest, Adi Shamir und Leonhard Adleman. Sie schufen einen Algorithmus, den sie nach den Anfangsbuchstaben ihrer Namen RSA[95] nannten. Die mathemati-

---

93 Asymmetrische Verschlüsselung: http://www.uni-mainz.de/~pommeren/ DSVorlesung96/asymmetrisch.html

94 David Kahn: The Codebreakers, New York 1966

95 http://www.rsa.com: Data Security Inc. Vgl. die Passage über RSA in Boris F.s Diplomarbeit: «Asymmetrischer RSA-Algorithmus», http://www.burks.de/tron/3_3.htm

sche «Fotografie» des Klartextes ist einfach im Vergleich zu ihrer hoffnungslos schweren Umkehrung, der «Falltür» *(trapdoor)*. Sie benutzen ein bisher ungelöstes und auch in absehbarer Zukunft unlösbares mathematisches Problem: man kann, selbst wenn man nur mit Papier und Bleistift bewaffnet ist, zwei große Primzahlen miteinander multiplizieren. Aber niemand gelänge es, auch wenn er alle Computer dieser Welt zur Verfügung hätte, aus dem Produkt die Faktoren zu berechnen (faktorisieren). Nach diesem Prinzip werden bei asymmetrischer Verschlüsselung die beiden Schlüssel, der geheime und der öffentliche, konstruiert. Man kann den einen nicht aus dem anderen ableiten. Diese Methode funktioniert also nicht wie *security by obscurity*, sondern wie das Gegenteil: Jeder weiß, wie es ginge, aber es geht aus Prinzip nicht. Die Zahl der benötigten Rechenoperationen übersteigt bei langen Schlüsseln leicht die Anzahl der Teilchen des Universums. Die heutigen Kryptologen hätten schon vor dem Urknall mit der jetzigen Computerkapazität beginnen müssen, die heutigen Codes zu knacken, und wären immer noch nicht fertig.

Der RSA-Algorithmus hat einen Nachteil: Er arbeitet sehr langsam. Wer würde eine Software benutzen, die mehrere Tage benötigt, nur um einen Geburtstagsbrief an die Oma per Computer «zuzukleben»? Die Primzahlen, die man braucht, damit die Angelegenheit sicher ist, müssen sehr groß sein – mehr als 300 Dezimalstellen. Da ruckelt selbst ein moderner Personalcomputer. Deshalb kombinieren heutige Verfahren und Programme beide Methoden, die symmetrische und die asymmetrische. Zum Verschließen der «Kiste» mit dem geheimen Inhalt dient ein symmetrisch erzeugter Schlüssel, asymmetrische Verschlüsselung benutzt man, um den geheimen und den öffentlichen Schlüssel zu erzeugen und Letzteren zum Empfänger zu schicken.

Moderne Programme wie *Pretty Good Privacy* (PGP)[96] – der welt-

---

96 Vgl. http://www.burks.de/krypto.html. «Nichttechnische» PGP-FAQ *(fre-*

weite Standard für die Verschlüsselung von E-Mails – haben sowohl RSA als auch einen symmetrischen Algorithmus integriert, der zur Zeit als einer der sichersten gilt. Er wird IDEA[97] genannt – für: *International Data Encryption Algorithm*.

IDEA ist ein so genannter «Blockchiffrierer». Boris F. schreibt in seiner Diplomarbeit: «Die Blockchiffrierer verschlüsseln einen Klartextblock mit konstanter Größe, meist 64 Bit, zu einem Chiffretextblock mit gleicher Größe, und beim Entschlüsseln entsprechend umgekehrt. Es wird beim Ver- und Entschlüsseln der gleiche Schlüssel (k) verwendet. Daher sind diese Algorithmen symmetrisch (...). Die bekanntesten Algorithmen sind DES und IDEA.»

Die Schlüssel, um digitale Daten zu kodieren, bestehen aus einer Kette von Bits, also einer Folge von Nullen und Einsen. IDEA verwendet eine Schlüssellänge von 128 Bit. Da dieser Algorithmus symmetrisch ist, müsste man alle Möglichkeiten durchrechnen, um zum Ziel zu kommen, also einen *Brute-Force*-Angriff versuchen. Das ist bisher noch niemandem erfolgreich gelungen. RSA muss jedoch mit einem wesentlich längeren Schlüssel arbeiten. Das liegt an der Art des Algorithmus: Wenn man nur kleine Primzahlen benutzt, um ein Produkt – den Schlüssel – zu bekommen, können Kryptologen erfolgreich faktorisieren, also die beiden Zahlen ausrechnen. Nur bei großen Zahlen geht das nicht. «Bei einer

---

quently asked questions) in deutscher Sprache: http://www.cis.ohio-state.edu/hypertext/faq/usenet-faqs/html/de-security/nontech-pgp-faq/faq.html

97 IDEA[TM]: http://www.ascom.com/infosec/idea/. FAQ IDEA (engl.): http://www.iks-jena.de/mitarb/lutz/security/cryptfaq/q77.html. Vgl. André Härtling: «Verschlüsselungsverfahren – Darstellung und Aufwandsabschätzung», http://www.wirtschaft.tu-ilmenau.de/~punisher/, sowie die Kryptografie-FAQ von Lutz Donnerhacke: http://www.iks-jena.de/mitarb/lutz/security/cryptfaq/KryptographieFAQ. Das Standardwerk zum Thema Kryptografie, zurzeit leider nur in englischer Spache erhältlich: Bruce Schneier: «Applied Cryptography – Protocols, Algorithms, and Source Code in C», New York 1995²

Ganzzahl mit 1024 Bit ist es mit allen praktikablen Mitteln heutzutage nicht möglich, die Primzahlfaktoren zu finden.»[98]

Bei der Schlüssellänge setzt der Streit ein. DES, ein symmetrischer Algorithmus, der seit den siebziger Jahren faktisch Industriestandard ist, hat einen 56-Bit-Schlüssel. Die deutschen Banken setzen DES ein, um die Geheimzahl für die EC-Karten zu erzeugen.[99] Auch die deutsche Telekom verwendet DES für ihr ISDN-Telefon *Telesec*.[100] Dort heißt es: «Der DES wurde seit seiner Veröffentlichung sehr kritisch untersucht und kann als das meistbekannte und am meisten untersuchte Kryptosystem der Welt bezeichnet werden.» Und: «Obwohl der DES sehr intensiv untersucht worden ist, wurde er niemals gebrochen.»

Die «RSA-Laboratories»[101] veranstalten regelmäßig Wettbewerbe, um das Produkt der Konkurrenz unter die Lupe zu nehmen. Die US-amerikanische Regierung hat sich auf DES festgelegt, und der Firma RSA Data Security gefällt das natürlich nicht. Im Juli 1998 gelang es einer Gruppe von Kryptologen, den 56-Bit-Schlüssel auseinander zu nehmen. Sie benötigten dazu Hardware im Wert von einer viertel Million Dollar. Ein anderer Versuch war ebenfalls erfolgreich: Mehrere tausend vernetzte Rechner arbeiteten 39 Tage, bis sie ans Ziel gekommen waren. Das Bundesamt für Sicherheit in der Informationstechnik vertritt eine eindeutige Meinung: Ein DES-Schlüssel könne «in kurzer Zeit geknackt werden». Warum Firmen und Regierungen in den USA und Deutschland ihn trotzdem benutzen, sei bekannt: «IBM schlug seinerzeit sogar einen Schlüssel von 112 Bit Länge vor. Dies wurde auf Anraten der US-Sicherheitsbehörde National Security

---

98 William Stallings: Datensicherheit mit PGP, Prentice Hall 1995, S. 74

99 M. Janke und P. Lackmann: «Endgültiger Abschied vom Data Encryption Standard (DES)», in: Card-Forum 9/1998, S. 26 ff. Vgl. die Details bei Bernhard O. Gramberg: http://home.t-online.de/home/gramberg/l_des.htm

100 http://www.telekom.de/angebot/telesec/vertrau/krypto/right1.htm

101 http://www.rsa.com/rsalabs/index.html

Agency (NSA) nicht realisiert.»[102] Den Grund, warum ein Geheimdienst wie die NSA auf kurzen Schlüsseln besteht, kann sich jeder ausmalen.

Aus dem gleichen Motiv benutzte Tron für sein ISDN-Telefon nicht den DES-Algorithmus, sondern IDEA, um die Daten des Gesprächs vor einem *Brute-Force*-Angriff zu schützen. Er schreibt: IDEA «lässt sich im Gegensatz zum DES, der für Hardware optimiert wurde, relativ einfach als Software realisieren. Mit seinem 128 Bit langen Schlüssel ist er sehr sicher. Es existieren $3,4 \cdot 10^{38}$ mögliche Schlüsselkombinationen. DES mit 56-bittigem Schlüssel hat ‹nur› $7,2 \cdot 10^{16}$ Kombinationen. Selbst wenn man es schafft, zehn Milliarden Schlüssel pro Sekunde auszutesten, dafür werden etwa 100 000 schnelle PCs benötigt, dauert es etwa $5,4 \cdot 10^{20}$ Jahre, um den Schlüssel zu ‹knacken›! Beim DES wären es nur 41,7 Tage (...). Gerüchteweise schaffen es gewisse Geheimdienste, einen DES-Schlüssel in 5 Minuten zu bestimmen, aber beim IDEA wäre es immer noch ein astronomischer Wert von $4,5 \cdot 10^{16}$ Jahren.»

Falls das ISDN-Telefon von Boris F. Produktreife erlangt hätte, wären noch Lizenzfragen zu klären gewesen: IDEA darf nur bei Freeware – also Soft- und Hardware, die nichts kostet – ohne Gebühren eingesetzt werden. Eckhard Lampe von DICA Technologies meint: «Nach dem, was mir vorliegt, würde ich von einem Gesamtpreis für das komplette Telefon (ein Stück, also ohne Gegenstelle) von circa 900 bis 1400 DM ausgehen.»

Markus Kuhn schreibt am 12. März 1999 in einer Kryptografie-Mailing-Liste: «Boris hatte ursprünglich vor, die Key-Infrastruktur von PGP mitzubenutzen, sodass man die Zertifikate aus seinem *key ring* extrahieren und zwecks Anrufer-Authentifikation ins Telefon laden kann. [...] Das ist ihm dann aber alles zu viel geworden, und er beschränkte sich auf die reine Hardware und das D-Kanal-Handling, und das *key management* sollte ursprünglich eine zweite Diplomarbeit werden.»

---

102 BSI: Grundlagen der Kryptografie, http://www.sicherheit-im-internet.de

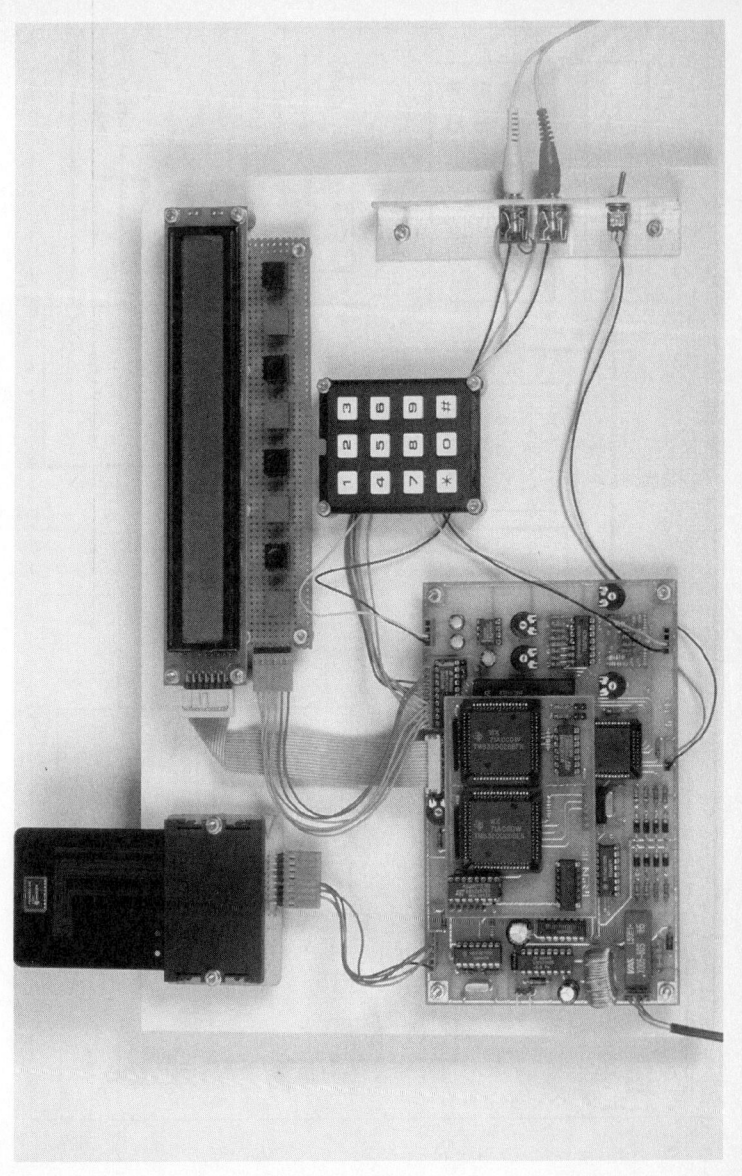

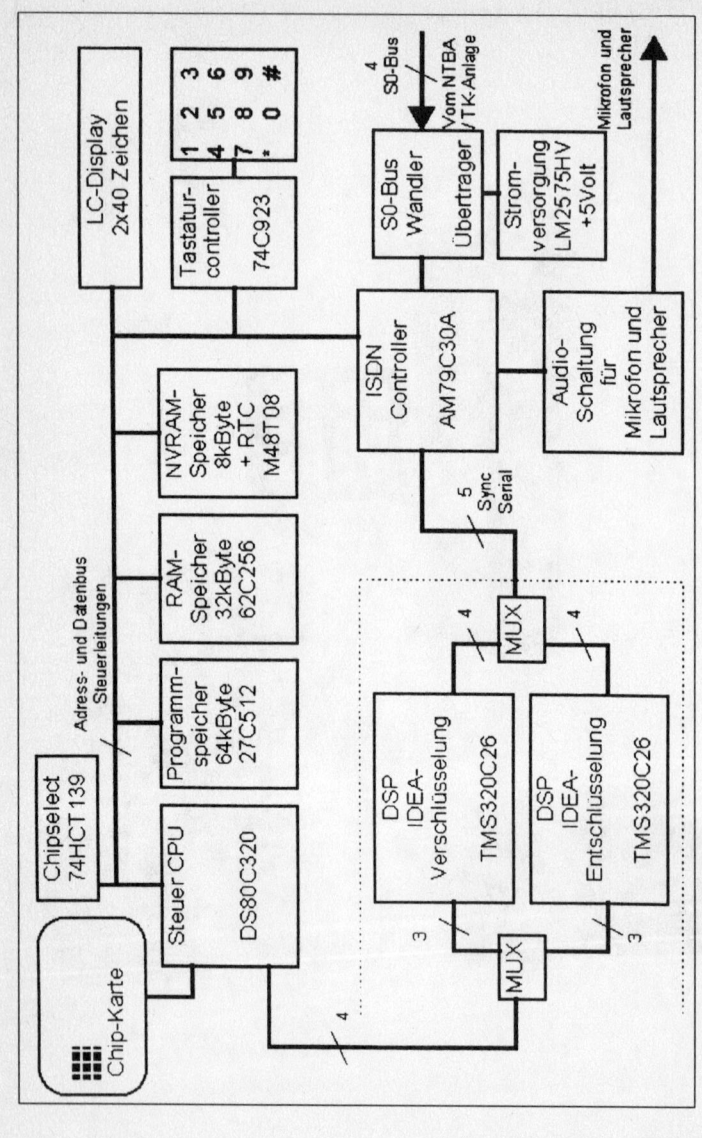

Trons Telefonprojekt als Übersichtsinstallation (S. 143), Schema und Detailansicht; Fotos (2): Dietmar Gust; die Skizze stammt aus der Examensarbeit von Boris F.

Das bedeutet: Boris plante, für sein ISDN-Telefon eine zusätzliche asymmetrische Verschlüsselungsmethode einzubauen. Am Schluss seiner Arbeit schreibt er: «Man kann dieses Verschlüsselungstelefon in vielerlei Hinsicht verbessern und ausbauen. Aber zu den wichtigsten Erweiterungen gehört ein Public-Key-Algorithmus. (...) Diese Berechnung sollte aufgrund ihres sehr schnellen Multiplikationsvermögens in den DSPs [*digital signal processors*, B. S.] durchgeführt werden. Noch besser wäre es, wenn die Chipkarte die RSA-Berechnungen durchführen würde, da der Secret Key in ihr einen guten Schutz fände. Aber solche frei programmierbaren RSA-Chipkarten stehen den privaten Anwendern noch nicht zur Verfügung.»

Der im ISDN-Telefon eingebaute Kartenleser kann sowohl Speicherkarten als auch Chipkarten mit eingebautem Mikrocontroller erkennen. «Die Karte wird mit einem Kartenleser am PC initialisiert und mit dem Schlüssel beschrieben. Wenn eine Prozessorkarte verwendet wird, kann sie durch eine PIN geschützt oder sogar Verschlüsselungsalgorithmen implementiert werden.»

Wenige Wochen vor seinem Tod beschäftigte sich Tron noch einmal intensiv mit diesem Problem. Er kopierte sich seine Diplomarbeit an der TFH und versuchte, an Prozessoren zu gelangen, die so schnell rechnen konnten, dass es ihm möglich gewesen wäre, ein asymmetrisches Kodierverfahren zu implementieren. Professor Clemens Kordecki: Auf dem ISDN-Telefon seien zwei *digital signal processors* zum Kodieren und Entschlüsseln, die dem Stand der Technik vor etwa sechs Jahren entsprächen. «Es musste schnellere DSPs haben, um zum Beispiel mit RSA verschlüsseln zu können.»

Tron hatte Erfolg. Er nutzte einen Kontakt, den er schon lange vorher geknüpft hatte: zu Ray Adams, einem ehemaligen Beamten von Scotland Yard. Adams arbeitet für den Konzern NDS[103], der auch in Israel eine Niederlassung hat.

---

103 http://www.ndsworld.com

Boris' Eltern fanden nach dem Tod ihres Sohnes einen Lieferschein in seinem Zimmer. Über dieses unscheinbare Stück Papier wurde in den Medien heiß spekuliert. Der Absender: NDS Tec Ltd., PDP 23 011 [Postfach, B. S.], 91 235 Jerusalem. Dazu eine Sendersignatur: «J. N. R07 (GLAK)» sowie eine Notiz, um was es sich handelt: *analog devices*. Und eine handschriftliche Bemerkung in englischer Sprache, ohne Unterschrift: «Viel Glück!»

Trons Lehrmeister Walter George hat diese *devices*, sechs an der Zahl, gesehen. Er erinnert sich, dass Boris, zusammen mit Manuel L., «SMD-Miniaturplatinen» vorbeigebracht habe. Das sind elektronische Bauteile *(device)*, die auf der Oberseite *(surface)* einer Leiterplatte direkt ohne Drähte verlötet oder anderweitig befestigt sind *(mounted)*, zumeist in Miniaturausführung.

Analog Devices[104] ist ein weltweit tätiger Konzern, der sich unter anderem auf Halbleitertechnik spezialisiert hat. Das Unternehmen besitzt eine gleichnamige Niederlassung in Israel und produziert die elektronischen Bauteile, die Tron benötigte[105]. Diese *devices* können zu vielen Zwecken verwendet werden, sie verarbeiten auch die Daten von Radaren und Kameras. Manche kosten 500 Dollar pro Stück.

Ray Adams schreibt in einer E-Mail an den Autor auf die Frage, wofür diese elektronischen Bauteile bestimmt gewesen seien: «Dieses Paket, das an Boris geschickt wurde, war total harmlos. Es waren ein paar Chips für seine Diplomarbeit. Er konnte sie nur kaufen, wenn er 100 auf einmal erstand, und da er nur ein paar brauchte, schickte ich sie ihm. Es waren normale Produkte, wie man sie auch im Laden kaufen kann.»

---

104 http://www.analog.com
105 http://products.analog.com/products_html/list_gen_category_tree.html

7 Entschlüsseltes Fernsehen

Im Jahr 1992 tauchte im Internet eine Software auf, die den schönen Namen «The KENtucky Fried Chip» trug. Das Programm hatte nichts mit Hühnern zu tun, sondern mit Abonnementfernsehen in seiner digitalen Variante. Einer der ersten Sender Europas, der seinen Kunden Kanäle per Abonnement anbot («Pay-TV»), war das digitale britische BSkyB[106]. Dazu braucht der Nutzer des Angebots – neben dem Fernseher – ein digitales Empfangsgerät, den Decoder oder «Set-Top-Box», der gemietet oder gekauft werden muss. Das ist ein Rechner, dessen «Eingeweide» einem normalen PC ähneln – er ist ein Computer, der sich auf den Fernsehempfang spezialisiert hat. Von außen sieht der Decoder eher einem Videorecorder ähnlich. Er hat keinen Monitor, weil zur Ausgabe der Daten der häusliche Fernseher dienen soll. Die Set-Top-Box besitzt Schnittstellen (Verbindungen) zur Außenwelt – und ein Modem. Um Abonnementkanäle freizuschalten, muss der Kunde bei den jeweiligen Sendern Chipkarten kaufen. Die werden in das Lesegerät des Decoders gesteckt und geben – über das so genannte *subscription management* – das gewünschte Programm frei. Der Sender kann über Kabel oder über Satellit auf diesen Decoder zugreifen, ohne dass der Kunde das merkt. Wenn er nicht bezahlt, prüft ein Signal des Senders das nach und schaltet die Karte ab.

Das «Kentucky»-Programm trickste das Signal des britischen Senders jedoch aus. Der Programmierer hatte eine Smart Card mit einem – damals noch sehr teuren – Mikrocontroller ausgestattet, der etwas tat, worüber die Anbieter der Abonnementkanäle nicht erfreut waren: Er blockte das ankommende Signal und verhinderte so, dass der Sender die Karte abschalten konnte.

---

106 http://www.skynow.co.uk/home.jsp

Eine englische «FAQ TV-Crypt» *(frrequently asked questions)* im Internet schildert ausführlich die Geschichte der erfolgreichen Versuche, digitales Pay-TV zu hacken.[107] Zum Glück, so schreibt der Autor Markus Kuhn, sei die Software nicht «Kondom-Hack» genannt worden. Diese Metapher beschreibt aber das Prinzip sehr anschaulich, nur dass der «Schutz» nicht aus Gummi, sondern aus Bits und Bytes eines Minicomputers auf einer Plastikkarte besteht.

Solange Pay-TV existiert, gab es Versuche, die Sperren der Anbieter zu umgehen. Ein starkes Motiv für die zumeist jugendlichen Pay-TV-Hacker lieferte unter anderem die Fernsehserie «Star Trek», die seit 1993 im Original im digitalen britischen Pay-TV gesendet wurde. Parallel zur «Star-Trek»-Ausstrahlung wurde im März 1994 eine Software entwickelt, die Sky entschlüsselte: Die Programmierer nannten sie «Season7»[108] oder auch «Omigod» – eine Verballhornung von «Oh my God». Da Boris F. alias Tron ein Fan dieser SF-Filmserie war, kann man vermuten, dass er sich seit dieser Zeit mit dem Thema Pay-TV beschäftigte. Markus Kuhn hatte schon 1993 laut und öffentlich überlegt, wie die mit Videocrypt verschlüsselten britischen Sky-Kanäle dem Publikum auf dem Festland zugänglich gemacht werden könnten.

In Europa gibt es mehrere Verfahren, Fernsehkanäle zu verschlüsseln. In Großbritannien benutzen die Anbieter vorwiegend *Videocrypt*. Davon gab es ursprünglich sogar zwei «Dialekte»: einen für die englischen Zuschauer und einen für die des «Kontinents». Das zweite bedeutsame System wird *Eurocrypt* genannt, das bei skandinavischen Anbietern von Pay-TV-Kanälen beliebt ist. Auch American Forces Radio hat es gekauft. Das dritte System ist *Nagravision*, es wird bei den Sendern Premiere und DF1 eingesetzt sowie bei vielen französischen, spanischen und türkischen Programmen.

107 Pay-TV-FAQ (engl.): ftp://ftp.informatik.uni-erlangen.de/pub/multimedia/tv-crypt/pay-tv-faq
108 ftp://ftp.informatik.uni-erlangen.de/pub/multimedia/tv-crypt/

Diese Verschlüsselungsprinzipien nennt man Hybridsysteme: Die Signale kommen zwar korrekt beim Fernseher des Kunden an, ohne Decoder sieht dieser jedoch nur flimmernde Streifen. Die *Datenschleuder*, die Zeitung des Chaos Computer Clubs, beschreibt[109], wie das bei Premiere funktioniert: Bei *Videocrypt* werde jede Zeile an einer beliebigen Stelle zerhackt und die beiden Hälften vertauscht. Der Decoder weiß, wie er die Zeilen wieder in die richtige Reihenfolge bringen muss. Der «Angriff», referiert die *Datenschleuder*, erfolge «auf rein statistischer Basis»: «Schiebt man jetzt eine Zeile so lange in einer Richtung (wobei man das, was hinten über ist, vorne wieder anhängt), bis sie der vorherigen am ähnlichsten ist... und macht man das für alle Zeilen, so hat man schon mal das Bild rekonstruiert, nur dass es noch irgendwie aus zwei Hälften besteht, die miteinander vertauscht sind. Diese Stelle kann man finden und somit auch das originale Bild wieder herstellen.»

Vor einigen Jahren habe ein Franzose herausgefunden, wie man den Decoder überlisten könne. Er entdeckte, dass der *pseudo random number generator*, das Programm, das Zufallszahlen generiert, die für das Kodieren gebraucht werden, genau 32 768 Möglichkeiten hat. Der Hacker schrieb ein Programm, das blitzschnell alle Möglichkeiten ausprobierte. «Auf einem Pentium II 266 geht Nagra decodieren und Farbe umrechnen 25-mal pro Sekunde, sodass man damit schon vernünftig Premiere gucken kann.»

Nicht immer ist es verboten, sich den Zugang zu einem Fernsehkanal zu verschaffen, der nur für zahlende Zuschauer eines anderen Landes gedacht ist. Einige Kanäle werden durch das landestypische Recht nicht geschützt. In Deutschland ist die Situation eindeutig geregelt, juristisch jedoch etwas kompliziert: Der Decoder braucht Informationen, um die Signale zu entschlüsseln, die auf dem Monitor zu einem Bild zusammengesetzt werden. Die Informationen bestehen aus Algorithmen und dem Schlüssel *(master key)*. Wenn der Benutzer einer illegalen Smart Card den Originaldecoder von

---

[109] Ausgabe 63/98

Premiere benutzt oder der Programmierer einen urheberrechtlich geschützten Algorithmus, dann treffen die Paragraphen 202a StGB[110] zu: «Strafbares Ausspähen von Daten», der Paragraph 265a[111]: «Strafbares Erschleichen von Leistungen», Paragraph 69a des Urheberrechtsgesetzes sowie das Gesetz gegen unlauteren Wettbewerb, das Betriebsgeheimnisse schützt.[112] Die Anwender würden schadensersatzpflichtig nach Paragraph 823 Absatz 2 BGB.[113] Ganz eindeutig ist das jedoch nicht. «Gegen eine Hack-Software, die ohne geschützte Algorithmen auskommt, gäbe es aber wahrscheinlich keine rechtliche Handhabe», schreiben Stefan Jäger und Norbert Luckhardt. Das trifft auch für den «grauen» Markt von Karten zu, die aus ihrem Ursprungsland in andere Länder von den ursprünglichen Käufern exportiert werden.

Teil der digitalen Decoder sind die so genannten *Conditional-Access-Module* (auch CA-Module oder CAM) mit integriertem Smart-Card-Lesegerät, die die komprimierten Daten des Senders entschlüsseln. Die verschiedenen Systeme diverser Hersteller sind nicht kompatibel: Irdeto, das von der südafrikanischen Firma Mindport[114] vertrieben wird, Viacess, Conax und Cryptoworks[115]. Es gibt Digitalempfänger (Receiver) die nur Irdeto unterstützen oder eines der anderen Systeme. Irdeto ist einer der größten Anbieter weltweit. Auf der Internet-Seite des Konzerns heißt es: «Mindport has deployed over 6 million analogue and digital set-top boxes worldwide, produced more than 3,5 million smart cards for digital set-top boxes, and more than 2,5 million interactive systems in consumer homes.»

Einer der schärfsten Konkurrenten der Firma Mindport ist der

---

110 http://www.compuserve.de/recht/gesetze/stgb/p202a.html
111 http://www.compuserve.de/recht/gesetze/stgb/p265a.html
112 Vgl. Stefan Jäger, Norbert Luckhardt: «Premiere entschleiert – Software dekodiert Pay-TV», in: c't 14/98, http://www.heise.de/ct/98/14/032/
113 http://www.compuserve.de/recht/gesetze/bgb/p823.html
114 http://www.mindport.com
115 Vgl. http://www.satshop.com/irdeto.htm

Konzern NDS, vormals News Datacomm. NDS wiederum – der Hauptsitz des Unternehmens befindet sich Großbritannien –, gehört zum Medienimperium News Corporation[116] von Rupert Murdoch – wie unter anderem auch BBC World Services und Fox. Auch bei der Irdeto-Konkurrenz gibt man sich selbstbewusst: NDS «provides end-to-end solutions for digital broadcasting» und «plays a major part for the developing open systems and the international standards for the digital broadcasting arena ...»

Die Situation des digitalen Abonnementfernsehens[117] in Deutschland ist nicht vergleichbar mit anderen europäischen Ländern. Pay-TV steht hierzulande in scharfer Konkurrenz zu zahlreichen freien Fernsehprogrammen. Fünfzehn Jahre nach dem Start des kommerziellen Fernsehens haben sich zwei riesige Blöcke formiert, die den Markt dominieren. Das Nachrichtenmagazin *Der Spiegel* berichtete am 22. März 1999[118] über die gescheiterte Allianz zwischen diesen beiden: dem Medienkonzern Bertelsmann und der Kirch-Gruppe[119]. Bertelsmann stieg aus dem Abonnementfernsehen aus, obwohl, wie der *Spiegel* zitierte, «das Fernsehvorstand Michael Dornemann noch 1998 als wichtigen Wachstumsmarkt ansah». Das Magazin schrieb: «Bertelsmann setzt mit seinem Luxemburger 50-Prozent-Ableger CLT-Ufa ganz auf das werbefinanzierte Fernsehen («Free-TV»).» Leo Kirch übernahm die Aktienmehrheit beim bisher gemeinsam gehaltenen Abonnementkanal Premiere, die CLT-Ufa behielt fünf Prozent der Anteile. Kirch, «der Premiere aus Hamburg verlagern und mit seinem defizitären, viel kleineren Pay-Unternehmen DF 1 (320 000 Kunden) verzahnen will», machte neue Partnerschaften fest. Der italienische Medienzar Berlusconi inves-

---

116 http://www.newscorp.com/
117 Vgl. die Einführung zum Thema von der Medienanstalt Berlin-Brandenburg: «Digital World», http://www.mabb.de/digital/dvb-technik.html
118 http://www.spiegel.de/spiegel/0,1518,15 031,00.html
119 http://www.kirchgruppe.de/

tierte fast eine halbe Milliarde Dollar in eine neue Gemeinschaftsfirma mit Kirch, auch der saudische Prinz Al-Walid, der am Disneyland in Paris beteiligt ist, stieg ein. Bertelsmann glaubt nicht mehr «an die ganz große Zukunft des Abonnentenfernsehens in Deutschland». «Es ist zu einem hochriskanten Glücksspiel geworden», sagte CLT-Ufa-Vorstandschef Rolf Schmidt-Holz dem *Spiegel*.

In Konkurrenz zu dem bisherigen Pay-TV-Konzept hat sich eine Gruppe von mehr als 20 Unternehmen und Institutionen der Medienbranche zusammengeschlossen, um dem Quasimonopolisten die Stirn zu bieten: nicht nur die Landesrundfunkanstalten der ARD, die Medienunternehmen Thyssen Multimedia/Mediagate, sondern auch namhafte Endgerätehersteller. Christiane Schulzki-Haddouti schreibt in der Online-Zeitung *Telepolis*: «Zwar wurden gemäß dem Grundsatz des freien Wettbewerbs auch die Betreiber der digitalen Pay-TV-Sender DF 1 (Kirch) und Premiere (Kirch/Bertelsmann) zur offiziellen Gründungsversammlung Mitte Februar geladen, doch ihr Kommen ist unwahrscheinlich. Erst wenige Tage zuvor hatte Betaresearch, die Forschungs- und Entwicklungsgesellschaft der Kirch-Gruppe, die Programmierschnittstelle ihres proprietären Digitalempfängers d-box offen gelegt. Damit gibt es endlich einen freien Zugang zur d-box-Plattform, neue Anbieter können ihre Anwendungen mit Hilfe eines Entwicklungspakets von Betaresearch selbst programmieren. Das d-box-Kartell aus DF 1, Premiere und der Telekom behält jedoch die Kontrolle der Weiterentwicklung der Plattform in den eigenen Händen.»[120]

Und, als Fazit der neuen Entwicklung: «Technisch wäre es sogar denkbar, dass Premiere oder DF 1 nur mehr eine Einsteckkarte zur Entschlüsselung ihres Pay-TV-Programms anbieten. Die d-box wäre dann nicht mehr nötig.»

---

120 «Kirchs d-box bekommt Konkurrenz», Telepolis 2. 2. 99. http://www.heise.de/tp/deutsch/inhalt/te/1796/l.html

Das Free Universe Network (F.U.N.)[121] fordert «Vielfalt» beim digitalen Fernsehen: «Über das Kabel werden zwar über die Hälfte aller Haushalte in Deutschland erreicht, der Zuschauer kann jedoch weder aus mehreren Empfangsgeräten noch aus unabhängigen Programmpaketen auswählen. Private Netzbetreiber werden derzeit gezwungen, die Programmpakete der Deutschen Telekom zu übernehmen, unabhängige Geschäftsmodelle werden so blockiert.» Auch beim Telefon wünschte sich niemand die «alten monopolistischen Zeiten» zurück. Die F.U.N.-Plattform hofft, dass sich die Situation ab dem Herbst 1999 ändern werde. Dann will Echostar in Deutschland aktiv werden, der weltweit führende Anbieter digitaler Set-Top-Boxen. Hans Op de Laak, Commercial Director der Echostar European Division im niederländischen Almelo sagt laut Pressemeldung der F.U.N.: «Wir haben uns den deutschen Markt sehr gründlich angesehen. In Deutschland bleibt Pay-TV eine Marktnische. Außerdem wird das digitale Fernsehen kein Erfolg, wenn es auf veralteter Technik basiert. Wir setzen darum auf die offene Digitalplattform des Free Universe Network. Es garantiert durch seine Common-Interface-Schnittstellen maximale Offenheit für konkurrierende Pay-TV Angebote.»

Die Zeitschrift *Infosat* widmete ihr Editorial in der Ausgabe vom Juli 1999 dem Thema Pay-TV und resümierte unter der Überschrift: «Spinnt die D-Box?»: Analoge Empfänger konnten von jeder Firma, die das tun wollte, «diskriminierungsfrei» gebaut werden; es gebe für den deutschsprachigen Markt mehr als drei Dutzend FreiSAT-TV-Programme. «Beim Digitalfernsehen wurde das Thema weitgehend innerdeutsch vermurkst, weil vor einigen Jahren Kirch glaubte, in der Lage zu sein, ein inhaltliches und technisches Digital-Bezahlfernseh- und Digitalbox-Monopol errichten zu können. Die Vorstellungen von Kirch konnten am Markt nicht durchgesetzt werden.» Ex-Bundeskanzler Dr. Helmut Kohl habe offenbar seinen Einfluss geltend gemacht, schreibt der

---

[121] http://www.fun-tv.de/

Chefredakteur der *Infosat*, dass die Telekom Kirchs d-box einsetzte. «Ron Sommer tauschte die französische nichtdiskriminierende Digitalverschlüsselungstechnologie aus gegen das diskriminierende Kirch-Beta-d-box-Ungetüm.» Die *Infosat* wirft der «Kirch-Betagruppe» eine «Verwirrungskampagne» vor: «Man wirft mit Nebelbomben und betreibt bewusst Desinformation.»

Die Regulierungsbehörde der USA, die FCC[122], hat verfügt: Am 1. Juli 2000 müssen alle Digitalboxen, die auf den Markt kommen, eine so genannte CICAM-Lösung haben. CICAM heißt: eine Digitalbox mit einem *Common Interface*, einer frei zugänglichen Schnittstelle und einem Slot für die Aufnahme von *Conditional-Access*-Modulen. Diese Methode nennt man Multicrypt. Jeder Hersteller von Decodern kann jede Art von Gerät herstellen und kann frei wählen, welches Verschlüsselungssystem er für die Kunden wählt. Die *Infosat* schreibt: «Da die d-box-Entschlüsselungstechnologie weitgehend auf südafrikanischer Irdeto-Technik basiert und Irdeto beim CAM- und PCMCIA-Spezialisten SCM Microsystems ein CAM-Irdeto-Entschlüsselungsmodul in Auftrag gegeben hat,[123] dürfte es bei gutem Willen bei Kirch-Beta möglich sein, binnen weniger Wochen auch den d-box-Entschlüsselungspart auf solch ein CA-Modul zu bringen.»

Der Vorwurf lautet: «Mit der Diskriminierungspolitik bei der d-box lässt er [Kirch, B. S.] ganz einfach große Marktchancen ungenutzt liegen. Denn ein Technikmonopol schränkt Möglichkeiten ein.» Mit «Monopol» meint die Zeitung: Der Decoder, den der Kunde in Deutschland braucht, um Pay-TV-Kanäle zu entschlüsseln – die d-box – funktioniert nur mit einer bestimmten Technik – der von Irdeto, die in Deutschland von Betaresearch[124] vertrieben wird, einer Forschungs- und Entwicklungsgesellschaft aus der Kirch-Gruppe, die sich laut Eigenwerbung, den Conditio-

---

122 Federal Communications, http://www.fcc.gov
123 http://biz.yahoo.com/bw/990616/ca_mindpor_2.html
124 http://www.betaresearch.de

nal-Access-Technologien (Datenverschlüsselung) und «Systemsoftware einschließlich interaktiver Applikationen für die d-box® Decoder-Plattform» widmet.

Der technische Standard für die Übertragung der digitalen Signale ist MPEG[125], eine Abkürzung für *Motion Pictures Experts Group* – die Expertengruppe, die diese Kompressionsmethode erfunden hat. Das Fernsehsignal, das den mehrsprachigen Ton und den Videotext über Satellit und Kabel verteilt, heißt Digital Video Broadcast (DVB). Die Signale laufen in beide Richtungen – zum Kunden und zum Anbieter. Die Software der Firma Betaresearch ermöglicht es, dass der private Betreiber eines digitalen Senders – zum Beispiel Premiere – nachträglich das Programm ändern kann – ohne dass der Kunde das bemerkt.

Es gibt aber ein Schlupfloch: Man kann die Software, die man legal erworben hat, auf einen Datenträger retten und sie so davor schützen, modifiziert zu werden. Zu diesem Thema gibt es zahlreiche Internet-Seiten, die die passende Software anbieten.[126] Und mit dem Programm DBV98 können alle europäischen Free-to-Air-Sender dekodiert und somit empfangen werden, nicht jedoch die Pay-TV-Sender. DBV98 stammt von einem Hacker mit dem Pseudonym Dr. Overflow. Der Chaos Computer Club informiert ebenfalls auf seinen Internet-Seiten über das «dBox-Backup-Modul-Projekt», es stammte von Boris F. alias Tron.[127]

Der englische Sender BSkyB war einer der ersten Sender, der für Hacker europaweit interessant wurde – und hat somit auch die meisten Erfahrungen gesammelt, wie den Angriffen auf seine Software zu begegnen sei. Man wechselte die Signale, die den Decoder der Kunden kontrollierten, häufig, oft im Rhythmus weniger Wochen.

---

125 MPEG-FAQ: http://www.mpeg1.de/mpegfaq/index.html

126 Vgl. http://pcach3.e-technik.uni-kl.de/softwaretausch.html; http://members.tripod.com/~newmediamaster/stuffff.html; http://www.dominance.net/overflow/

127 http://www.ccc.de/Library/HPA/DigitalTV/index.html

Seit mehreren Jahren müssen die Karten deshalb zu den Schwarzhändlern zurückgeschickt werden, damit diese die Codes erneuern.

Die Fachzeitschrift *à la Card* widmete der Geschichte des Pay-TV-Hackens im Frühjahr 1999 einen ausführlichen Artikel. Die ersten Simulatoren waren «chipkartenähnliche» Platinen mit einem Verbindungskabel, welches an einen PC angeschlossen werden musste. Der PC übernimmt bei dieser Anordnung die gesamte Funktion der Chipkarte.» Darauf folgten Simulatoren, die nur noch dann den PC aktiv werden ließen, wenn der Code durch den Sender geändert wurde. «Der Mikroprozessor, der den Originalchip simulierte, war in diesen Geräten auf der Karte platziert und konnte über den TV-Decoder mit Strom versorgt werden.»

Die Systementwickler waren gezwungen, im Wettbewerb mit den Hackern einen zeitlichen Vorsprung zu erlangen. Dieses Wettrennen ging aus wie jenes zwischen dem Hasen und dem Igel: Auf der Smart Card waren nun zwei Chips: Der erste verwaltete die Schlüssel, der zweite Chip sorgte dafür, dass die Karte nur wenige Wochen gültig blieb. Da illegale Karten einen hohen Gewinn versprachen, scheuten beide Seiten keine Kosten. «Der herkömmliche Mikroprozessor wurde zur Erhöhung der Sicherheit mit einem speziell angefertigten Customer-Chip (ASIC) kombiniert. Doch auch diese Methode wurde bald im wahrsten Sinne des Wortes ‹durchschaut›: Röntgenaufnahmen zeigten den Angreifern, wo sich der zweite Chip im Innern des Moduls befindet, er wurde elektrisch vom Mikroprozessor getrennt, ausgelesen und mittels einer kleinen Zusatzplatine simuliert.»

Die Hacker bemühten sich gar nicht erst, die einzelnen Module der Karten zu verändern. Sie versuchten schlicht, die Signale abzufangen, die sie abschalteten. Das geschieht mit so genannten «Blockern» – Software auf einer modifizierten Smart Card, die dem Decoder vorgaukelt, dass alles seine Ordnung und der Abonnement seine Rechnung an den Sender bezahlt habe. Das Verfahren nennen Hacker «*Man-in-the-Middle*»-Angriff. Dieser Angriff – das Programmieren der Blocker – war eines der Spezialgebiete Trons.

Boris' ehemaliger Arbeitskollege während seines Praktikums, Uwe V., erinnert sich: Die durch einen Prozessor unterstützten Pay-TV-Karten hatten einen Programmspeicher, einen Datenspeicher und eine eigene Stromversorgung. Boris hätte sich eine Karte besorgt, die selbst bei ausgeschaltetem Decoder Sender entschlüsselte. «Die Informationen wurden gespeichert, so lange, bis ein Ergebnis kam. Dann wurde der Schlüssel geknackt, und beim nächsten Mal war der Sender freigeschaltet.»

Der «normale Kunde», so Uwe V., würde eine sichere Karte gar nicht akzeptieren. Der Aufwand, den man treiben müsste, um eine derartige Karte zu verschlüsseln, würde theoretisch den Preis um das Zehnfache erhöhen. Die «intelligenten Karten» wären für einen «kleinen, elitären Kreis, die wissen, dass so was existiert. Die meisten denken, eine Hackerkarte gälte nur für einen Kanal. Dabei sind die für alle.»

Im Sommer 1996 schreibt Boris wieder eine E-Mail an die Mailing-Liste *tvcrypt*. Sie wurde von niemandem korrigiert, es sei der «Originalstil» Trons, meint Markus Kuhn. Kurz zuvor hatte Boris ein komplettes Programm in Form einer Binärdatei dort verbreitet – das führte zu einigem Unmut der Teilnehmer.

Markus Kuhn, der damals die Liste verwaltete, hat den Namen desjenigen, der sich über Tron beschwerte, entfernt. Die Recherche ergab, dass es sich um Jan S. handelte. Einer der anderen Teilnehmer der Mailing-Liste schreibt, dass der «eine relativ bekannte Figur aus der Schweiz» sei, «der damals wohl nicht wollte, dass ‹jeder Depp› die genauen Schaltplandaten des Nagravision-Decoders für die französischen Nagravision-Kanäle hat. Auf der Liste waren aber viele ‹Hobby-Piraten›, die auf diesen Know-how-Austausch angewiesen waren. Jan ist ein Kommerz-Pirat.»

Aus der E-Mail Trons geht auch hervor, dass er die Schlüssel für die Programme des englischen Senders BSkyB «geknackt» hatte. Oliver Kömmerling beschreibt die Methode der Hacker so: «Leute wie Boris scannen die Daten, die in der Smart Card trans-

From: Boris F[...] (s581 001)<s581 001@tfh-berlin.de>
Date: Mon, 24 Jun 1996 14:10:23+0200 (MET DST)
Message-Id: <199606241210.OAA00788@sun16.tfh-berlin.de>

Hallo List,
 i am very impressed about the various and many reactions form my last eMail from 17. 06. 96.

I can not unterstand the bad reaction about my mailing of the ACH130 JEDEC-file. I got this File from a german BBS and it goes already around in BBSs, it is nothing secret. And what about the EPROM-file «NAG6811.ZIP» it is already over 2 month in tv-crypt-list. And nobody blame it.

If some body can DisAsmble the Mach-File, so please do it and send the result to the tv-crypt. Have any one diasasmeble the HC11 code, there must be the keys and the algorithmus of Syster-Nagar-Vision. How know how i can built a Burnner for the MACH130.

I want to exuse me by [...] that i disturbe your tradings. I mean this realy serious. But why you bash me for mailing something what i not developed my self. Have you creaet this Syster-Clone decoder that you wanted to trade?

Now to the VC2-Pic-Code. It is not a dump of the Italian PIC. I have written this code by my self. I spend a lang time with the VC2 System. I do not post the code in to tv-crypt-list. I would excange the code with a smaller group, like the Q-List. For all others: The kerelroutine is exact the same as the BSkyB-VC7, Adult or Season13. The order as the bytes from 0x74-Cmd goes throw the kernel and the calculation of the signatur is the same to. What i know they use only 1 key. They do not change the key with the month-code. The biggest problem of implementation is the timing. As we allready know you have to comunikte with 38k4 baud 8O2. But there are low-pulses in or after the Stopbits. This low-pules do not mean parity-error (like in VC1), instead they means a wait state. The receiver of byte can pull the datawire low to say that he is busy. The transmitter must wait until the datawire is high. You have only a small timeing window for byte-to-byte time, change byte-direction time, answertime and so on. At least you have to XOR 8 Bytes for the 0x78cmd with to first 8 Bytes from last answer of the 0x82cmd.

If some body want to reactivate there orginal VC2 card, i can only offer that you send me the first 27 byte of the message that you want to send to your card (a switch-on-command of curse) and i calulate the signatur for you.

Now some thing about the VC2 Chipset for VC1 Decorders I have got the dump of the VC2 IW03 Chip (MC68705R3). It is not may work. I have develpot a Programmer for the MC68705R3 and i have develpopt my own circut and pcb for the switching borad VC1/VC2. For the IW05 i use the dump from the tv-crypt. I am searching for the binary dump of the IW03 from VC1. Or have any body some thing about the new chipset.

Back to the Clone C + decoder. There is some thing misterous with a Datawire from the TDA8702 pin 3. On the diagram in AI-format. This dataline goes only to the RAM, but all other 7 Datalines geos to the MACH130 (only not D2). Why? Maybe error in the AI-diagramm. And why the Decoder need so much (128k byte) RAM for the HC11?

I thank [...] for the mail about the 0x7Ecmd. Thanks to [...] for to suporting eMail and please install the Q-List.

Bye
TRON (Boris F[...])

portiert werden, mit einem so genannten Sniffer. Die Hacker konstruieren eine Art Adapter, der vor die Karte gebaut wird. Der Sniffer kontrolliert die Daten, die vom Decoder zur Karte und umgekehrt laufen.» Mittels eines Terminalprogramms könne man die Daten – ausschließlich Nullen und Einsen – sichtbar machen. Die ersten Indizien, die die Hacker untersuchten, um herauszufinden, um welche Daten es sich handelte, seien statistische Unregelmäßigkeiten in den Datenströmen. Kömmerling: Sky sei schon immer gehackt worden. Damals sei das juristisch nicht fragwürdig gewesen, da es in Deutschland nicht verboten war, englisches Pay-TV zu sehen. «Man musste nur jemanden haben, der einem eine Originalkarte überließ.» Jetzt arbeite BSkyB mit der sichersten Methode von allen, weil der Sender für jedes einzelne Land eine eigene Software-Lösung programmieren lasse.

Die englischen Sender benutzen nicht das Irdeto-Verschlüsselungsverfahren wie das deutsche Pay-TV, sondern das des Unternehmens NDS. Die Fachleute des Konzerns waren schnell darüber informiert, dass in Berlin ein begabter Hacker lebte, der ihre Produkte zu analysieren versuchte. Markus Kuhn schreibt in einer E-Mail: «NDS (damals hießen sie noch News Datacom) war stets bemüht, gute Leute aus der Pay-TV-Szene anzuheuern, und da haben sie natürlich auch mit Boris Kontakt aufgenommen.»

Die israelische Zeitung *Yedioth Ahronoth* schrieb – im Zusammenhang mit Boris' Tod –, der englische Sender BSkyB sei der größte Kunde der Firma NDS. Deren Niederlassung in Israel residiere in Har Chotzvom in Ost-Jerusalem und arbeite seit über zehn Jahren dort. Die Firma verrate keine Einzelheiten über ihren Umsatz, doch werde er auf Dutzende von Millionen Dollar im Jahr geschätzt. Das Unternehmen beschäftige 1300 Mitarbeiter, davon 700 Entwickler. Der Präsident der Firma sei Dr. Abe Peled, ehemals Leiter der Entwicklungsabteilung von IBM. Yossi Zurya diene als technischer Offizier und als Generaldirektor. Zurya wäre in seinen jungen Jahren im jüdischen Untergrund in einer Terrorgruppe aktiv gewesen und auch verhaftet worden. Im «Krieg der

High-Tec-Leute» würde die Firma als «rechtsorthodoxe Jerusalemer Gang» bezeichnet. Der Löwenanteil ihrer Mitarbeiter seien Einwanderer aus den USA, die die Kippa trügen – das Zeichen für eine sehr fromme Einstellung. Die Produkte der Firma basierten auf Algorithmen, die Wissenschaftler des Weizman-Instituts entwickelt hätten, insbesondere Professor Adi Shamir, der früher am Unternehmen beteiligt war.[128] Shamir arbeite gelegentlich noch als externer Berater für die Firma.

Markus Kuhn schreibt am 8. Juni an den Autor: «Im Videocrypt-System wird der Fiat-Shamir-Algorithmus eingesetzt, auf den Shamir ein Patent hat ... Die Fiat-Shamir-*secret keys* von Videocrypt sind inzwischen öffentlich bekannt und befinden sich zum Beispiel im Source Code meiner Season7.3.2-Software. Auch einige der anderen Algorithmen, die in den Chipkarten zum Einsatz kamen, wurden von Shamir und Kollegen entwickelt.»

Kuhn schreibt weiter, er habe gehört, dass Yossi Zurya «eine Vergangenheit bei einer pyrotechnisch veranlagten fundamentalpolitischen Gruppierung» hatte. Er sei «promovierter Mathematiker (Mathefernstudium im Knast), war, als ich ihn kennen lernte, Chief Scientist bei News Datacom, und ist inzwischen scheinbar im Management tätig. Eigentlich ein recht umgänglicher Mensch.»

Die Recherche ergab, dass NDS über das, womit Boris F. sich beschäftigte, eingehend und exakt informiert war. Es muss auf die Rechercheure von NDS beruhigend gewirkt haben, als sie herausfanden, dass der Berliner Hacker sich nur den Produkten der Konkurrenz widmete.

Ray Adams, der Kontaktmann zu Tron, schreibt an den Autor: «Ja, ich war bei Scotland Yard und ich bin sehr stolz auf eine Karriere, die auf Integrität basiert.» Er habe sich mit Boris einmal im Berliner Hotel «Kempinski» getroffen. Boris' Eltern wollen auch

---

128 Ronald Rivest, Adi Shamir und Leonard Adleman sind die Erfinder der asymmetrischen Verschlüsselung. Vgl. das vorherige Kapitel zum Thema RSA.

von einem zweiten Treffen im damaligen «Hilton» gehört haben. Adams: «NDS bot Finanzierung des Universitätsstudiums und mögliche spätere Einstellung an. Das ist normale Geschäftspraxis.» Und: «Abgesehen davon, dass ich einen sehr talentierten jungen Mann mochte, hatte ich kein Interesse ... Es wurden einige sehr dumme und unwahre Dinge über NDS und Boris geschrieben, und ich habe nicht die Absicht, zu so einem Unsinn beizutragen.» Am 8. August 1999 schreibt Adams: «Meine persönliche Ansicht ist, dass, falls Boris Selbstmord begangen hat, er unter sehr großem Druck gestanden haben muss.»

Markus Kuhn urteilt über die Versuche von NDS, Boris für sich einzunehmen: «Und auch als Boris nicht fest für sie arbeitete, blieben sie mit ihm in Kontakt und haben ihm zum Beispiel Chips zur Verfügung gestellt, die eventuell besser geeignet waren als die, die er in seiner Diplomarbeit verwendet hatte, wohl in der Hoffnung, dass er nach einiger Zeit informellen Kontaktes doch noch Interesse an einer Zusammenarbeit entwickeln würde.»

8 Der Irdeto-Hack

Was ist in jenen Tagen vor Boris' Tod geschehen? Mit wem hat er gesprochen, und womit hat er sich beschäftigt?

Am 20. Oktober 1998 – Boris F. ist seit drei Tagen verschwunden – haben zwei Personen miteinander telefoniert, die sich, aus unterschiedlichen Gründen, im Piratenkarten-Milieu sehr gut auskennen. Eine von ihnen muss anonym bleiben, die andere ist ein Händler mit dem Pseudonym «Joy» aus Belgien[129]. Da noch niemand wusste, warum Boris verschwunden war, wucherten die Spekulationen. Sollten bulgarische Hacker von Pay-TV-Karten eine Rolle spielen? Oder hielt die deutsche Polizei Tron fest, um ihn zu verhören?

Joy behauptet, «die Bulgaren» hätten kein Interesse daran, gegen Hacker wie Tron etwas zu unternehmen – er kenne die persönlich. Er vermutet, die Berliner Polizei habe Boris verhaftet und verhöre ihn, um zu einem großen Schlag gegen die Szene auszuholen. Er habe mehrfach Software von Tron gekauft, über einen Mittelsmann und dessen Firma, «von Andreas aus Berlin». Er kenne Tron von ein paar Telefonaten, habe aber alle Geschäfte nur mit der Firma von Andreas H. gemacht, «weil Boris ewig im Stress war ... Ich glaube eigentlich nicht, dass er entführt wurde.» Boris und Andreas H. hätten allerdings nicht nur an ihn Software verkauft, sondern, jedenfalls im Falle von so genannten Blockern, die Tron entwickelt hatte, an einen ziemlich großen Kreis. Zum Schluss habe Boris alles über Andreas abgewickelt. Er selbst habe Software für 3000 bis 3500 Mark von ihm bezogen. Und er wisse nicht, wie viel Tron eigentlich von dem Geld gesehen habe.

---

129 http://eurosat-electronics.com/

Dann folgt ein merkwürdiger Satz: Er, Joy, habe am Sonntag bei Andreas H., dem Geschäftspartner Trons in Berlin, angerufen. «Er sagte: Ich kann nicht sprechen, die Luft brennt, ich soll in sechs Monaten wieder anrufen ...»

Offenbar hatte Boris F. kurze Zeit vor seinem Tod ein spezielles Programm fertig gestellt. Das geht aus dem Gespräch hervor, und davon weiß Joy. Es wurde ihm schon einige Wochen vor dem Verschwinden angeboten. Er habe es gekauft, und die Software sei schnell auf verschiedenen Internet-Seiten in ganz Europa angeboten worden. Es gehe aber nicht um finanzielle Beträge, die in irgendeiner Weise relevant seien.

Joy fragt seinen Gesprächspartner: «Kennst du K[...]? Da sind sie vor drei Tagen gewesen, haben alle Software beschlagnahmt, Computer und so. Das sehe ich auch im Zusammenhang mit Tron. Ich weiß nicht, was ich von der ganzen Angelegenheit halten soll. Der H. war so hektisch am Telefon. Beim Telefon von Tron tut sich nichts ... Es bringt auch nichts, wenn du jetzt herumtelefonierst. Mehr, wenn man übers Internet fragt, wer ihn zuletzt gesehen hat. Über Videocrypt [Mailing-Liste].»

Offenbar vermutet der Piratenkarten-Händler, man sei ihm und anderen auf der Spur. Aber er fügte beruhigend hinzu: «Ich habe keine Angst, ich sitze in Belgien. Man kann nur abwarten, was sich da ergibt. Welches Interesse sollte die Polizei haben, nach Belgien zu kommen? Wenn ich wüsste, dass die zu mir in die Firma kommen, würde ich die Festplatten formatieren ...»

In diesem Gespräch teilt Joy Details über einen anderen Geschäftsmann mit, der auch mit Boris F. und Andreas H. in Kontakt stand und ebenso stark an der ominösen Software interessiert war. Joy weiß, dass er in Bremen eine Art Herrenhaus bewohne, sehr reich sei und viel mit Tron «zusammengehangen» habe. Er habe auch ihm, Joy, mal Dinge angeboten, die von Tron kamen. Ich habe Tron angerufen, gesagt, pass auf – der linkt dich ab. Der war mir sehr, sehr unsympathisch, der Typ.» Dieser Mann, nennen wir ihn KMD[130], sei ziemlich bekannt in der Szene, jeder habe schon mal von ihm gehört. «Der hat mir gesagt, bei Tron kann er Dinge für einen Zehner entwickeln lassen. Und die Jungs [Boris F. und Andreas H.] wären zu doof, um mit den Dingern richtig Kohle zu machen ...»

Er, Joy, sei damals auf der Suche gewesen nach einer Software, um Kartenleser so zu programmieren, dass sie zwei Chipkarten gleichzeitig verwalten konnten. Der geheimnisvolle KMD habe sie ihm angeboten im Tausch für zehn «BPSCs» *[Battery-Powered Smart Card]*. Das angebotene Programm stammt ebenfalls von Tron. KMD sei in den letzten zwei Jahren immer wieder einmal aufgetaucht. «Immer wenn Sachen gekommen sind, die nicht publik werden sollten, wurde gesagt: Die hat [KMD] schon ...»

Boris habe sich für finanzielle Dinge nicht interessiert. «Er sagte: Geld interessiert mich nicht. Ich sollte mich an Andreas wenden. Ich habe immer mit dem verhandelt.» Und der sei «der Abzocker gewesen», Tron hingegen «eine hundert Prozent ehrliche Haut».

Am Donnerstag, dem 22. Oktober 1998, wurde Tron tot aufgefunden. Die beiden Herren telefonieren noch einmal miteinander und umrätseln den Fall weiter. KMD jedenfalls, so vermutet Joy, habe mit dem Tod Trons nichts zu tun. Er stehe wohl auch nicht direkt mit der Szene der illegalen Kartenhändler in Verbindung: «Der [KMD] ist ein Geschäftsmann. Ich denke nicht, dass der in diesem Milieu verkehrt ...»

Boris hatte also, darum dreht sich das Telefonat, in den Monaten vor seinem Tod Software zum Freischalten von Pay-TV-Sendern verkauft, so genannte «Blocker», vermittelt über seinen Freund Andreas H. und dessen Firma. Sowohl Joy aus Belgien als auch KMD waren Kunden und haben Software von Boris F. bezogen. Ging es noch um die Blocker? Oder gab es andere, weniger harmlose Software? Lässt sich aus der Art dieser Programme, die Tron

---

130 Der Name ist dem Autor bekannt. Um unerquickliche juristische Verwicklungen zu vermeiden, sei hier nur das Kürzel KMD gebraucht.

geschrieben hat, ein mögliches Mordmotiv ableiten oder ein Grund, ihn erheblich unter Druck zu setzen?

Der Hack – eine E-Mail-Korrespondenz

Boris F. hat nur mit drei Personen über dieses Thema erschöpfend geredet. Diese drei Männer sind Teil der Hacker-Szene, die sich auf die Analyse von Chipkarten spezialisiert hat. Es handelt sich um «Dr. Overflow» aus Südwestdeutschland, «KC» aus dem Raum Bonn und «MrIce» aus Bayern.

Am 6. Juni 1998 war «KC» ein Fehler in der Karte des Irdeto-Systems aufgefallen. Er diskutierte damals seine Entdeckung per E-Mail mit mehreren anderen Chipkartenexperten, unter anderem mit Tron, «Dr. Overflow» und «MrIce». Dieser «Hack» sollte für Tron in den letzten Tagen seines Lebens sehr wichtig werden. Die Korrespondenz des Autors mit den drei Hackern (per verschlüsselte E-Mail) wird hier ausführlich wiedergegeben, da sie trotz des komplizierten Themas in gebotener Kürze die relevanten Details verständlich macht.

Einer der am «Hack» mittelbar Beteiligten erläutert den gefundenen Fehler so: Der Datenstrom, der zwischen dem Sender und dem Empfänger eines Fernsehprogramms fließe, besteht aus «Video, Audio, Videotext, Informationen für die Smart Card zur Entschlüsselung des Kanals und Sonderinformationen wie der Programm-Guide.» Die d-box transportiere die Daten durch das so genannte CAM *(conditional access module)*. Dort werden die Informationen für die Smart Card herausgefiltert und an diese geschickt. Die Smart Card antwortet, ob alles seine Ordnung hat. «Mit diesen Antworten kann das CAM dann die verschlüsselten Video- und Audiodaten entschlüsseln, und an den MPEG2-Decoder weiterleiten. Dieses CAM, das aussieht wie eine PCMCIA-Karte für Laptops[131], besitzt unter anderem einen eigenen Prozes-

---

131 PCMCIA: http://www.ksk-tuebingen.de/tre/pc/npcmcia.html

sor und Speicher, und das ist die einzige Instanz in der d-box, die mit der Smart Card kommuniziert.»

«MrIce» schreibt an den Autor über die Details des Hacks: «Irdeto-Karten – wie die meisten anderen Pay-TV-Smartcards – verstehen eine Reihe von Befehlssequenzen, mit denen man z.B. Kanal-Bouquets ein- und ausschalten kann, also z.B. Df-1, Premiere 1–3 oder ein Pay-Per-View-Event, sagen wir den Titanic-Film oder Ähnliches. Damit sich aber nicht jeder einfach *selbst* Kanäle freischalten kann, wird an viele Befehlssequenzen eine ‹Signatur›, bestehend aus vier oder mehr Byte, angehängt. Das Verfahren, diese Signatur zu erzeugen, ist dem Sender und der Karte natürlich bekannt, bleibt aber geheim, damit Angreifer eben keine Karten selbst ‹einschalten› können. Die Signatur wird aus den Bytes der Befehlssequenz erzeugt. Ändert man zum Beispiel die Seriennummer in der Sequenz, um seine eigene Karte zu adressieren, müsste man auch die Signatur neu berechnen, da diese nun nicht mehr zur vorangehenden Befehlssequenz passt. Befehle ohne gültige Signatur werden von einer Karte abgewiesen.

Bei Irdeto hatte man nun, sei es durch Dummheit oder einfach Schusseligkeit, einen ungeschützten Befehl in den Karten gelassen, der einem erlaubt, *nachträglich* nach einer missglückten Befehlssequenz (Karte quittierte die Sequenz mit ‹falsche Signatur›) vier von fünf Byte der Signatur zu erfragen. Das heißt nun, dass man zur Fälschung einer solchen Signatur anstatt der 2^{40} Möglichkeiten nur mehr $2^8=256$ durchprobieren muss! Und damit kann man sich dann selbst Kanäle, die man nicht abonniert hat, einfach anschalten, ohne zu bezahlen.

Ein weiteres Problem betrifft die Tatsache, dass sich Sequenzen, die das Abschalten von Karten betreffen, einfach aus dem Datenstrom an die Karte aussortieren lassen, ohne die Dekodierung des eigentlichen Programmes zu beeinträchtigen. Auch das hat Tron als einer der ersten erkannt und mit einem ‹Blocker› dann realisiert, der solche Befehlssequenzen filtert und damit die Karte am Leben erhält.

Diese beiden Beispiele zeigen schon, dass Irdeto mehr Lücken und Löcher hat als ein Schweizer Käse (und es gibt noch *einige* mehr). Bei den ‹knack-erfahrenen› Hackern der Sky-07-0A-Ära, zu denen auch Tron gehörte, ist so was natürlich tödlich.»

Und, in einem weiteren Brief, der Details erläutert: «Der Programmspeicher des CAMs mit dem gesamten Betriebsprogramm für den ST9-Prozessor war leicht auslesbar und wurde daraufhin analysiert, was zur Entdeckung des ersten und wichtigsten ‹Lochs› im Irdeto-System führte. Mittlerweile wird dieser Hack sogar für Irdeto-Australien verwendet. Ein wahrlich armseliges Zeugnis ...»

«MrIce» fügt aber hinzu, dass die «neueste Serie» die Signatur nicht mehr zurückschicke. Damit wäre der ursprüngliche «Hack» hinfällig. «Aber wie so oft: Wenn man erst mal einen Fuß in der Tür hatte, funktioniert meist was anderes, um auch auf neuen Karten Kanäle und Bouquets freizubekommen.» Nur der wahre Entdecker des Fehlers in der Karte habe davon gewusst, dann Boris, er selbst und «noch einer aus Berlin», womit vermutlich Andreas H. gemeint ist. «Ich telefoniere aber gelegentlich mit Boris und dann auch mit dem Erfinder, meist um zu tratschen.»

KC, der Hacker aus Bonn, legt Wert darauf, dass er der «Erfinder» ist. Er schreibt: «Nein, der ‹Irdeto-Hack› stammt von mir. Ich habe meine eigene Software niemals rausgegeben. Ich habe Boris aber erzählt, wie der Trick funktioniert, und er hat daraufhin seine eigene Software geschrieben (die Originalversion von Irdeto 98), um sie an Joy zu verkaufen. Die ist auch die *einzige* Software, die von meinem Hack abstammt. Ich mache hier also einen Unterschied zwischen dem ‹Hack› und der Software, die aus diesen Erkenntnissen geschrieben wurde. Ich wollte nämlich niemals, dass irgendetwas darüber an die Öffentlichkeit gelangt, da meine Motive keine finanziellen waren.» Er habe Boris «unmissverständlich» zu verstehen gegeben, dass er, KC, nicht daran interessiert sei, «dass damit Geld gemacht wird.»

Tron nannte das Programm, seinen persönlichen Irdeto-Hack, «Pro_01.exe». Eine zweite Version folgte. Der Name steht für «Provider 01» und meint das Programm, «das den Hack ausführt». «MrIce»: «Schaltet auf 'ner d-box die Kanäle ein.» Es habe nur wenige gegeben, die ähnlich schnell wie Boris waren, wenn es drum ging, eine Software für Chipkarten zu schreiben. Tron habe nicht «hart» arbeiten müssen: «Denn als die Idee bekannt war, war es ein Kinderspiel.» Natürlich müsse man immer das Grundwissen für diese Art «Hacks» mitbringen. «Ist ja 'ne Sache von zwei Stunden in C, wenn man weiß, wie man es machen muss.» Einer der Händler, die später Trons Programm verkauften, schreibt: «Tron's (may he RIP[132]) original Irdeto 98 programs Pro_01.exe and Pro_02.exe will only work in DOS at 6MHz. They have limited capability but are virtually idiot proof.»

Tron teilte den anderen drei Hackern mit, während er sich mit den Details der Software vertraut machte, dass er mit jemandem «aus den Benelux-Staaten» Kontakt hatte. Das «CAM-Listing» – die Liste der Befehle innerhalb eines *conditional access module* – sei in holländischer Sprache dokumentiert gewesen, erinnert sich «MrIce».

```
66E4 47D3000E    ADDW   nr2,#14;        res+14res51
66E8 BFD6C8D1    LDW    rr6,#51 409
66EC 8FC10 008   PUSHW  #8;             van laatste 8 res[14+8]
66F0 E306        LDW    rr0,rr6;        naar C8D1
66F2 D2A9A4      CALL   LA9A4;          copy 8
66F5 47EF0002    ADDW   RR238,#2
66F9 BFD2B6DD    LDW    rr2,#46 813;    key=B6DD
66FD E306        LDW    rr0,rr6;        data=C8D1
66FF D23FB3      CALL   L3FB3;          decrypt
6702 1C01        LD     rl,#1
```

---

132 requiscat in pace – möge er ruhen in Frieden.

```
6704 D2A1BA     CALL    LA1BA;          memory management?
6707 86FDFED0   LDW     rr0,254(rr12);  response ptr
```

Der «Erfinder» des Hacks stellt das richtig. Auf die Bitte, den obigen Quellcode, der laut «MrIce» von Boris stammte, zu interpretieren, schickt er eine ausführliche Expertise über den gesamten Verlauf der Aktion. Diese Analyse in leicht veränderter Form, der Verständlichkeit halber geringfügig gekürzt:

«Das ist ein Auszug aus dem disassemblierten Listing des CAM. Ich erkläre: Das CAM ist ein Steckmodul in der D-Box, das sich um die Kommunikation zwischen der D-Box und der Smartcard kümmert. Die D-Box bekommt die verschlüsselten digitalen Signale über Satellit. Diese werden dann von dem CAM und der Smartcard entschlüsselt. Das Signal wird aber nur entschlüsselt, wenn die Karte die richtige ‹Antwort› gibt auf ‹Fragen›, die ihm das CAM stellt.

Damit die Karte richtig antwortet, muss sie freigeschaltet werden. Das macht normalerweise der Programmanbieter, in diesem Fall Premiere oder DF1. Die Karte wird mit einer gewissen Sequenz von Bytes (Befehlen) freigeschaltet.

Damit nun nicht jeder diese Befehle an die Karte schicken kann und seine Karte benutzen kann, ohne ein offizielles Abo beim Anbieter zu beziehen, haben sich die Kartenentwickler die Signatur ausgedacht.

Diese Signatur folgt jedem Freischaltbefehl. Sie ist eigentlich eine Art Checksumme, die prüft, ob der Freischaltbefehl authentisch vom Anbieter kommt und nicht unberechtigterweise von jemandem verändert wurde. Die Karten haben alle eine Seriennummer. Wenn zum Beispiel der Programmanbieter DF1 die Karte von Herrn X freischaltet, schickt er eine Byte-Sequenz über Satellit an die Karte, die Folgendes beinhaltet:

– *Kartenseriennummer von Herrn X*
– *Freischaltbefehl*
– *Signatur.*

Die Smartcard bekommt jetzt diesen Befehl und prüft intern, ob die Signatur stimmt oder dieser Freischaltbefehl manipuliert wurde. Stimmt die Signatur nicht, so lehnt die Karte den Freischaltbefehl ab, und es passiert gar nichts.

Nehmen wir mal an, Herr X kennt Herrn Y, der auch eine Karte hat. Er sagt ihm: ‹Hallo Y – meine Karte ist gestern mit diesen Befehlen freigeschaltet worden, probiere doch, ob sie auch deine Karte freischalten!›

Sollte jetzt Herr Y versuchen, seine Karte selbst freizuschalten, würde er versuchen, folgende Byte-Sequenz an die Karte zu schicken:

– *Kartenseriennummer von Herrn Y*
– *Freischaltbefehl*
– *Signatur.*

Hier beginnen für Herrn Y aber die Probleme: Weil er seine eigene Kartenseriennummer in die Byte-Sequenz eingesetzt hat, stimmt die Signatur (Checksumme), die er von Herrn X hat, nicht mehr, und seine Karte verweigert die Freischaltung.

Grob erklärt, wird die Signatur so berechnet:

[Kartenseriennummer + Freischaltbefehl] → *geheimer Algorithmus* → *Signatur*

Die Bytes der Seriennummer und des Freischaltbefehls werden durch einen geheimen Algorithmus gefüttert. Das Resultat dieser Berechnung ist die Signatur – bei Irdeto ist diese fünf Byte lang.

Wird jetzt auch nur ein Bit der Kartenseriennummer oder im Freischaltbefehl verändert, ändert sich die Signatur total – dafür sorgt der geheime Algorithmus. Durch diese Maßnahme kann jemand, der das System angreift, niemals eine Verbindung oder Gesetzmäßigkeit zwischen der eingegebenen Kartennummer und der Signatur herausfinden, um sich so eine Freischaltsequenz für seine eigene Karte zusammenzustricken.

Mein erster Angriffspunkt war damals die Signatur. Ich versuchte irgendwie herauszufinden, wie der geheime Algorithmus aussieht, der diese Signatur berechnet. So wäre ich dann in der

Lage gewesen, jede Karte mit jeder beliebigen Seriennummer freizuschalten. Ich habe also versucht, mehr Infos über das CAM zu bekommen. Ich erhoffte mir, dadurch etwas über diesen Algorithmus in der Software des CAMs zu finden.

Du musst dir das so vorstellen: Das CAM, dieses kleine Modul, ist ein selbständiger kleiner Computer, der auch ein Betriebssystem braucht, um zu funktionieren und um mit der Smartcard zu kommunizieren. Dieses Betriebssystem ist in Form einer Software auf einem EEPROM innerhalb des CAMs gespeichert. Diese Software kann von jedem, der sich ein bisschen in Elektronik auskennt und mit einem Lötkolben umgehen kann, aus dem EEPROM ausgelesen werden, da dieser Baustein überhaupt nicht gegen Auslesen geschützt ist.

Das ist jedoch nur der erste Schritt. Wer einen Speicherbaustein ausliest, hat die Daten nur in binärer Form vorliegen, d.h. nur Zahlen, aus denen man nichts erkennen kann. Die einzige Möglichkeit, aus diesen Zahlen einen lesbaren Code (mit Befehlen usw.) zu machen, ist, diese Zahlen mit einem so genannten ‹Disassembler› in ein Listing umzuwandeln.

Das war damals auch ein Problem. Ich hatte zwar die Software des CAMs in binärer Form, konnte sie aber nicht umwandeln, da ich keinen Disassembler hatte und der auch nirgendwo erhältlich war.

Irgendwann bekam ich eine Mail von Dr. Overflow, in der er schrieb, dass er jemanden kannte, der die CAM-Software schon in disassemblierter Form hatte. Ein paar Tage später hatte ich nun das Listing dieser Software und freute mich natürlich, da ich endlich anfangen konnte zu ‹arbeiten›.

Ich wusste damals noch nicht, dass Dr. Overflow dieses Listing von Boris bekommen hatte. Er sagte, ich solle es für mich behalten, was ich dann auch tat.

Was du oben siehst, ist ein Ausschnitt dieses CAM-Listings. Derjenige, der es geschafft hat, die binäre Software zu disassemblieren (ein Holländer), hat sie, wie du siehst, teilweise auch kommentiert. Das ganze Listing ist übrigens ein 800 KB langes Textfile.

Ich habe später, als ich Boris kannte, ihn mal darauf angesprochen und ihm gesagt, er solle sich doch noch mal mit diesem Holländer in Verbindung setzen, da dieser uns bei unserer Recherche über das Irdeto-System mit Sicherheit sehr hilfreich sein könnte. Ich hatte aus den Listing-Kommentaren herauslesen können, dass es sich um jemand handelte, der recht clever war und wusste, wovon er sprach.

Boris sagte mir, dass er die E-Mail-Adresse dieser Person nicht mehr habe, er aber noch danach suchen werde. Als sich nichts tat, habe ich Boris noch mal eindringlich darum gebeten und ihm gesagt, dass diese Person ziemlich wichtig sein könnte. Daraufhin sagte er mir, er werde noch mal nach der Adresse schauen. Es sei für ihn aber ohnehin sehr schwer, in Englisch zu kommunizieren.

Ich habe niemals erfahren können, wer diese Person ist. Ich kenne zwei ziemlich bekannte holländische Smartcard-Hacker. Von denen wusste aber auch keiner, von wem dieses Listing stammen könnte.

Zurück zur Signatur: Ich begann dieses Listing zu analysieren, um vielleicht etwas über die Signaturberechnung und deren Algorithmus rauszufinden, hatte aber nicht allzu viel Glück. Ich habe dann im Listing geschaut, welche Befehle das CAM an die Smartcard schicken kann, und habe diese dann alle ausprobiert. Dabei fand ich einen Befehl, der die Karte veranlasste, einen Teil der korrekten Signatur auszugeben (vier von fünf Bytes, um genau zu sein). Geboren war der Irdeto-Signatur-Hack!

Ich konnte nun jede beliebige Karte nehmen, einen Freischaltbefehl schicken und mir anschließend von der Karte die korrekte Signatur für diese Kartennummer samt Freischaltbefehl zurückgeben lassen. Das waren zwar nur vier der fünf gewünschten Bytes, aber das letzte Byte brauchte ich dann nur noch von 0 bis 255 durchzuprobieren und warten, bis die Karte diese Signatur akzeptierte.

Das ist, als würdest du ein Fahrradschloss mit fünf Ziffern knacken wollen, von denen du schon vier kennst.

Die Leute, die die Irdeto-Karten entworfen haben, sind selbst schuld, wenn sie eine solche Hintertür in der Software der Smartcard nicht sperren. Und wenn ich nicht darauf gekommen wäre, hätte es mit Sicherheit irgendjemand irgendwann herausgefunden.

Auf jeden Fall kannst du davon ausgehen, dass dieser Fehler DF1 und Premiere um viele Abonnenten und sehr viel Geld gebracht hat. Davon sind übrigens nicht nur die deutschen Provider betroffen, sondern alle, die Irdeto-Karten benutzen (Canal+ aus Holland, Telepiu Italien usw.).

DF1 und Premiere haben dann ein paar Monate später reagiert. Sie brachten neue Karten heraus (die 8000er und 9000er), bei denen dieser Befehl nicht mehr möglich war. Man konnte die Signatur nicht mehr von der Karte bekommen. Für diese Karten gibt es aber inzwischen auch schon einen anderen Hack, mit dem ich aber nichts zu tun habe.»

Was ist also geschehen? Boris hat anhand der Informationen, die er von KC erhielt und die er auch mit Dr. Overflow diskutierte, eine Software programmiert, die Pro_01.exe, die einen damaligen Fehler der Irdeto-Karte benutzte, um Fernsehkanäle freizuschalten. Offenbar plante er, diese Software nur an Joy aus Belgien zu verkaufen. Einige Leute wussten davon, unter anderem Dr. Overflow, mit dem er in engem Kontakt per E-Mail stand. Tron fuhr im Sommer nach Kroatien und kehrte erst Anfang September zurück.

Dr. Overflow erhielt aus dem Internet per E-Mail die besagte Software, die Pro_01.exe, und analysierte sie. Sie leistete genau das, wozu auch Trons Programm in der Lage war. Am Freitag, in der Nacht vor seinem Verschwinden, telefonierte Tron mit Dr. Overflow. Boris habe herausgefunden, erinnert sich der, dass die Software, die im Internet die Runde machte[133] und gratis angeboten

---

133 Vgl. http://www.hisat.de/hacker/

wurde, von ihm stammte. Nicht nur das Programm, sondern auch die genaue Analyse des Fehlers und konkrete Tipps, wie die Karte freizuschalten war, waren nun jedem Interessierten zugänglich. Boris konnte daher weder damit Geld verdienen noch den Ruhm einheimsen, der Entwickler des Irdeto-Hacks zu sein. Noch heute gilt er aber im Internet unter den Piratenkarten-Händlern als der Urheber der Aktion.[134]

Dr. Overflow schreibt einige Wochen später an einen Freund: «Die Bullen sollten sich in der Tat mal lieber Boris' Bekanntenkreis näher ansehen. Ganz offensichtlich wurde seine halbe Festplatte hinter seinem Rücken für teures Geld verscheuert – und zwar, als er noch lebte. Ich habe mich Freitagnacht, bevor er verschwand, lange mit ihm darüber unterhalten.»

KC schreibt über diese Software: «Wie konnte Boris merken, dass es sich um seine Software handelt? Wie du weißt, habe ich später Boris erklärt, wie man Karten freischaltet. Da ich mich aber noch nicht so gut mit dem Irdeto-System auskannte, habe ich ihm auch Informationen gegeben, die für die Freischaltung der Karte unnötig waren (innerhalb dieser Freischalt-Byte-Sequenz). Es ging da um eine gewisse Byte-Folge (zu deiner Information: CB 20 gefolgt von 32 mal FF), von der ich anfangs dachte, sie wäre sehr wichtig. War sie aber nicht.

Bevor ich das Boris aber erklären konnte, war seine Software schon fertig – und diese Byte-Sequenz war auch mit drin. Als er nun diese Software, die im Umlauf war, sah, analysierte, erkannte er diese gewisse Sequenz, die nur von ihm (bzw. mir) stammen konnte. Und da ist ihm wohl ein Licht aufgegangen.

Diese Art redundanter Information kann man fast wie einen Fingerabdruck benutzen, wenn man seine eigene Software erkennen will. Jemand, der die Software von jemand anderem stiehlt und keine Ahnung hat, was er da macht, wird zwar versuchen, diese so zu verändern, dass der Originalautor seine eigene Software nicht

---

134 Vgl. http://powerhack.virtualave.net/ubb/Ultimate.cgi?action=intro

erkennt, aber solche redundante Information lässt er dann drin, weil er sie natürlich für wichtig hält und sich nicht traut, diese aus der Software zu entfernen.»

Auch KC hat erfahren, dass Boris «durch den Wind war». «Ich weiß nur, dass er an dem Freitag vor seinem Verschwinden versucht hat, mich zu erreichen, um mir was Wichtiges zu sagen. Ich war leider nicht zu Hause, ich kann mir aber vorstellen, dass er mir sagen wollte, was er rausgefunden hat.» Er habe Boris nur über die häufigen Telefonate gekannt. «Er machte auf mich den Eindruck eines sensiblen Menschen. Und vielleicht hat er ja viel (für ihn zu viel) Druck von irgendjemandem bekommen, als seine Software auf einmal die Runde machte.»

Dr. Overflow und KC haben die Angelegenheit oft miteinander diskutiert. Das Fazit: Sie seien nach einigen Überlegungen zu dem Schluss gekommen, «dass Boris sich aufgrund der Ereignisse unter Umständen schon zu einer Kurzschlusshandlung hätte hinreißen lassen können. Es ist nicht schön, herausfinden zu müssen, dass einen seine vermeintlich besten Freunde nach allen Regeln der Kunst u. U. über Jahre hinweg nur belogen, betrogen und ausgetrickst haben ...»

Damit meint Dr. Overflow nicht notwendigerweise Trons Geschäftspartner Andreas H., der über die Details der Geschehnisse hätte informiert sein müssen. Boris hatte H. gegenüber Dr. Overflow nie erwähnt.

Andreas H. hat sich seit dem Tod Trons zurückgezogen. Niemand aus der Gruppe von Boris' Freunden, die sich jeden Freitag trifft, hat mit ihm Kontakt. Eine etwas aufwendige Recherche ergibt, dass er drei Wohnungen in demselben Haus gemietet hat, von denen er aber nur eine regelmäßig nutzt. Aus einem unangekündigten Besuch, den H. als «überfallartig» empfindet, ergeben sich zwei Gespräche, jeweils mehr als drei Stunden; während des zweiten, in der Wohnung des Autors, ist zeitweilig auch Boris' Vater anwesend.

Andreas H. hat seit Oktober 1998 weder Software verkauft noch sich bei diesem Thema engagiert. Auch die E-Mail-Adresse seiner Firma, über die vorher Kontakte geknüpft worden sind, funktioniert nicht mehr. Er geht einem Beruf nach, der mit Software, wie sie Boris interessiert hat, und Chipkarten nichts zu tun hat. Er sagt, der Tod seines Freundes habe ihn so getroffen, dass er eine gehörige Distanz zu den Ereignissen habe schaffen wollen.

Im Juni 1998 habe er Joy in Belgien nur das «Platinenlayout für die Blocker» verkauft. Eine Platine sei eine Sammlung von Leiterbahnen aus Kupfer. Boris habe zuerst jeweils einen Schaltplan gezeichnet, wie er ihn für ein bestimmtes Software-Problem im Kopf gehabt habe. Diese Skizze muss auf eine Plastikfolie übertragen werden. Über dieses «Positiv» kommt – wie eine schützende Hülle – eine Entwicklerschicht. Unter ultraviolettes Licht gelegt, löst sich diese Schicht auf. Es bleibt nur das auf der Kupferplatte übrig, was farbig gezeichnet war: «Durch die Farbe geht das Licht nicht durch.» Im chemischen Bad wird das Kupfer abgelöst. Zum Schluss bleibt eine Chipkarte aus Plastik mit dem «aufgedruckten» Arrangement von Leiterbahnen übrig – der «Blocker».

Manuel L., über mehrere Jahre Trons bester Freund, weiß über diese Dinge Bescheid. Andreas H. habe über eine so genannte S-Anlage verfügt, einen «Platinenanfertiger». Die komplett gefertigten Karten habe er dann industriell duplizieren lassen. «Aber nur Boris konnte die PICs programmieren», sagt Manuel L. Und alle drei Monate habe es ein Update geben müssen, weil die Schlüssel für die Pay-TV-Karten von den Programmanbietern geändert würden.

Andreas H. konnte also ohne seinen Freund Boris weder Blocker noch andere Software verkaufen. Diese Blocker eignen sich auch für andere Dinge – sie sind eine Art Universalwerkzeug der Mess- und Regeltechnik. Statt «Blocker» könne man sie auch als «Messadapter» bezeichnen. Joy habe für das Platinenlayout nur 1500 Mark bezahlt; KMD jedoch, wenig später, für das komplette Programm 3000 Mark. Auch ein Italiener habe das erworben.[135] Wenn höhere Summen genannt würden, gehörten sie ins Reich der Phantasie.

Richtig ist, dass Andreas H. in den einschlägigen Foren Informationen und indirekt auch Software angeboten hat, meistens in der Form: Der Interessent könne sich per E-Mail an ihn wenden. Am 10. September 1998 schrieb er zum Beispiel unter seiner damaligen E-Mail-Adresse c.a.r.-berlin@t-online.de: «Hi, wer Infos über das Ändern der CAM-Module haben möchte, sodass es z. B. mit Telepiu-Karte oder mit einer anderen Karte läuft, kann mir eine E-Mail senden. Es betr. speziell die CAM C-Module und die d-box Software.»[136]

Nicht alle Nachrichten in speziellen Foren des Internet bleiben archiviert. Wer sich aber die Mühe macht, diese gezielt zu durchforsten, virtuellen «Pinboards» wird fündig, wenn man ungefähr weiß, wonach man suchen muss. Die Verfasser ahnen oft nicht, wie lange ihre Spuren erhalten bleiben.

Am 22. September 1998 schrieb Andreas H.: «Hi, wer Informationen zum Umbau seiner d-box braucht, damit die Box mit 2 Softwarevers. läuft, kann sich an mich wenden. Denn es ist möglich, z. B. 1 x DF1 (Vers. 3.0) und Nokia Mediamaster in einer d-box zu haben. Man kann also Cinedom über DF1 Software sehen und z. B. TXT über Mediamaster!»[137]

Boris und Andreas H. lernten sich auf einer Computermesse kennen. Trotz des Altersunterschiedes – H. ist knapp zehn Jahre älter als Tron – entsteht eine enge Bekanntschaft. Andreas H. ist sich heute nicht sicher, ob Boris ihr Verhältnis als Freundschaft definiert hätte. Der sei «mimosenhaft» und wehleidig gewesen und

---

135 Die Recherche ergab, dass es sich wahrscheinlich um einen italienischen DPSC-Händler aus Frankfurt/Main handelt, der sowohl mit Boris als auch mit Joy in Kontakt stand. Aus diesem Kontakt rührt das mysteriöse Gerücht, Tron sei von der «italienischen Mafia» angesprochen worden. Vgl. italienische Interessenten für Piratenkarten: http://www.satshop.com/pinboard/messages/114.htm

136 http://www.satshop.com/pinboard/messages/260.htm

137 http://www.satshop.com/pinboard/messages/294.htm

meistens hyperaktiv. Es sei für ihn unvorstellbar, dass Tron sich hätte Gewalt antun können. Er sagt: «Ich konnte Boris verdammt gut leiden, auch mit seinen Macken.»

Tron zeigt sich oft großzügig. Als H. nach Schweden fährt, um dort den Urlaub zu verbringen, leiht ihm sein Freund eine Sky-Karte, damit er an seinem Ferienort englische Fernsehsender sehen kann. Die beiden radeln manchmal zusammen, weil Boris begeisterter Fahrradfahrer ist, und gehen zusammen schwimmen. H. findet auch Anschluss an die Freunde Trons, die sich das Kino ausgebaut haben.

Im Sommer 1998 steht Boris vor der Frage, ob er sich zum Kriegsdienst einziehen lassen will. Da er keine Sekunde überlegen muss, das abzulehnen, redet er unter anderem mit Andreas H., was zu tun sei. Der hat über seinen Beruf Kontakt zu einem Sozialdienst, der Zivildienstleistende für die Haus- und Krankenpflege einstellt. Boris überlegt und kann sich nicht entscheiden. «Er wollte nicht anderen Leuten den Hintern abwischen.» Aber H. gewinnt den Eindruck, dass sein Freund trotz des mehrmonatigen Zögerns diese Möglichkeit doch – irgendwann in naher Zukunft – ergriffen hätte.

Andreas H. entwickelt auch die Idee, für eine Berliner Krankenkasse, bei der er die richtigen Leute kennt, eine Stempeldienst-Zeituhr zu bauen. Es geht um eine Chipkarte, mit der das Kranken- und Pflegepersonal die Arbeitszeit auf die Minute genau bestimmen kann. Das Thema interessiert Boris. Für ihn als erfahrenen Smart-Card-Hacker ist das eine Fingerübung. Während seines Urlaubs in Kroatien schreibt er die Software fertig. Die Eltern finden den Schaltplan später im Zimmer ihres Sohnes.

Um diese Zeituhr zu entwickeln und sie vielleicht sogar bis zur Produktreife gelangen zu lassen, fehlt beiden Männern das Geld. Sie brauchen nur wenige tausend Mark, aber die haben beide nicht flüssig. Sie planen, erzählt Andreas H., «so viele Blocker zu verkaufen, dass 5000 Mark dabei herausspringen würden».

Am Freitag, dem 16. Oktober 1998, trifft sich Boris wie fast in jeder Woche mit der Kino-Gruppe: Gerd, Verena, Daniel und Manuel. An diesem Nachmittag hat jemand das Video des Films «Tron» besorgt. Da sie aber gemeinsam später noch in einen Computerladen wollen, beschließen sie, sich den Film «Tron» eine Woche später anzusehen. Boris' Freunde sagen heute, Tron hätte sich sehr auf seinen Lieblingsfilm gefreut, dessen Held ihm seinen Namen gegeben hatte.

Boris fährt zu Andreas H., weil er dort noch zehn Blocker holen muss. Die sind für Alexander A. bestimmt, einen jungen Hacker, den Tron kennen gelernt hat und den er – so erinnert sich Boris' Vater – in dessen Wohnung mehrfach besucht hat. Alexander habe tausend Mark für die zehn Blocker bezahlt, das berichtet Boris kurz zuvor seiner Mutter. Andreas H. und Boris fahren anschließend wieder zu den anderen Freunden. Gemeinsam geht es kurz vor Geschäftsschluss in die Müllerstraße, Berlin-Wedding, zu einem Elektronik-Fachgeschäft. «Boris wollte Teile für seine Grafikkarte holen», sagt Andreas H. «Er war so glücklich wie schon lange nicht mehr.»

Gegen zehn Uhr abends trennen sich die Wege der Freunde. Boris fährt nach Hause und führt noch mehrere Telefonate, unter anderem gegen Mitternacht mit Dr. Overflow in Süddeutschland. Ob er schon vorher wusste, dass mit seiner Pro_01.exe Schindluder getrieben und diese ohne sein Wissen verkauft worden war, oder ob er das erst in dieser Nacht gemerkt hat, lässt sich nicht mehr feststellen. Letzteres ist wahrscheinlicher: Offenbar verspürte er den Drang, sofort nach seiner Entdeckung sowohl mit Dr. Overflow als auch mit KC über dieses Problem zu reden, also den beiden Personen, die über den Irdeto-Hack Bescheid wussten.

Die meisten der «Stammkunden» für die Software, die Boris programmierte, fanden über Mundpropaganda und persönliche Kontakte zur Firma Andreas H.s und zu Tron. Boris und Markus Kuhn zum Beispiel lernten einen Richard M. auf einer Messe kennen. Der wiederum machte sie mit Andreas R. bekannt, der in der Nähe von Frankfurt/Main wohnt und sich auch mit Piratenkarten

Name	Description	Size	Date
	Latest update file for Telepiu on DPSC and Hornet cards.	**20.7 KB**	990315
	Latest update file for MC Hellas on DPSC and Hornet cards.	**17.8 KB**	990315
	Latest update file for Satisfaction Channel TV on DPSC and Hornet cards.	**17.2 KB**	990612
	Windows irdeto card activator with lots of options.	**202 KB**	990513
	Cardmaster like DOS program called Card-Devil. Uses the same .crd files.	**77.4 KB**	990513
	Latest .crd keyfiles for Cardmaster and Card-Devil.	**28 KB**	990717
irdeto98.zip	The first irdeto activator available with all batchfiles I know of. Runs on DOS and you can only use comport 1. Check the shop section for a MOSC programmer and explanation on how to use it.	**26.2 KB**	990502
	Schematics of "SimpleMouse" smartcard programmer that can be used to read and write most of all async - smartcards, including the new Hornet and +1 DPSC's in update and reprogramming mode. It is jumper selectable in either Smartmouse or Phoenix Mode and jumper selectable for 3.57 and 6 MHz.	**155 KB**	990606
	Logger interface with external power supply for the MAX232 as needed for the irdeto system.	**189 KB**	990120
	Layout with Pic 16F84 hexfile for a Irdeto smartcard blocker.	**31.5 KB**	990406
activatev8.zip	Irdeto Details and MOSC Activation.	**24.1 KB**	990612

Trons Irdeto-Hack im Internet

auskennt. Andreas R. wiederum ist ein «guter Bekannter» des Geschäftsmannes KMD. So begann dieser sich für den Berliner Hacker zu interessieren.

Die Geschichte eines geheimnisvollen Satzes

Am Samstag, dem Tag, an dem Boris zum letzten Mal gesehen wurde, soll Andreas H. mit KMD telefoniert haben. Das behaupten mehrere Personen, die zu den Ereignissen befragt wurden. H. soll gesagt haben, «dass man den Boris wohl nicht mehr lebend wiedersieht». Da niemand wusste, wo der sich befand, ließ dieser Satz vermuten, dass Andreas H. eine Ahnung davon hatte, wo Tron war, und dass er sich mit jemandem getroffen hatte – vielleicht mit denen, die etwas mit seinem Tod zu tun hatten.

Boris' Eltern sind überzeugt, dass dieses Treffen stattgefunden hat. Der Wirt eines Restaurants am Markt in Britz-Süd, fast genau gegenüber dem Eingang des Parks, meint sich erinnern zu können, dass er am Samstag Boris F. gesehen habe, irgendwann am Nachmittag. Der sei in Begleitung zweier Männer in seinem Lokal gewesen. Die beiden Herren hätten Jacketts getragen, alle drei Personen seien noch nie in der Gaststätte gewesen. Das sei ihm aufgefallen, weil nur sehr selten Fremde dort verkehrten. Die drei hätten fast eine Stunde an einem Tisch gesessen. Der junge Mann habe fast nichts gesagt, als ärgere er sich über irgendwas. Er habe auch das Bier nicht getrunken, das die anderen ihm bestellt hätten. Daraus könnte man schließen – wenn der Wirt sich richtig erinnert –, dass die beiden Männer Boris nicht näher gekannt haben könnten, denn jeder, der mit ihm zu tun hatte, wusste, dass Boris weder Alkohol trank noch andere Drogen konsumierte.

Die Kriminalpolizei hat den Wirt und die Kellnerin vernommen. Die Frau konnte sich an nichts erinnern. Boris' Vater zeigte dem Wirt andere Fotos von Tron, und der blieb bei seiner Meinung: Ja, das sei der junge Mann gewesen. Er konnte sich noch an viele Details erinnern, obwohl das Ereignis mehrere Wochen zurücklag.

Der ominöse Satz Andreas H.s wurde dem Autor in mehreren Versionen und von mehreren Seiten zugetragen. Einer der Informanten erwähnt, dass er das von einem Mitglied der Hamburger Sektion des Chaos Computer Clubs gehört habe. Ein erstes Telefonat mit dem Betreffenden zeigt kein Resultat, er will KMD nicht kennen. Steffen W. schlägt jedoch ein persönliches Treffen vor. Am 9. Juni 1999 findet es in einem Café in Hamburg statt. Der Eindruck entsteht, dass wichtige Informationen – wer wen kennt – nicht über die Telefonleitungen übermittelt werden sollen, weil man nie wisse, wer mithöre. Ja, KMD habe ihn angerufen und von der Aussage H.s aus Berlin berichtet. «Jetzt sehen wir unseren Boris nicht mehr wieder» – oder so ähnlich. Steffen W. ist ein guter Bekannter von KMD und hat ihn schon mehrfach besucht. Im Beisein des Autors ruft er KMD an. Dieser ist im Urlaub, angeblich in Spanien, und offenbar nur per Handy zu erreichen. Die beiden Herren duzen sich und scheinen sich gut zu kennen. W. erklärt sich bereit, ein Treffen zwischen dem Autor und KMD zu vermitteln. Er verrät auch nicht, wo sein Bekannter wohnt. KMD wollte nicht, dass sein Haus von «irgendwelchen Presseleuten» fotografiert werde.

Einige Tage später stellt sich heraus, dass KMD doch nicht an einem Interviewtermin interessiert ist. Der Autor solle seine Fragen an Steffen W. schicken, der könne sie an ihn weiterleiten. W. schreibt: «Bitte sende die Fragenliste bald, da er ebenso bald wieder wegfährt.»

Das geschieht. Steffen W. weiß jedoch nicht, dass dem Autor schon alle persönlichen Daten des KMD vorliegen und er deshalb direkt den Kontakt zu dem Geschäftsmann suchen kann. Aus diversen Handelsregister-Auszügen diverser Firmen, die über ganz Deutschland verstreut sind, geht hervor, dass der Unternehmer keine finanziellen Probleme hat. Er besitzt, neben seinen Betrieben, ein Patent, das ihm so viel einbringt, um unbesorgt in die Zukunft blicken zu können. Falls er Geschäfte macht, die einen Gewinn von einigen tausend Mark versprechen – wie Piratenkarten für Pay-TV-Sender –, kann man das nur als Hobby bezeichnen, wie bei einem Millionär, der aus Langeweile Goldfische züchtet.

Es kommt in den nächsten Tagen zu einem intensiven Faxaustausch, zunächst mit unerfreulichem Inhalt. KMD erhält Auszüge der Einschätzung Joys über seine Person, die unstrittig nicht besonders schmeichelhaft ausfällt – mit der Bitte um eine Stellungnahme.

Die kommt fast postwendend. Am 15. Juni antwortet KMD, er werde das Schreiben des Autors «der zuständigen Kriminalpolizei» übergeben. «Sollte ihr Buch durchgehend von derartigem Blödsinn durchzogen sein, wird es bestimmt ein Hit, aber mehr für Gerichte, die sich mit Schadensersatzprozessen und Rufmord beschäftigen. Ich untersage Ihnen hiermit ausdrücklich, meinen Namen sowie das Kürzel meiner E-Mail-Adresse in Ihrem Buch zu verwenden ... Seien Sie versichert, dass ich mit den entsprechenden Schritten gegen Sie vorgehen werde.»

Der Autor faxt die Anschrift und Rufnummer der dritten Mordkommission in Berlin zurück. KMD nahm aber, soweit bekannt, den Kontakt mit der Kriminalpolizei, obwohl er das angekündigt hatte, nicht auf. Er schreibt in einem weiteren Fax am 16. Juni: «Im Rahmen eines medizinischen Projekts habe ich über Andreas H[...] versucht, eine Neuentwicklung im Pflegedienst per Computer zu realisieren. Darum ging es in unseren Telefonaten und hierzu hätte ich einen Boris mit seinen Kenntnissen gern eingebunden, leider zu spät. Aus diesem Grunde haben regelmäßig Telefonate mit H[...] stattgefunden; ob auch an den von Ihnen genannten Daten, kann ich heute nicht mehr sagen. Richtig ist auch, dass, für mich unverständlich, H[...] vor dem Auffinden von Boris die Befürchtung geäußert hat, ... er läge tot im Graben ... nur was sagt das?» Und, was zu erwarten war: «Auf keinen Fall lasse ich mich von Ihnen in die Reihe Kleinkrimineller mit einordnen, wie Sie es in Ihrem Umfeld offensichtlich gewohnt sind.»

Und noch an demselben Abend ruft KMD den Autor an. Das Gespräch dauert mehr als zwei Stunden. Er kenne Boris nicht, nur

Andreas H., und den nur per Telefon. Der habe in Internet-Foren Blocker angeboten. «Wir haben fast täglich miteinander telefoniert. Ich habe mich fast immer bei ihm gemeldet. So wird es auch an diesem Samstag gewesen sein.» Boris' Mutter habe H. nach Trons Verschwinden angerufen und nach ihrem Sohn gefragt. Andreas H. habe ihm erzählt, dass auch er sich Sorgen mache. Boris sei ein Muttersöhnchen, so habe H. das formuliert. Mädchen interessierten Tron nicht, nur sein Rucksack, weil er darin seinen Laptop transportierte.

Die Pro_01.exe habe 3000 Mark gekostet. Sie sei am 3. Oktober fertig gewesen. Ein Italiener aus Frankfurt habe sie auch gekauft, für 5000 DM. «Das hat sich ganz schnell verbreitet.» H. habe sich darüber aufgeregt, dass er, KMD, die Software analysiert habe. «Ich besaß die Blocker und las das Programm aus. Dann hatte ich die komplette Software für mich.»

Der Geldtransfer sei per Einschreiben gelaufen. Man schickte die Chipkarten, die wurden dann von Tron geöffnet und anschließend freigeschaltet. «Man konnte nur etwas aktivieren, was schon auf der Karte war. Der Code wird nicht gewechselt, nur der Schlüssel umgedreht.»

Keiner der Befragten legt sich jedoch fest, *wann* das ominöse Telefonat mit der umstrittenen Behauptung H.s stattgefunden hat. Es könnte auch der Sonntag gewesen sein. Das geben sowohl KMD als auch Joy zu – auch der hat mit H. telefoniert. Andreas H. sagt dazu: Ja, Telefonate am Sonntag – nicht am Samstag – habe es gegeben. Boris' Mutter habe ihn angerufen und gefragt, ob er wisse, wo ihr Sohn sei. Kurze Zeit darauf hätte KMD ihn angerufen. Er, Andreas, sei besorgt gewesen. Er habe sinngemäß gesagt: Boris fährt gern Rad. Man sollte vielleicht die Krankenhäuser anrufen, ob ihm etwas passiert wäre. Vielleicht liege er «irgendwo im Graben». Dieser Satz sei wohl etwas verfremdet durch mehrere Personen tradiert worden, bis er, über viele Stationen, ganz anders und missverständlich zu den Eltern zurückgekehrt sei. Das Telefonat mit Joy müsse man ähnlich interpretieren. Er habe ihn «abwimmeln» wollen und ihm zu verstehen gegeben, dass jetzt nicht der richtige Zeitpunkt sei, Geschäfte zu machen.

Nicht nur das angebliche Treffen am Samstag, auch ein Auto geistert durch die Erzählungen. Die Eltern Trons sind fest davon überzeugt, dass Andreas R. aus Hessen am Tag, nachdem ihr Sohn tot aufgefunden worden ist, die Berliner Polizei angerufen hat. Der Grund: Er habe Angst – wovor, weiß niemand. Er habe dann bei seiner Vernehmung ausgesagt, Boris sei am Samstag, dem Tag seines Verschwindens, in ein Auto mit belgischem Kennzeichen gestiegen. Es habe sich um einen dunklen Citroën gehandelt.

Boris' Vater suchte Andreas R. an seinem Wohnort auf. Auf die Frage, von wem die Information stammte, dass Boris gesehen worden sei, soll Andreas R. geantwortet haben: «Von Boris' Mutter.» Darauf muss es zu einer verbalen Auseinandersetzung gekommen sein, denn der Vater vertrat die Ansicht, er sei nicht einige hundert Kilometer gefahren, um sich Märchen erzählen zu lassen. Andreas R. rief im Beisein des Vaters KMD an. Der wiederum glaubte zu wissen, dass die Information über das belgische Auto aus Berlin stammte, von Boris Geschäftspartner Andreas H. Der habe das so gesagt.

Andreas R. bestreitet sowohl den Anruf bei der Berliner Polizei als auch, dass er überhaupt vernommen worden sei. Er ruft von sich aus den Autor an und fragt nervös, warum sein Name während der Recherchen immer wieder genannt werde? Das hätten ihm einige Leute erzählt. Er habe nur ein paar Mal mit Boris telefoniert. Er kenne ihn über einen gewissen Richard M., der auch Boris und Andreas H. während einer Computermesse miteinander bekannt gemacht habe. Andreas H. aus Berlin sei ihm unsympathisch gewesen, «ein reiner Geschäftsmann». Er habe nur telefonischen Kontakt zu ihm gehabt. «Der sucht nur seinen Profit.»

Er, Andreas R., habe am Sonntag nach Boris' Verschwinden mit der Mutter telefoniert, um zu wissen, wo Tron sei. Sie habe erwidert, der sei «seit gestern Mittag weg». Er wisse nur, dass Joy in Belgien einen dunkelgrünen Citroën XS besessen habe.

Einige Minuten nach diesem Telefonat ruft KMD den Autor an. Ja, Andreas R. sei mit Joy aus Belgien gut bekannt. Er habe sogar dessen Computer repariert. Er kenne vermutlich auch Joys Fuhrpark. Aber an seine – KMDs – Behauptung, Andreas H. aus Berlin habe die Theorie des belgischen Autos in die Welt gesetzt, will er sich nicht mehr erinnern können.

Auch Joy antwortet, sowohl telefonisch als auch per E-Mail. Er sei in seinem ganzen Leben noch nicht in Berlin gewesen. «Wir haben verschiedene Fahrzeuge in unserem Fuhrpark. Zur damaligen und auch zur heutigen Zeit ist allerdings kein grüner Citroën darunter gewesen.» Er fände es «ein starkes Stück», dass er sich rechtfertigen müsse. «Das Ganze wird mir nun doch ein wenig zu viel!» Wenige Tage später schreibt er: «Ich jedenfalls habe weder [KMD] noch Borris [!] noch sonst jemanden aus Berlin jemals persönlich kennen gelernt ... Von Boris' Tod habe ich erst von Sven B.[138] und durch einige Mails erfahren.» Auch zu KMD habe nur zwei- oder dreimal telefonischer Kontakt bestanden.

Auf Nachfrage erklärt Joy: «Die letzten Versendungen an [Firmenname] Andreas H. in Berlin [Adresse, Telefon] wurden hier per UPS am 16. April 1998 und am 22. April 1998 verschickt.»

Der von Joy erwähnte Sven B., schreibt Dr. Overflow in einer E-Mail, soll behauptet haben: KMD habe Boris' Software für 20 000 Mark gekauft. Da Sven B. und KMD befreundet seien, halte er die Information für einigermaßen glaubwürdig. «Ich sprach Boris direkt darauf an, der von nichts wusste.»

Sven B. antwortet auf eine E-Mail des Autors detailliert: KMD plaudere immer gern mit ihm, da er ihn, Sven B., «durch einen guten Bekannten ja privat kennt». Er habe den Geschäftsmann persönlich kennen gelernt als jemanden, «der Kohle ohne Ende hat und das auch gerne zeigt. Er will immer alles als Erster haben (soft und knoff hoff) und ist auch bereit, viel Geld dafür zu zahlen. Dann spielt er gerne den alles könnenden King, der damit prahlt.

---

138 http://freetv.notrix.de

Er hat mir gegenüber selbst gesagt, dass er die Soft für – ich meine – 10000 gekauft hat. Können aber auch 20000 gewesen sein. Bin nicht sooooooo sicher. Aber er sagte definitiv, dass es aus Berlin kam. Soweit ich weiß, sagte er auch noch, dass er sie im gleichen Zuge noch nach Italien verkauft hat, um seine Unkosten zu verkleinern.»

Auch «MrIce» bestätigt, dass die besagte Software nur an «Joy» verkauft werden sollte. Ohne die Informationen zu kennen, die Sven B. dem Autor gegeben hat, schreibt er: «Außerdem weiß ich von Overflow, dass auch was mit 'nem Italiener wegen besagter ‹pro_01.exe› lief.

Nur hatte das wohl jemand schon vorher aus Berlin nach Hamburg verkauft, und da die Sache dann im Internet kursierte, war Boris anscheinend bei seinem letzten Telefonat ziemlich ‹durch den Wind›, wie mir Overflow damals gesagt hat. Recht viel mehr wusste er aber nicht.» Das Programm sei «völlig unter Wert» für 5000 Mark verkauft worden. Tron habe anscheinend nicht damit gerechnet, dass ein Produkt so schnell im Internet kursierte. «Und da war das Kind natürlich in den Brunnen gefallen. Dann kamen Leute, die sich gut auskannten, zerlegten und analysierten sein Programm, und schon gab's neue Programme, die das Gleiche und besser machten als seins. Kleiner Stein oben am Berg von jemandem losgetreten, großer Steinschlag im Tal.»

Dr. Overflow schildert die Angelegenheit aus seiner Sicht ähnlich: KMD habe das Irdeto-Programm aus Berlin erworben, von wem, wisse er nicht. «Das habe ich wiederum über einen Freund von KMD erfahren, bei dem er damit geprahlt hatte.» Damit ist offenbar Sven B. gemeint. Dr. Overflow: «Diese Version habe ich dann später Boris zurückgeschickt zur Kontrolle. Von anderen Kartenprojekten weiß ich nichts.»

KMD sei «allgemein nicht sehr beliebt. Dealt wohl in großem Stil mit Karten. Das mit den Blockern war wohl zumindest grundsätzlich auch mit Boris abgesprochen. Dass die pro_01 aber verscheuert wurde, wusste er nicht.»

Er glaubte aber, dass Boris durchaus an einem Profit gelegen war. Tron habe nicht nur gehackt, um in der Szene Prestige zu erlangen. «Ich mag dieses Bild auch sehr gerne. Aber wenn es der Aufklärung dienlich ist, dann muss doch ganz klar gesagt werden, dass die Jungs schon vorhatten, da 'ne Mark mit zu machen. Ganz sicher aber nicht im großen Stil.»

Boris habe auf den Namen [KMD] immer etwas abweisend reagiert. «Ich maß dem keine besondere Bedeutung zu, da ja auch ich den nie leiden konnte. Der macht für meinen Geschmack einfach zu viele unredliche Geschäfte. Nicht wegen der Karten – wenn die Leute das kaufen, sind sie selbst schuld. Aber der kennt ja auch keine Skrupel, den Leuten mit falschen Versprechungen und irreführender Werbung das Geld aus der Tasche zu ziehen.»

«Normale» Piratenkarten würden für 600 DM pro Stück verkauft. Und KMD «hat die ja wohl kartonweise rumstehen …» Und: «Ich glaube nicht, dass er nur die Wände damit tapeziert! Gesehen hat das wohl Sven, der KMD aber doch recht wohl gesonnen ist (kriegt schon mal 'ne Karte umsonst und so).»

Aus einer sicheren Quelle habe er erfahren, dass auch Betaresearch sich für den Geschäftsmann interessiere. Einer der Sicherheitsbeauftragten des Unternehmens habe durchblicken lassen, «dass die schon länger hinter ihm her sind und nichts Konkretes in der Hand haben. Ist wohl nicht ganz so einfach.» Ein Telefonat des Autors Anfang August 1999 mit dem Verantwortlichen bei Betaresearch für diese Angelegenheit bestätigt die Vermutung Dr. Overflows.

Fazit: Niemand der Beteiligten hat ein ernsthaftes Motiv, sich von Boris' Kenntnissen oder Absichten bedroht zu fühlen. Der Irdeto-Hack war nach einiger Zeit irrelevant, weil die Hersteller auf den Fehler des Systems reagierten und die Software änderten. Diese «Hacks» sind in diesem Milieu zwar nicht an der Tagesordnung, aber auch nicht ungewöhnlich. Wenn jemand durch den Irdeto-Hack finanzielle Einbußen erlitten hätte in einer Höhe, die ein

Mordmotiv rechtfertigten, wäre nicht nur Tron, sondern auch die anderen beteiligten Hacker, insbesondere KC, von den potentiellen Mördern bedroht gewesen. Natürlich tummeln sich unter den DSPC-Händlern Figuren, denen man so einiges zutraut und über die die Hacker, auf deren Fertigkeiten die Händler angewiesen sind, nur Schlechtes reden.

Dr. Overflow schreibt über einen namentlich bekannten Händler, der eine große Kette von Läden in mehreren Ländern, auch in Deutschland, und eine stark frequentierte Internet-Seite besitzt: «Zu Belgien fällt mir nur ‹Sandokan› ein, der jetzt unter dem Pseudonym Sally99 meine Software verbreitet (zumindest gibt er seinen Namen dafür, seit ich mit deutschem Recht gedroht habe). Ein mir sehr suspekter Mensch und hinter allem, was CA anbelangt, her wie der Teufel hinter armen Seelen. Alles auch sehr kommerziell orientiert.»

Der letzte Satz umschreibt die Mentalität der DPSC-Händler umfassend. Diese ist das genaue Gegenteil dessen, was ursprünglich einen wichtigen Aspekt der Hackerethik ausmachte: niemandem zu schaden, unabhängig zu bleiben und sich dem Kommerz zu verweigern. Das unterscheidet den Hacker vom Cracker. Wenn ein Piratenkartenhändler wie Joy oder ein ausgebuffter Geschäftsmann wie KMD Boris als «ehrliche Haut» oder ähnlich bezeichnen, ist das in Maßen anerkennend gemeint, man spürt aber auch die Verwunderung über dessen Gutgläubigkeit – als habe sich jemand freiwillig nackt unter Wölfe begeben.

DER MYTHOS TRON

War es Mord?

Niemand kann mit absoluter Sicherheit ausschließen, dass Boris F. ermordet worden ist. Da Tron nichts hinterlassen hat, was auf eine eindeutige Absicht für Suizid deutet, wird sich der Fall nie restlos und so klären lassen, dass die Angehörigen das vorbehaltlos akzeptieren werden können. Das ist im Fall des Karl Koch vor zehn Jahren nicht anders gewesen. «Hagbard» jedoch war von Kokain zerrüttet, in die Fänge diverser Geheimdienste geraten und an Pressevertreter, die den jungen Mann in einer Mischung aus Sensationslüsternheit und Naivität für ihre Zwecke benutzten. Dennoch: Außer unverbesserlichen Phantasten zweifelt, was «Hagbard» betrifft, niemand an Selbstmord.

Will jemand die Mordtheorie im Fall Boris F. alias «Tron» glaubhaft diskutieren, kann man Täter, Motiv und Art und Weise des Mords ziemlich genau eingrenzen und beschreiben. Wer diese Voraussetzungen und die vorhandenen Fakten nicht berücksichtigt, vertritt Verschwörungstheorien, die niemand ernst nehmen sollte.

Die Umstände der Tat sprechen für sich: Wenn es Mord war, sollte ein Suizid durch Strangulation vorgetäuscht werden. Das ist unstrittig. Warum? Wenn die Täter «nur» planten, Tron aus dem Weg zu räumen, hätten sie sich diese «Mühe» nicht machen müssen. Dr. Markus Rothschild, der obduzierende Rechtsmediziner, sagt dazu salopp: Strangulation sei eine «denkbar beknackte Methode», Selbstmord vorzutäuschen. Die Fälle der Kriminalgeschichte, in denen diese Methode gewählt worden ist, um von einem Mord abzulenken, sind sehr dünn gesät. Wenn man annimmt – und vieles spricht dafür –, dass die Täter professionell vorgegangen sind, bleibt auch die Frage unbeantwortet, warum sie sich dem hohen Risiko ausgesetzt haben, wieder erkannt zu werden. Wer einen Mord plant, setzt sich kaum mit dem potentiellen Opfer vorher in ein Lokal und lässt sich vom Wirt, den Kellnern und eventuellen anderen Gästen über längere Zeit beobachten.

Oliver Kömmerling, General Manager von «Advanced Digital Security Research», behauptet: «Killer aus dem Ostblock würden jemanden einfach wegpusten und dann verschwinden.» Sie würden sich nicht die Mühe machen, einen Selbstmord vorzutäuschen. Dieser Meinung ist auch die Mordkommission der Kriminalpolizei, die mit Tätern aus osteuropäischen Ländern schon konfrontiert worden sind. Auch dieser Einwand könnte angezweifelt werden: Wenn die Täter, vielleicht von Boris selbst, erfuhren, dass niemand, außer ihnen, von einem Projekt wusste, von dem sie ihn durch einen Mord abhalten wollten, konnten sie sich dessen gewiss sein, von niemandem verdächtigt zu werden. Wenn sie sich aber so sicher fühlten, muss man wieder fragen: Warum versuchten sie dann, Suizid vorzutäuschen? Warum ließen sie ihr Opfer nicht einfach verschwinden?

Wenn es Mord war, müssten mehrere Täter beteiligt gewesen sein, mindestens zwei oder drei, wenn nicht sogar mehr. Während zwei Boris ablenkten und sich mit ihm in dem besagten Lokal getroffen haben, ihn vielleicht hinhielten, bis es dunkelte, müssten andere den Tatort, den kleinen Park in Britz-Süd, ausgekundschaftet haben. Die Rolle Draht war schon als «Option» vorhanden. Es ist unwahrscheinlich, dass die potentiellen Täter sich spontan entschieden hätten, den Gürtel Trons ausgerechnet mit Gartendraht zu verlängern und den umständlich in einer der vielen umliegenden Laubenkolonien zu suchen und zu stehlen. Die Frage bleibt: warum der Draht? Warum benutzten die Täter, die vor professionellem Mord nicht zurückschreckten, kein Seil oder ein ähnliches, viel «bequemeres» Werkzeug? Selbstmord erschiene viel glaubwürdiger, wenn man nicht darüber spekulieren müsste, woher der Draht stammt, dessen Herkunft auch die Mordkommission nicht hat klären können. Und warum benutzten dann die Täter Boris' Zange, um ihn durchzuschneiden? Ist der Draht erst am Tatort auf die «richtige» Länge gebracht worden?

Wenn der Todeszeitpunkt Samstag ist, was für die Eltern wahrscheinlicher scheint, spielt der Unterschied zwischen einem Stück Draht und einem Seil keine Rolle. Beides konnte nicht mehr «spontan» gekauft werden, weil es in der unmittelbaren Umgebung des Tatorts keinen Baumarkt gibt, der derartige Artikel im Sortiment hat und der außerdem am Sonnabend nachmittags geöffnet gewesen wäre. Hat Tron jedoch bis zum Mittwoch noch gelebt, hätte er sich selbst einen Strick kaufen können, statt den Draht mühsam durch die Öse seines eigenen Gürtels zu ziehen und zu verknoten.

Bei professionellen Tätern darf man voraussetzen, dass sie sich mit dem Thema «Tod durch Strangulation» auskennen: Warum die umständliche Methode, einen Draht an einem mehr als mannshohen Ast zu verknoten, anstatt Suizid durch Strangulation im Sitzen vorzutäuschen? Wie schon diskutiert, ist ein Sprung in die Schlinge nicht nötig, um Bewusstlosigkeit und anschließenden Atemstillstand und Exitus hervorzurufen. An der Baumrinde erkennt man eindeutige Kletterspuren. Wenn nicht Boris, sondern einer der Täter dort hinaufgeklettert ist, barg auch das ein hohes Risiko, Spuren zu hinterlassen, die kriminaltechnisch untersucht werden könnten. Wenn man der Kriminalpolizei vorwirft, sich für derartige Hinweise angeblich nicht interessiert zu haben, muss man den Tätern zubilligen, entweder mit einer erheblichen Schlamperei der Mordkommission schon gerechnet oder sich so sicher gefühlt zu haben, dass es für ihr Vorhaben irrelevant war, ob sie Spuren hinterließen. Je unwahrscheinlicher und riskanter die Methode, umso mehr könnte man jedoch auch die These vertreten, dass sich gerade so ein Suizid am besten vortäuschen ließ.

Wenn Boris jedoch erst einige Tage nach seinem Verschwinden ums Leben gekommen ist, die Thesen des gerichtsmedizinischen

Gutachtens über den Todeszeitpunkt also richtig sind, dann hätten die Täter Tron in ihrer Gewalt gehabt und irgendwo versteckt. Dann ist es umso unlogischer, die Aussagen des rechtsmedizinischen Gutachtens zur Todes*art* anzuzweifeln: Es gibt keine Hinweise auf Gewaltanwendung. Ein professioneller Mord mit vorausgegangener Entführung setzt professionelle Planung und Logistik voraus und grenzt ein mögliches Motiv sehr eng ein. Es konnte in diesem Fall nicht darum gehen, Boris zu bitten, etwas zu unterlassen. Wer Boris kannte, sagt, dass es ihm widerstrebte, sich unter Druck setzen zu lassen. Ab dem zweiten Tag seines Verschwindens wäre er wohl kaum freiwillig bei Unbekannten geblieben, ohne seine Mutter zu informieren. Er war dafür bekannt, dass er selbst Treffen mit Freunden beendete, um pünktlich zum Abendessen zu kommen. Die Täter mussten annehmen, dass Boris über seine Entführung und Gefangennahme nicht schweigen würde. Welchen Sinn hätte die Aktion dann gehabt? Tron Geheimnisse zu entlocken oder ihn zwingen zu wollen, sein Wissen preiszugeben, hätte bedeutet, Eulen nach Athen zu tragen. Boris vertrat die Meinung, dass Informationen öffentlich und frei sein müssten, und wollte das Wissen um seine Projekte ohnehin im Internet publizieren.

Eine der abwegigsten Theorien ist die: Die Täter und Entführer hätten Boris an einem anderen Ort als dem Park in Berlin-Britz stranguliert und ermordet und ihn anschließend zum späteren Fundort der Leiche transportiert und ihn so aufgehängt, dass die beiden Strangmarken exakt übereinstimmten. Der medizinische Befund spricht ohnehin dagegen. Und ein weiteres Argument: Wenn Suizid vorgetäuscht werden sollte, dann ist es völlig gleichgültig, wo die Leiche gefunden wird. Warum sollten die Täter das hohe Risiko eingehen, entdeckt zu werden, während sie mit ihr durch Berlin fuhren, womöglich im Kofferraum eines Autos? Wenn es Profis waren, dann hätten sie zudem gewusst, dass man eine Leiche nicht ohne weiteres bewegen kann, ohne zahlreiche Druckspuren am Körper zu hinterlassen.

Genauso abwegig ist – Mord vorausgesetzt – die Idee, Boris habe sich zunächst freiwillig vier oder fünf Tage irgendwo in der Nähe seines elterlichen Hauses aufgehalten, ohne seine Mutter zu informieren, dann mit Personen getroffen, die niemand außer ihm kannte und die ihn dann töteten.

Die Täter und das Motiv: Je mehr Täter an einem Mord beteiligt sind, desto größer ist das Risiko, dass einer später plaudert – vielleicht, weil er wegen einer anderen Straftat von der Polizei behelligt wird und hofft, er könne sich in ein besseres Licht stellen, wenn er seine Kumpane vorsorglich verpfeift. Es ist unwahrscheinlich, dass eine solche Tätergruppe aus dem Milieu stammen würde, das mit mehr oder weniger illegalen Karten für Pay-TV-Decoder handelt. Für diesen Gedanken sprechen mehrere Argumente: Es gibt nur ein Dutzend Männer in Europa, die die Szene von Anfang an beobachtet haben und die selbst als Händler aktiv waren. Man kennt sich, zumindest über Telefon oder E-Mail, und plaudert mehr oder weniger nett über die anderen. Von den Personen, mit denen Tron oder sein Geschäftspartner Andreas H. Kontakt hatten, stammen nur wenige aus dem Kreis der bedeutenderen «Spieler». Die meisten sind «kleine Fische», deren Verdienst allenfalls im sehr seltenen Ausnahmefall vielleicht einmal sechsstellige Summen erreichen könnte.

Der Gewinn aus dem Verkauf dieser Software spielt in der Argumentation ohnehin nur eine kleine Rolle. Man kann nicht sagen, ab welcher Summe Mord eine Option wäre. Es sind auch schon Menschen wegen ein paar hundert Mark ermordet worden. Wenn einer der fiktiven Täter es darauf abgesehen hätte, lästige Konkurrenten zu beseitigen, dann geschähe in diesem Milieu mehrere Male im Jahr ein Mord. Das ist jedoch nicht der Fall.

Drangen vielleicht neue Händlergruppen in den grauen oder schwarzen Markt für Pay-TV-Karten vor, die mit brutaleren Methoden lästige Konkurrenten aus dem Weg räumen, als die «Szene» es bisher gewohnt war? Die Höhe des zu erwartenden Profits wäre dann unerheblich, weil es um einen Abschreckungseffekt hätte gehen können. Bisher haben sich solche Gruppen aber nicht gezeigt. Und Abschreckung hat nur Sinn, wenn einigermaßen nachzuvollziehen ist, wovor abgeschreckt werden soll: Soll sich jemand davor hüten, das Irdeto-Sysem noch einmal zu hacken? Dann wären noch mindestens vier weitere Personen, allein in Deutschland, gefährdet. Da der Irdeto-Hack gleich mehrfach und zeitgleich, in mindestens drei gleichwertigen Versionen, auf den grauen Markt geworfen worden ist, fällt es schwer, hier ein glaubwürdiges Motiv für Mord zu konstruieren.

Die gegenwärtigen Sicherungsmaßnahmen vorausgesetzt, könnte jeder begabte und am Thema interessierte Smard-Card-Spezialist die Arbeit Trons mit Erfolg imitieren. Um einen etwas gewagten Vergleich zu ziehen: Boris spielte, was seine technische Ausstattung zum Hacken von Chipkarten betrifft, eher auf Regionalliga-Niveau. Erstaunlich war indessen das Verhältnis zwischen den ihm zur Verfügung stehenden technischen Mitteln und den Resultaten seiner Arbeit.

Falls Boris sich mit dem Hacken einer Karte für Pay-TV-Decoder beschäftigt und diese ausnahmsweise ohne Wissen seines Freundes und Geschäftspartners Andreas H. verkauft hätte, wäre diese Software in Kürze irgendwo aufgetaucht. Davon hätte die gesamte Szene erfahren, weil es darum geht, etwas zuerst zu besitzen, um es mit hohem Gewinn möglichst schnell zu verkaufen. Boris fehlten die Ausrüstung, die finanziellen Mittel, das Wissen und auch der Wille, um in großem Stil die so genannten Piratenkarten zu vertreiben. Und falls er jemandem seine Pro_01.exe exklusiv versprochen hätte, wäre das für denjenigen zwar ein Ärgernis gewesen, da er kein Geld mehr damit verdienen konnte, als die Software überraschend im Internet auftauchte – aber das geschieht in diesem Milieu des Öfteren und ergibt kein glaubwürdiges Motiv für Mord.

Ein Beispiel: der englische Händler Paul Maxwell-King[139] ist

---

139 http://www.paulmax.eng.net und http://www.maxking.com

eine der wichtigsten Adressen, wenn es um Pay-TV-Software geht. In der Szene munkelt man, dass Boris F. für Maxwell-King Programme entwickelt habe. Dadurch seien einige aus diesem Gewerbe erst auf den deutschen Hacker aufmerksam geworden und hätten versucht, mit ihm Kontakt aufzunehmen. Boris erzählte anderen Hackern, er habe für Maxwell-King gearbeitet. Auf Umwegen erreichte die Fama Oliver Kömmerling. Der vermutet, Tron habe durch seinen Kontakt kein Geld verdient. Der Grund sei nicht, dass er daran kein Interesse gehabt hätte. Die Entwickler der Software und der Piratenkarten würden aber häufig, ja fast «immer über den Tisch gezogen». Die Händler versprächen, die Produkte «in Kommission» zu nehmen und sie auf ihren frequentierten Internet-Seiten anzubieten. Die Programmierer – insbesondere jüngere, ökonomisch etwas naiv denkende Männer wie Tron – ließen sich darauf ein in der Hoffnung, am Umsatz beteiligt zu werden. Da die Produkte nicht auf dem «normalen» Markt zu kaufen seien, etwa in Computerläden, könnten die Hacker den entgangenen Gewinn nicht einklagen. Meistens behaupteten die Händler, sie hätten nur wenige Exemplare der Software absetzen können und deshalb könnten sie den Entwicklern leider nichts zahlen.

Der Kreis der Personen, die sich im Milieu als Programmierer einen Ruf erworben haben, ist, mit einigen namentlich bekannten Ausnahmen, weniger an Geld und Gewinn interessiert als an Prestige und Spaß an der Sache, es den Programmierern der Herstellungsfirmen wieder mal «gezeigt» zu haben. Einer dieser «prominenten» Chipkarten-Hacker, mit denen Boris sich rege austauschte, schrieb zu diesem Fall eine persönliche E-Mail, die dem Autor vom Empfänger mit der Bitte zugespielt wurde, den Namen des Verfassers nicht zu nennen: «Ich wollte mit der ganzen Sache eh nichts zu tun haben und halte mich schon aus Prinzip raus, wenn mit so was Kohle gemacht werden soll. Ich hacke aus Fun und um was zu lernen und nicht, um mich zu bereichern oder anderen zu schaden, ob ich die nun leiden kann oder nicht.»

Oliver Kömmerling meint: Boris habe nie Chips ausgelesen. Tron hätte nach seiner Ansicht weder etwas Besonderes noch für die Hacker-Szene etwas Erwähnenswertes gemacht. Boris habe ihm erzählt, er habe den größten Teil seiner Kenntnisse von Markus Kuhn. Und der schildert das Wissen seines Bekannten so: «Die beste Beschreibung, die auf ihn zutrifft, dürfte wohl ‹anarchistischer Hobbyelektroniker› sein. Ich denke, mit dieser Beschreibung wäre er auch einverstanden gewesen. Er war recht geschickt im Umgang mit Mikrocontrollern und Digitalelektronik, und er war sehr handwerklich und praktisch versiert. Und er war bemerkenswert ausdauernd. Er war sicherlich nicht besonders in theoretischen Bereichen (Kryptoanalyse etc.) begabt, verfügte aber über mindestens das Wissen, das man von einem guten Informatikstudenten erwarten kann.»

Wenn in der Sendung von «Die Reporter» jemand behauptet: «In Fachkreisen gilt er weltweit als der Experte für Ver- und Entschlüsselung», entspricht das also nicht den Tatsachen, sondern ist vermutlich eher die Prahlerei eines befragten Hackers, der sich mit seiner flüchtigen Bekanntschaft zu Tron wichtig tun will.

Zu den üblichen Verdächtigen bei einem mysteriösen Todesfall gehören «die» Geheimdienste. Unstrittig spielen Menschenleben bisweilen keine Rolle, wenn es darum geht, die Interessen derjenigen zu schützen, die in der Lage sind, Motive und Aufgaben der Dienste zu beeinflussen. Immer wieder sind Leute umgekommen, die sich für brisante Themen interessiert haben, bei denen geheimdienstliche Interessen auf dem Spiel standen. Am 10. August 1991 fand das Zimmermädchen eines Hotels in West Virginia, USA, eine nackte männliche Leiche in ihrem Blut. Es war der Journalist Danny Casolaro. Er hatte tiefe Schnittwunden an Händen und Armen, die von einer Art Rasiermesser stammten, das man im Zimmer fand. Neben dem Toten lag ein Abschiedsbrief, darin die Sätze: «An jene, die ich am meisten liebe: Bitte vergebt mir das wahrscheinlich Schlimmste, was ich wohl getan habe. Vor allem tut es mir Leid für meinen Sohn.»

Casolaro recherchierte über einen Regierungsskandal, die so genannte INSLAW-Affäre.[140] Der amerikanische Geheimdienst CIA hatte die Spionage-Software «Promis» in 88 Länder verkauft. Als unverdächtige Tarnfirma diente der CIA das «Institute for Law and Social Research» (INSLAW). «Promis»[141], ein Informationssystem für Strafverfolgungsbehörden, ist ein Programm, das unterschiedliche Datenbanken koordiniert, es eignet sich besonders für Rasterfahndungen. Die CIA konnte die Rechner ihrer ahnungslosen Kunden, darunter Sicherheitsbehörden in Deutschland, Japan und Israel, ausspionieren, obwohl die noch nicht einmal an das Internet angeschlossen sein mussten.

Einer der Informanten Casolaros, Alan Standorf, ein Angestellter des US-amerikanischen Geheimdienstes «National Security Agency» (NSA)[142], war schon Januar 1991 tot in seinem Wagen gefunden worden. Er hatte den Journalisten angeblich mit «Topsecret»-Material versorgt. Wegen dieser dubiosen Umstände behaupten die Angehörigen des toten Journalisten bis heute, Casolaro sei ermordet worden. Die Tür des Hotelzimmers war verschlossen, es hatte keinen Kampf gegeben, die Polizei entdeckte keine Anzeichen für Gewalt oder Fremdverschulden. Die Ermittler befanden sehr schnell auf Suizid. Ein texanischer Senator stellt in einem Bericht über die Affäre fest: «Solange die Möglichkeit existiert, dass Danny Casolaro starb, weil er in der INSLAW-Angelegenheit recherchierte, ist es erforderlich, dass die Nachforschungen weitergeführt werden.»

Sein Bruder zwang die Behörden, die Ermittlungen wieder aufzunehmen. Man stellte fest, dass die Schnittwunden so tief waren, dass Zweifel daran blieben, ob er sich diese selbst hat zufügen können. Das Hotelzimmer war nicht versiegelt und so schnell wieder

---

140 Vgl. Christiane Schulzki-Haddouti: Der Überwachungs-Coup der CIA – Promis und der Fall INSLAW, http://www.sime.com/dschjan/PROMIS.htm

141 Prosecutors Management Information System

142 http://www.nsa.gov

aufgeräumt worden, dass mögliche Spuren eines Mordes verwischt wurden.[143]

Unstrittig ist, dass Geheimdienste über Methoden, Mittel und professionelle «Mitarbeiter» verfügen, um zu morden, ohne dass jemand Verdacht schöpfen würde, vor allem dann, wenn der erste Augenschein für Suizid spricht. Wenn man etwas nicht ausschließen kann, heißt das aber noch nicht, dass es geschehen ist. Wer Geheimdienste verdächtigt, den Tod Trons verursacht zu haben, weil Geheimdienste von Hackern immer verdächtigt werden, ganz gleich, was passiert ist, sollte jedoch plausibel machen können, wo ein Motiv dafür liegt. Da ein Geheimdienst wie die US-amerikanische «National Security Agency» wohl kaum ein großes Interesse daran hätte, den grauen und schwarzen Markt der Piratenkarten aufzurollen, blieben als Thema nur Verschlüsselungstechniken übrig. Boris war zwar, mit den Maßstäben deutscher Medien gemessen, «Experte», aber theoretisch zu unbedarft, um die Interessen der geheimdienstlichen Kryptografie-Fachleute mit seinen Arbeiten ernsthaft zu tangieren. Wer etwas anderes behauptet, sollte erklären, warum Phil Zimmermann, der Erfinder und Programmierer von «Pretty Good Privacy», nur von der Zollbehörde und der Justiz behelligt wurde – und nicht von professionellen Killern? Zimmermann ist es zu verdanken, dass weltweit Menschen, die PGP benutzen, recht sicher und unbeobachtet von potentiellen Abhörern elektronische Mails austauschen.

Boris hätte sein ISDN-Telefon, wenn es produktionsreif geworden wäre, mit großer Sicherheit nicht professionell vermarktet. Außerdem sind ähnliche Geräte schon von mehreren deutschen Firmen auf dem Markt. Jedermann kann sie erwerben, auch wenn es dabei bürokratische Hürden zu überwinden gibt. Warum sollten

---

143 Egmont R. Koch, Jochen Sperber: Die Datenmafia. Computerspionage und neue Informationskartelle. Reinbek 1995. Vgl. Kenn Thomas, Jim Keith: The Octopus: The Secret Government and Death of Danny Casolaro. Venice CA (USA) 1996. Linksammlungen zum Thema Geheimdienste: http://www.fas.org/irp/intelwww.html sowie http://www.kimsoft.com/kim-spy.htm.

Geheimdienste wegen eines neuen, nicht produktreifen ISDN-Telefons professionelle Mörder in Marsch setzen, um den Entwickler umzubringen?

War es Selbstmord?

Wer war Tron? Die Charaktereigenschaften und die persönlichen Eigenarten des Boris F. setzen sich für jemanden, der ihn nicht persönlich kennen gelernt hat, aus vielen Teilen eines Puzzles zusammen, die in der Gesamtschau plausibel wirken, aber nicht alle Fakten erklären, die während dieses Versuchs zutage traten, die rasch von Mythen umwobene Geschichte dieses ungewöhnlichen jungen Menschen zu rekonstruieren. Das so entstandene Bild ist natürlich nur für den Autor aussagekräftig: Wie glaubwürdig eine Information über Tron ist, hängt davon ab, wie glaubwürdig, informiert und wie selbstkritisch der Informant dem Autor erscheint. Das Resultat kann nur subjektiv sein.

Die These der Mordkommission, dass sich Tron kurz vor seinem Tod von vielen aus seinem Freundes- und Bekanntenkreis distanziert hatte, wurde durch die Recherche nicht widerlegt. Das bedeutet nicht, dass diejenigen, die sich mit ihm trafen, sich nicht als Boris' Freunde gesehen hätten, wie zum Beispiel die Gruppe junger Leute, die sich jeden Freitag im selbst gebauten Kino versammelte. Dennoch: Niemand von ihnen wusste, womit sich Tron beschäftigte. Er konnte und wollte kaum jemanden einweihen, weil das technische Verständnis den anderen dafür gefehlt hätte. Boris, so sind sich die meisten einig, stellte ein Projekt erst dann denjenigen vor, die er dafür für wert erachtete, wenn es fertig war. Und den Quellcode der von ihm entwickelten Software verriet er niemandem. So erzählt das Andreas H.: «Boris war sehr verschwiegen.»

Zu einem seiner engsten Vertrauten, Manuel L., hätte sich das Verhältnis seit Monaten abgekühlt, berichtet sein Lehrmeister Walter George. Tron sei wegen seiner Diplomarbeit so eingespannt gewesen, dass ihm wenig Zeit für andere Dinge blieb. Das galt auch für einen anderen aus der Gruppe, Daniel S., den Boris während seiner Lehre kennen gelernt hatte.

Boris fuhr sehr oft in Urlaub, nach Südafrika, Ägypten, Jordanien, fast ausnahmslos in organisierten Reisegruppen, zusammen mit seiner Mutter oder dem Vater, die beide ein Reisebüro besitzen. Und natürlich nach Kroatien, in die Heimat seines Vaters. Seine Freunde waren überrascht, wenn er von der Sonne gebräunt zurückkehrte. Tron unterrichtete selbst Andreas H., seinen «Geschäftspartner», nicht von seinen Plänen. «Boris hat nie gesagt: Du bist mein Freund. Er war nicht der Typ, der so etwas sagt.»

Tron schaute einer Person, die er kennen lernte oder zum ersten Mal sah, nicht in die Augen. So schildern das unabhängig voneinander zwei seiner engsten Bekannten. Er wirkte auf Menschen, die ihn nicht kannten, zwar freundlich und offenherzig, aber trotzdem auch scheu und verschlossen, was persönliche Dinge anging, zum Beispiel sein Verhältnis zum anderen Geschlecht. Niemand weiß etwas darüber zu berichten. Freilich ist das Milieu der Computer- und Technik-«Freaks» auch eher ungeeignet, die passenden Gesprächspartner für ein sehr privaten Gedankenaustausch zu finden. Hier scheint ein gewisses Eigenbrötlertum keine seltene Charaktereigenschaft zu sein.

Eine weitere Eigenart Boris' war es, die Kontakte zu anderen Menschen gegenüber seinen Freunden und seiner Familie geheimnisvoll zu verrätseln. «Er hat mit seinen Kontakten angegeben und sie mysteriös aufgebaut.» Ein Beispiel: Trons Partner Andreas H. und einer aus der Kino-Gruppe, Daniel S., diskutierten einmal über eine Software, die Daniel von Tron bekommen hatte. Andreas H. wollte gern wissen, woher sie stammte. Daniel wusste es nicht genau, Boris habe ihm das nicht verraten, sondern nur angedeutet, diese geheimnisvolle Person wollte unerkannt bleiben. Bei der gemeinsamen Analyse der Software stellte Andreas H. verdutzt fest, dass er selbst diese mysteriöse Person war: Er hatte Tron die Diskette, die dieser an Daniel verschenkt hatte, kurz zuvor eigenhändig überreicht.

Ein weiteres Beispiel: Boris behauptete gegenüber «MrIce» und dem Smart-Card-Experten Oliver Kömmerling, der ominöse Geschäftsmann «KMD» hätte ihm angeboten, ein Labor im Wert von einer halben Million Mark zu bauen, damit er, Tron, ungestört für ihn arbeiten könne. Unstrittig hat KMD weder mit Boris telefoniert noch ihn persönlich kennen gelernt. Tron fragte Kömmerling, ob diese Summe genug für die Art Labor wäre, die ihm vorschwebte. Der riet Boris dringend ab, sich auf derartig vage Dinge einzulassen. «KMD» kann sich an ein ernst gemeintes Angebot in dieser Richtung überhaupt nicht erinnern.

Dieser Charakterzug passt zur Hacker-Szene und wird durch das Milieu noch verstärkt. Man wähnt sich ständig von allerlei Geheimdiensten umzingelt, schottet sich ab und fürchtet sich davor, die eigenen kleinen Geheimnisse zu verraten, genießt aber gleichzeitig das Gefühl, wichtig oder sogar gefährlich zu sein. Tron kommt im Film «Hacks» zu Wort, seine Stimme musste von der Filmemacherin verzerrt, sein Gesicht durfte nicht gefilmt werden: «Dass staatliche Organisationen und sogar Geheimdienste sich hier so derart breit machen und mit ihren dubiosen Methoden versuchen, alles Mögliche an Leuten aufzudecken, das ist eine Riesensauerei.» Was er damit gemeint hat, wird nicht weiter erklärt. Überprüfbare Fakten werden jedenfalls nicht genannt. Aber der Satz klingt viel zu spannend, als dass man ihn in einem Film über Hacker weglassen könnte, obwohl er vielleicht pure Angeberei ist. Verschwörungstheorien sind in der Szene beliebt und tragen zur Selbststilisierung junger Männer bei, für die das vermeintliche «Räuber-und-Gendarm»-Spiel mit mächtigen Organisationen den ultimativen Thrill bietet.[144] Dieses Wesensmerkmal Trons kann vielleicht auch erklären, wieso er einmal den Geschäftsmann «KMD» als jemanden charakterisiert haben soll, «bei dem auch

---

144 Zu diesem Thema vgl. Boris Gröndahl: «Hacker, bleib bei deinem Keyboard!», in der Online-Zeitschrift «Telepolis» vom 7. 7. 1997, http://www.heise.de/tp/deutsch/inhalt/te/1365/1.html

mal Leute verschwinden». Das kann viel oder nichts bedeuten, suggeriert aber auch, dass der Gemeinte unliebsame Konkurrenten aus dem Weg räumte. Boris hatte weder konkrete Hinweise noch einen Anlass, so etwas zu behaupten.

Wenn Boris einer Leidenschaft als Hobby frönte, waren es – neben einer Vorliebe für so genannte «Ballerspiele» – Horrorfilme. Das geht auch aus seiner E-Mail an die Mailing-Liste *tv-crypt* hervor. Oliver Kömmerling schildert seinen subjektiven Eindruck von Boris etwas verwundert: Als Tron ihn besucht habe, im Sommer 1998, habe der während der Arbeit im Hintergrund den Fernseher laufen lassen. Boris habe sich einen Film angesehen, zusammen mit «Mister Ice»: «Der Dentist»[145]. Er, Kömmerling, sei ohnehin kein Horrorfan, und dieser Streifen sei «absolut eklig» gewesen: ein Zahnarzt, der bei verschiedenen Personen, an denen er sich rächen will, ohne Betäubung die Zähne zieht, die Zunge zerfräst und den Kiefer aufbohrt, dass das Blut umherspritzt. «Du hättest die Faszination in Boris' Augen sehen müssen!» Er habe aber darüber nicht weiter nachgedacht, wie dieses merkwürdige Faible zu interpretieren sei.

Einige Verhaltensweisen Trons erschienen ihm aber «suspekt». Was genau, sei schwer zu beschreiben. Boris habe «auf kleine Enttäuschungen» sehr heftig und unangemessen reagiert, wenn «etwas nicht so gelaufen ist, wie er sich das vorgestellt hat». Kömmerling fasst seine Beobachtungen so zusammen: «Keiner von uns kannte ihn richtig. Er machte auf mich aber den Eindruck, als wenn ihn etwas bedrückt hätte.»

Die meisten Menschen, die mit dem überraschenden Suizid eines Freundes konfrontiert werden, suchen nach Anzeichen für Depressionen oder Probleme. Wenn der Betreffende noch am Tag seines Todes guter Laune war und Pläne schmiedete, scheint das gegen eine mögliche Absicht zu sprechen, den Freitod wählen zu wollen.

145 http://us.imdb.com/Title?0161492

Kurz vor seinem Tod, so sagen die Angehörigen des Journalisten Danny Casolaro, sei der in geradezu «euphorischer Stimmung» gewesen, «letzte Beweisstücke» zu erhalten. In dieser Stimmung, meinten Freunde, Verwandte und Kollegen, begehe kein Journalist Selbstmord. Wie könne man erklären, dass er noch zu Hause angerufen habe, um zu sagen, dass er an diesem Tag später kommen würde? Wenige Tage vor seinem Tod habe er noch große Pläne gehabt, erzählte er, dass er in den folgenden Monaten «Recherchen außer Landes» anstellen wolle.

Die «euphorische Stimmung», die gern angeführt wird, um die Möglichkeit eines Suizids zu widerlegen, ist jedoch oft eher ein Indiz für das Gegenteil. Dr. Wolfram Dorrmann[146], Psychotherapeut, Suizidforscher und Verfasser eines Buches zum Thema, schreibt an den Autor: Man könne bei manchen Suiziden so etwas wie eine «Ruhe vor dem Sturm» feststellen. Das bedeute, dass «derjenige in den Tagen vor dem Suizid oft sehr gelassen (zum Teil sogar ausgelassen) erlebt wird». So empfanden das oft Angehörige und Freunde. «Möglicherweise ist das auch eine Folge der Entlastung, die durch die getroffene Entscheidung zunächst eintritt (‹es ist ja bald vorbei›).» In einer Reportage zum Tode Trons wird seine Mutter zitiert: Ihr Sohn sei an jenem Samstag «den ganzen Tag» fröhlich gewesen. Das muss nichts bedeuten, ist aber auch kein stichhaltiges Argument, das einen Suizid ausschließen würde.

Es gebe «larvierte Depressionen», so Wolfram Dorrmann oder so genannte «Lächeldepressionen», «die nur von Menschen erkannt werden können, die der Betroffene etwas näher an sich heranlässt». Eine finanziell gesicherte Situation oder ein angenehmer Job ergäben weder Lebenssinn noch Lebenslust. «Einsamkeit ist ein häufiges Motiv für eine Selbsttötung. Das trifft besonders auf alte Menschen zu, aber auch auf enttäuschte Jugendliche oder junge Menschen.»

---

146 http://members.aol.com/suicidepsy/home.html. Wolfram Dorrmann: Suizid. Therapeutische Intervention bei Selbsttötungsabsichten. Stuttgart 1998

Andererseits wird das Bild eines Menschen gerade dann unrealistisch, wenn man ihm sehr nahe steht. Für ernsthafte Journalisten ist es zum Beispiel ausgeschlossen, eine Reportage oder einen Bericht über einen Freund zu schreiben. Es fällt auf, dass Boris F., obwohl er als ehrgeizig, ausdauernd und stark intrinsisch motiviert[147] galt, oft nicht in der Lage war, die einfachen, unangenehmen Dinge des beruflichen Alltags zu bewältigen. Er wusste schon sehr lange, dass der Zivildienst auf ihn wartete, da er sich entschieden hatte, sich nicht zum Militär einziehen zu lassen. «Er hatte keine Feinde außer der Bundeswehr», sagt einer seiner Lehrmeister. Ihm sei auch der Gedanke unangenehm gewesen, den Zivildienst zu absolvieren, weil er das «für Zeitverschwendung angesehen hat». Im Sommer 1998 fragte ihn Andreas H., mit dem er kurz darüber sprach, weil der ihm damals den Zivildienstplatz bei der Altenhilfe und Krankenfürsorge vermittelt hatte, warum er, Tron, sich nicht darum kümmere. Wenn er das Problem, das es offenbar für ihn war, gleich nach dem Hochschulabschluss angepackt hätte, wäre, als H. ihn fragte, der Zivildienst schon fast beendet gewesen.

Tron jedoch machte sich in Gegenwart einiger Freunde und Bekannten darüber lustig, dass andere einem Beruf nachgingen, bei dem Termine eingehalten werden müssten. Das war für ihn nicht akzeptabel. Mehrfach sagte er beiläufig: «Am besten wäre es, alle ließen mich zufrieden.» Andreas H. erinnert sich: «Er hat das gelebt, woran er geglaubt hat. Er lebte nur in seiner Welt, war aber im Alltag völlig normal.»

Boris lehnte äußerst attraktive Jobangebote ab. Und auch seine Hochschulkarriere verfolgte er nicht sehr zielstrebig. Die Technische Fachhochschule hatte Kontakt zur Universität Dresden aufgenommen. Dort wollte Boris aber nicht promovieren, obwohl das Thema diskutiert wurde, «aufgrund der gehäuften rechtsradikalen

---

147 intrinsische Motivation: etwas um der Sache willen tun; der Lernzweck liegt nicht außerhalb des Gelernten. Vgl. http://www.stud.uni-hannover.de/user/770 42/motiv-2.html

Zwischenfälle». Es gab ein weiteres ungelöstes Problem: die deutschen Universitäten boykottierten noch im Jahr 1998 die internationale Anerkennung des TFH-Diploms. Es war jedoch geplant, den amerikanischen Titel «Master of Science» einzuführen. Dieser akademische Grad hätte Tron einen auch international anerkannten Studienabschluss gebracht. Er plante, wie sein Professor sagt, «sich diesem Werdegang zu seiner weiteren Entfaltung direkt nach dessen Einführung zu unterziehen». Deshalb lehnte er auch ein vages Jobangebot der «Gesellschaft für Mathematik und Datenverarbeitung»[148] ab. Mittlerweile gibt es die ersten Absolventen des «Master of Science». Tron hätte den Zivildienst ohne Probleme nach seinem Diplom hinter sich bringen können und wäre anschließend «mit Kusshand» wieder an der TFH aufgenommen worden. Warum hat er das nicht getan? Es gibt darauf keine schlüssige Antwort.

Auch NDS machte ihm ein Angebot, das andere in seiner Situation euphorisch gestimmt hätte. Man kann einwenden, der Gedanke, von Berlin-Rudow nach Israel überzusiedeln, sei nicht attraktiv oder gar Furcht einflößend für einen jungen Mann, der, obwohl er auf die dreißig zugeht, in einem Kinderzimmer in der Wohnung der Mutter wohnt. Aber Tron kannte Jordanien und Ägypten von mehreren Reisen. So fremd dürften ihm der Nahe Osten und seine Sitten und Gebräuche nicht gewesen sein.

Markus Kuhn schreibt an den Autor: «NDS wollte Boris als Berater anheuern oder einstellen, aber Boris war viel zu paranoid, um so eine an sich sehr interessante Gelegenheit anzunehmen.» Und: «Hätte Boris das Angebot damals angenommen, könnte er jetzt wahrscheinlich in Israel mit einer *focused ion beam workstation* rumspielen und gleichzeitig seinen Wehrdienst umgehen ...»

Auch Oliver Kömmerling, der seit Jahren qualifizierte Mitarbeiter sucht, hätte Tron sofort eingestellt. Somit wäre der Zivildienst wahrscheinlich aufgeschoben worden. Andererseits kann

---

148 http://www.gmd.de

man nicht behaupten, Boris sei an einem Beruf nicht interessiert gewesen. Dagegen spricht, dass er sich, vermittelt über seinen Bekannten Stefan W., bei einer Firma in Berlin-Adlershof beworben hat – vergeblich. Boris' Ausbilder Walter George erinnert sich: «Tron wollte selbständiger Entwickler werden.»

Jede einzelne dieser Beobachtungen sagt – für sich allein genommen – nicht viel aus über den Tod Trons. Einem der Lehrmeister Trons an der TU Berlin entfährt während des Gesprächs der irritiert klingende Satz: «Das ist schon der dritte ehemalige Lehrling, der sich umgebracht hat. Was ist nur mit denen los?» Es stimmt nachdenklich, wenn man Menschen befragt, die behaupten, Tron gut gekannt zu haben oder gar mit ihm befreundet zu sein – und die Befragten haben nicht die blasseste Ahnung davon, was Tron in naher Zukunft zu tun gedachte, wie er seine privaten und beruflichen Perspektiven sah oder wie er sich fühlte. Das gilt fast ausnahmslos für jeden aus seinem «Freundeskreis», der im Brustton die Überzeugung verkündet, Suizid könne er oder sie sich «überhaupt nicht vorstellen». Aus den Reihen der Mordkommission ist zu hören: «Freunde? Hatte er denn überhaupt welche?» Und, mit einem für einen abgebrühten Kriminalbeamten ungewohnt bitteren Unterton: «Boris F. ist von allen nur ausgenutzt worden. Alle wollten nur von seinem Wissen profitieren.»

Auch im Berliner Chaos Computer Club hat Boris F. keine wirklichen Freunde gefunden. Er sei immer sehr früh am Abend wieder gegangen, erinnert sich Andreas Bogk, der ihn mit am besten kannte. Das bestätigen die, die mit dem Club nichts, aber mit Tron viel zu tun hatten. Seine Familie sei ihm heilig gewesen. «Er hat seiner Mutter immer und sofort Bescheid gesagt, wenn er nicht rechtzeitig zu Hause sein konnte. Das war seine typische Charaktereigenschaft.» Und Andreas H., Boris' Geschäftspartner, ist der Meinung, sein Freund sei kein Mitglied des CCC gewesen. Das habe er ihm so geschildert: «Ich kann mich mit einigem von dem identifizieren, was die machen», habe Boris gesagt, «die machen aber viel Scheiß.»

Boris habe über den CCC – vielleicht nicht ganz ernsthaft – gespottet. «Zu viel Gelaber, zu viel Gekiffe, zu wenige Gespräche über Technik.» «Tron ist nie zu Feten gegangen.» Andreas Bogk bot Boris an, sich zu überlegen, in seiner Firma *convergence integrated media*[149] in irgendeiner Form mitzuarbeiten. Diesen Gedanken fand er attraktiv, aber die Pläne waren noch nicht ausgereift. Von Andreas Bogk wird behauptet, er sei der Einzige, der Boris jemals in dessen elterlicher Wohnung aufgesucht habe. Genau weiß das niemand, weil Boris' Mutter meistens tagsüber arbeitete und er allein zu Hause war.

Martin Ebert zitiert in einem Brief an den Autor ein prominentes Mitglied des Berliner CCC mit den Worten, dass es zwischen Boris und dem Chaos Computer Club «praktisch keinen fachlichen Kontakt» gegeben habe. «Er kam wohl zwar zu den Wochentreffen ccc/bln, setzte sich aber in die Ecke und lötete.» Eberts Vermutung: «Es gab eine (lose) Gruppe von Milchbärten. Die war praktisch autonom. Der Knabe [Tron, B. S.] war schüchtern, nach innen gerichtet, möglicherweise ordentlich Selbstzweifel, abgelöst von Höhenflügen.» Boris sei möglicherweise real oder in den Gedanken anderer zu einer Bedrohung geworden. «Vielleicht haben die das aus Großmannssucht sogar verstärkt.»

Das Vermächtnis Trons

Eines ist sicher: Wenn die Polizei am Tag nach dem Verschwinden Trons eine Handy-Ortung veranlasst hätte, wäre er gefunden worden – so makaber es klingt: tot oder lebendig. Was die Eltern in den fünf Tagen – zwischen Samstag und Donnerstag – mit den Behörden erlebt haben, ist ein Drama für sich. Deutsche Beamte, wenn diese es nicht anders vorsehen, handeln nach Vorschriften. Und man bleibt lieber untätig, um die Regelmäßigkeit des Dienstbetriebes nicht unnötig zu stören. Wenn völlig aufgelöste Eltern in einer

---

[149] http://www.convergence.de/

Polizeiwache erscheinen, atemlos berichten, dass ihr Sohn verschwunden sei, dass er sie benachrichtigt hätte, falls er einen unvorhergesehenen Termin wahrnehme, wenn der Vater seinen Urlaub unterbrochen hat und mit dem ersten Flugzeug von Kroatien nach Deutschland gekommen ist, weil er sich die Situation nicht erklären kann, wenn beide wegen der Interessen und der Kenntnisse ihres Sohnes eine Entführung nicht ausschließen können – dann ist es unangemessen, dass ein Beamter auflacht und fragt: «Entführt? Sind Sie reich?»

Den Eltern gelingt es am Sonntag nicht, eine Vermisstenanzeige zu erstatten. Laut Vorschrift gilt ein Volljähriger erst nach 48 Stunden als vermisst. Diese Vorschrift enthält leider keinen Passus, wie in Fällen zu verfahren ist, die dem Augenschein nach anders gelagert sind.

Und wie soll man erklären, dass die Polizei ein Verfahren *gegen* den Verschwundenen eröffnet, die Wohnung der Mutter und das Zimmer Trons durchsucht und alle Computer beschlagnahmt? Als Prophylaxe, weil der Vermisste vorbestraft ist? Die Beamten der Mordkommission lassen sich nicht zitieren, wenn sie das Vorgehen der Kollegen kommentieren sollen, ihr Kopfschütteln ist aber viel sagend. «Der Hacker» gilt offenbar auch bei der Polizei als jemand, den man am besten vorläufig festnimmt, weil er garantiert etwas auf dem Kerbholz hat. Die andere Seite reagiert dementsprechend. Die Polizei, so munkelt man dort, verstehe sowieso nicht, worum es gehe, und sei deshalb nicht in der Lage, qualifiziert zu ermitteln. Der Gedanke ist nicht so fern, bestanden doch einige der Befragungen jener, die etwas über mögliche Täter und Motive aus dem Milieu der Piratenkartenhändler hätten wissen können, aus nur zehnminütigen Telefonaten.

Eltern, die ihre Kinder durch Suizid verloren haben, werden sich immer fragen, warum ihr eigenes Fleisch und Blut ihnen das angetan hat. Ein gutes Verhältnis zu den Eltern ist keine Garantie, dass so etwas nicht geschehen könnte. Der Schmerz, aus der gegenwärtigen Situation keinen Ausweg zu wissen, auch wenn auf den ersten

Blick keine ernsthaften Probleme zu erkennen sind, wiegt in manchen Fällen schwerer als der Schmerz, den man mit einem Freitod den eigenen Eltern zufügt. Das soll nicht heißen, dass der Tod Trons mit dieser These zu erklären ist. Es gibt aber genauso wenig ein stichhaltiges Argument, warum es nicht so gewesen sein könnte. «Wir können uns das nicht vorstellen» ist eine Äußerung, die niemand, außer den Eltern, ernsthaft von sich geben sollte. Das gilt insbesondere für die, die Boris nur oberflächlich kannten und von seinen Gefühlen und Problemen nichts haben wissen können.

Christian Kahlo von der «German Smartcard Hackers Organisation» schreibt zum Thema Tron an den Autor: «Eins steht fest: aus dem CCC ist nach diesem ‹Bombeneinschlag› ein noch chaotischerer Haufen geworden. Wüste Theorien, wüste Diskussionen, Ohnmacht, Planlosigkeit ... Nur die Führungsriege (der Vorstand und einige andere) scheinen konkrete Ideen zu haben, aber irgendwo geht es einfach nicht voran.»

Buelent Caliskan, der kein Mitglied des CCC ist, aber die Diskussion in diversen Hacker-Newsgroups verfolgt: «IMHO[150] war Tron einer der letzten Aktiven, was das Erforschen von Thematiken angeht, von deren Existenz zuvor niemand etwas wusste. Der Rest der Bande ist zu alt für diese Scheiße, sie sind satt, sie bewegen nix mehr. [...] Auf jeden Fall verehrt jeder Tron, seine Leistungen, seine Ideen, seine Alleingänge, seinen Ehrgeiz. Und jeder reagiert allergisch, sobald sein Name fällt. Jeder vermisst ihn bzw. die Visionen bzw. die euphorischen Runs [run = einen Lauf haben], die durch sein Tun verbreitet wurden.»

Euphorie? Das begreift nur, wer sich in die idealtypische Kultfigur «Hacker» hineinversetzt: Wir hier unten, die da oben. «Wir zeigen es ihnen» – ein wörtliches Zitat Trons, das von einem ehemaligen Arbeitskollegen überliefert worden ist. Und damit hatte er Recht. Der Autor schrieb über den Kongress des Chaos Computer

---

150 Abkürzung für engl.: «*in my humble opinion*», etwa: meiner bescheidenen Meinung nach.

Clubs 1998: «Die Pflicht des Revolutionärs ist es, die Revolution zu machen, hieß es zu Dutschkes Zeiten. Die Revolution findet schon statt, aber kaum jemand merkt es. Das liegt auch daran, dass die Avantgarde der Umwälzung eher anarchistisch organisiert ist: Es gibt kein Programm, nur das Prinzip, der Obrigkeit und ihren Beteuerungen, dass sie es mit den Bürgern gut meine, prinzipiell und aus Erfahrung zu misstrauen. Die Revolution findet sowohl von oben als auch von unten statt: Dem Überwachungsstaat fallen durch die rasante technische Entwicklung die Methoden in den Schoß, die Bürger im Detail auszuspionieren. Andererseits können die Bürger, wie im Märchen vom Hasen und dem Igel, dagegen etwas tun, falls sie sich für den Schutz ihrer Privatsphäre interessieren.»

Welche Vision hatte Tron? Der Mythos «Hacker» hat seinen Platz als Sozialcharakter gefunden. Ein Mythos bleibt eine Projektion, deren Konsistenz sich beim näheren Hinschauen verflüchtigt. Der Hacker bündelt die Ängste, aber auch die Allmachtsphantasien derjenigen, die sich der revolutionären technischen Entwicklung im Zeitalter des Internet stellen wollen. Information bedeutet Macht; wer über sie verfügt, übt Macht über andere aus. Der Hacker scheint – stellvertretend für alle – über mehr Wissen zu verfügen als der gewöhnliche Sterbliche, und er wendet es, in dessen Phantasie, schöpferisch an. Der Hacker beweist, dass die verborgenen Geheimnisse im Innern der Technik nicht geheim bleiben müssen. Er lüftet sie und stellt sie – laut idealtypischer Form der «Hackerethik» – der Allgemeinheit zur Verfügung. Der Hacker als Projektion ist David und Robin Hood zugleich. «Tron» als Filmheros war die erste Figur, die diese märchenhafte Kombination perfekt verkörperte. Der reale Boris F. streifte seinen Namen ab und nahm den Namen einer Phantasiefigur an. Er versuchte, die Realität der Wunschwelt anzugleichen, ein zutiefst sympathischer, aber auch irritierender, ja gefährlicher Gedanke.

Boris F. hat sich im letzten Jahr seines Lebens intensiv mit dem vor zehn Jahren verstorbenen Hacker Karl Koch auseinander gesetzt – und mit dem Mythos, der sich um dessen Person rankt. Die mysteriöse, brüchige Person des posthumen Helden des Films «23» ragt überlebensgroß aus den Anfängen des Hacker-Milieus in die Szene der neunziger Jahre. Davon hat Tron erzählt – das Thema schien ihn zu fesseln. Dieser Mythos war realer als eine Filmfigur.

Zum Mythos wird jemand, der keine Gelegenheit bekommt, sich dem Leben zu stellen – von James Dean bis Lady Di, von Che Guevara über Bob Marley bis Jimi Hendrix. Ein Mythos muss vage, schillernd und geheimnisvoll sein, um denjenigen, die ihn für sich ausnutzen, genügend Projektionsfläche zu bieten. Es geht nicht darum, was die mythische Person real war oder was sie getan hat, sondern darum, was die anderen glauben und hoffen.

Der US-amerikanische Präsident John F. Kennedy soll gesagt haben: «Der größte Feind der Wahrheit ist nicht die Lüge, sondern der Mythos.» Der Mythos Tron wird also weiterleben, so wie der reale Tron es sich gewünscht hätte. Chapeau, Boris!

GLOSSAR

Internet-Adressen zu einzelnen Begriffen in den Fußnoten des Textes!

Amiga Ursprünglich eine Spielkonsole. Nach dem Kauf des Projekts durch die Firma Commodore 1985 entwickelte sich der Amiga/Commodore zeitweilig zum Standard für Heimcomputer. 1990 war er der meistverkaufte Computer der Welt. Zur Geschichte vgl. http://privat.schlund.de/D/DR-Web/AMIGA.HTM

Assembler Kurzform für Assembler-Programmcode. Das Programm Assembler überträgt den Programmcode in Maschinensprache, die ein Mikroprozessor ausführen kann.

asymmetrische Verschlüsselung →*public key*

Authentifizierung nennt man den Vorgang, mit dem eine Instanz (Chipkarte, elektronischer Schlüssel) oder auch eine Person überprüft wird, ob sie echt bzw. autorisiert ist. Meistens geschieht das durch →kryptografische Verfahren.

Baud Maßeinheit für die Übertragungsrate zwischen Computern bzw. Modems. Nicht zu verwechseln mit →bps.

BBS *Bulletin Board System* (öffentliches «schwarzes Brett»): →Mailbox

Bit *binary digit*. Kleinste Informationseinheit im Computer. Ein Bit kann die Werte Eins oder Null annehmen.

B-Kanal Kanal für die Datenübertragung beim Telefonieren via ISDN, vgl. →D-Kanal

Blocker Universalwerkzeug der Mess- und Regeltechnik, auch: Messadapter. Im Hacker-Jargon u. a. Software, die das Signal zum Abschalten einer Pay-TV-Chipkarte «blockt», sie somit freischaltet, obwohl der Besitzer dafür nicht bezahlt hat.

Bps auch Bit/s. Abkürzung für: →Bit pro Sekunde.

BPSC *battery-powered smartcard*

Brute-Force-Angriff Versuch, einen kodierten Text zu entziffern, indem man alle Möglichkeiten des Schlüssels ausprobiert.
Buffern von engl. *buffer*: Puffer, Prellbock, Stoßdämpfer. Hacker-Angriff auf Karten mit Magnetstreifen: der Streifen wird gelesen und anschließend neu geschrieben.
Byte acht →Bit
C, C++ Programmiersprachen
CAM *conditional access module*. Auch: CA-Modul. Mikroprozessor einer Pay-TV-Karte, der mit Hilfe mathematischer Verfahren den Zugang zu einem digitalen Programmkanal regelt.
CAPI-Treiber *Common ISDN Application Program Interface*. Standardisierte Verbindung (Schnittstelle) zur Software auf dem PC des Benutzers bei ISDN-Telefonie.
Challenge-Response Mechanismus der →Authentifizierung, (hier: im →GSM-Netz). Das Netz schickt der Chipkarte eine Zufallszahl. Auf der Basis dieser Zahl und eines speziellen Algorithmus errechnet der Mikrocontroller in der Karte eine Antwort *(response)*. Die bekommt das Netz zurück und kann sie authentifizieren.
Chip Speicher oder Mikroprozessor einer Karte.
Chip-on-Flex-Modul Verfahren, einen Mikrocontroller samt Modul in ein Loch im Kartenkörper einzukleben
CICAM Kombination aus: →*common interface* und CAM – →*conditional access module*
common interface gemeinsame Schnittstelle (Verbindung)
CPU *central processing unit*. Zentrale Rechen-Einheit, hier meistens der Mikroprozessor der Chipkarte.
Cracker jemand, der Programme illegal kopiert und verkauft oder den Kopierschutz entfernt. Ein Cracker ist nicht zu verwechseln mit dem Hacker oder →Phreaker.
DEA *Data Encryption Algorithm*. Symmetrischer Algorithmus.
DEMUX Demultiplexer Bauteil in einer →Set-Top-Box, in dem die Bild- und Tonsignale eines Programms von den Signalen der anderen Programme geschieden werden.

Disassembler →Assembler. Programm, das eine Kommando-Datei («com») oder eine ausführbare Datei («exe») in Assembler-Quellcode umwandelt.

D-Kanal auch: Steuerkanal oder Datenkanal. Ein so genannter Basisanschluss, den die Telekom zur Verfügung stellt, hat zwei →B-Kanäle mit je 64 KBit/s, um Daten zu übertragen (zwei Amtsleitungen), und den D-Kanal mit 16 KBit/s für die Steuerung. Der Primärmultiplexanschluss hat 30 B-Kanäle mit je 64 KBit/s.

DPSC *digital pirate satellite card*. (Illegale) digitale «Piraten»-Karte, die Pay-TV-Sender dekodiert.

DSP *digital signal processor*

Domain Internet-Adresse eines Rechners, der diese anbietet, z. B. www.rowohlt.de. Vgl. →IP-Adresse.

Duplex Die Datenübertragung in nur eine Richtung wird als *simplex* bezeichnet. Beispiel: Rundfunk oder Fernsehen. Man kann die gesendeten Informationen zwar empfangen, jedoch keine Informationen an den Sender zurückschicken. *Halbduplex* erlaubt das Übertragen von Informationen in beide Richtungen, jedoch nicht zur gleichen Zeit, *duplex* gleichzeitiges Übertragen in beide Richtungen.

DVB *Digital Video Broadcast*. Fernsehsignal, das mehrsprachigen Ton und Videotext über Satellit und Kabel verteilt.

EEPROM *electrically erasable programmable read-only memory*. Speicherart bei Chipkarten, die auch ohne Stromzufuhr ihren Inhalt behält, daher: *nichtflüchtiger* Speicher. Ein EEPROM kann nur durch ultraviolettes Licht gelöscht werden. Man setzt es bei Chipkarten als WORM-Speicher ein (*write once, read multiple* – einmal schreiben, mehrfach lesen).

FID *file identifier*. Zwei Byte großes Merkmal einer Datei auf einem M-Chipkarten-Mikrocontroller.

flüchtiger Speicher Speicher, dessen Inhalt erlischt, wenn die Stromzufuhr unterbrochen wird

Grafikkarte Jeder PC besitzt zur Ansteuerung des Bildschirms einen Bildschirmadapter, der meist auf einer Leiterkarte zusammengefasst ist und deswegen auch Grafikkarte genannt wird. Die Grafikkarte in einem PC legt fest, in welcher Auflösung und mit welchen Farbmöglichkeiten Text und Grafik auf dem Monitor abgebildet werden.

GSM *Global System for Mobile Communications.* Ursprünglich für: Groupe Spéciale Mobile – eine Entwicklergruppe des CEPT (Conférence Européenne des Postes et Télécommunications, vgl. http://www.darc.de/referate/ausland/faql-d.html). Standard für Datenübertragung in mobilen bodengebundenen Mobilfunksystemen.

halbduplex →duplex

http *hypertext transfer protocol*

IDEA™ *International Data Encryption Algorithm.* Symmetrischer Algorithmus der Firma Ascom, http://www.ascom.ch.

IMSI *International Mobile Subscriber Identity.* Wird jedem Teilnehmer in GSM-Mobilfunknetzen zugewiesen. Sie dient zur Identifizierung und setzt sich zusammen aus der Mobil-Landeskennzahl, der Mobilnetzkennzahl und der Teilnehmerkennzahl.

IP-Adresse *Internet Protocol Address.* Die IP-Adresse identifiziert eine Adresse (→Domain) eindeutig durch einen numerischen Zahlencode, der vier durch einen Punkt getrennte Zahlen enthält. Jede Zahl kann die Werte von 0 bis 255 einnehmen. Zum Beispiel hat der Rechner www.burks.de die IP-Adresse 193.96.188.143. Die IP-Adresse kann man mit dem Programm Tracert feststellen, das auf jedem gängigen PC vorhanden ist. Vgl. (für Laien): http://www.wdrmaus.de/sndg/sags_990307_f.phtml#titel.

ISDN *Integrated Services Digital Network.* Digitales Telefonnetz für Daten und Sprache.

ISO International Standardisation Organisation mit Sitz in Genf. Unterstützt die weltweite Normung und zertifiziert die Sicherheit informationstechnischer Systeme.

KBit/s Kilobit pro Sekunde. Ein Kilobit hat 1000 →Bit

key recovery Verfahren der Verschlüsselung: der Generalschlüssel wird bei einer Behörde hinterlegt
Kryptografie praktische Anwendung der →Kryptologie
Kryptologie Lehre von der Verschlüsselung
Mailbox Computer, der Nachrichten speichert und per Telefon und →Terminalprogramm angewählt werden kann
Mailing-Liste geschlossenes Diskussionsforum im Internet; muss abonniert werden und wird in der Regel durch spezielle Software verwaltet
«Man-in-the-Middle»-Angriff Methode, den Datenstrom zwischen den Modulen einer Chipkarte zu blocken (vgl. →Blocker)
Motherboard die Hauptplatine eines Computers, auch «Mainboard» genannt. Die Platine beherbergt den →Prozessor und Steckplätze für Erweiterungskarten (zum Beispiel für die Soundkarte, die für den Ton zuständig ist).
Modul von engl. *module*: (elektronischer) Baustein
MPEG *Motion Picture Experts Group*. Standard für digitale Video- und Audiokompression
Newsgroup Öffentliches Diskussionsforum im Internet. Die Gesamtheit aller Foren bezeichnet man als *Usenet*.
Pad genormte Anschlussfläche auf einer Chipkarte
Pascal Programmiersprache
PCMCIA *Personal Computer Memory Card International Association*. Eine Norm für Netzwerk-Steckkarten, die in einen Schlitz im Computer gesteckt werden. Mit dem PCMCIA-Standard können dabei die verschiedensten Rechner und Endgeräte problemlos miteinander verknüpft werden. Laptops haben meistens eine eingebaute PCMCIA-Karte als Modem.
Personalisierung Eine Karte wird einer bestimmten Person zugeordnet, entweder durch ein physikalisches Merkmal der Kartenoberfläche oder elektrisches Laden der Daten in den Speicher.
PGP *Pretty Good Privacy*. Software zum Verschlüsseln elektronischer Post.

Phreaker von: *phone freaker*. Jemand, der, ohne zu bezahlen, telefoniert, indem er das Telefon oder die Vermittlungsstelle manipuliert. Einer der Urväter aller Phreaker war Joe Engressia: der blinde US-Amerikaner pfiff Frequenzen so perfekt, dass sich die Gebührenzähler der Bell Company ausschalteten.

PIC16C84 auch PIC 1684: Typenbezeichnung eines →Mikroprozessors

Platine Sammlung von Leiterbahnen

PM *personal mail*. Privater elektronischer Brief.

Protokoll Regeln, um die Kommunikation von Rechnern bzw. Anwendern in einem offenen Verbund zu realisieren und den Nachrichtenaustausch zwischen Partnern zu koordinieren.

Public Key öffentlicher Schlüssel. Public-Key-Verschlüsselung: kryptografische Methode, die mit einem geheimen (→*secret key*) und einem öffentlichen Schlüssel arbeitet. Auch: asymmetrische Verschlüsselung.

QPSK-Demodulator Chip der →Set-Top-Box, der die ankommenden Daten sortiert und verarbeitet.

Quellcode Programmcode

RAM *random access memory*. Flüchtiger Arbeitsspeicher bei Computern und Mikroprozessoren.

Reverse Engineering Analyse einer Software auf dem «umgekehrten» Weg, um Struktur und Funktionsweise zu verstehen. Oft irrig als Synonym für «hacken».

ROM *read-only memory*. Nichtflüchtiger Speicher von Chipkarten.

Schnittstelle Verbindungsmöglichkeit zwischen Computern und anderen Geräten zur Datenverarbeitung (wie z. B. Drucker, Monitor, Kartenlesegerät)

Secret Key geheimer Schlüssel. *Secret-Key*-Verschlüsselung: kryptografische Methode, die mit nur einem geheimen Schlüssel arbeitet. Auch: symmetrische Verschlüsselung.

Session Key Schlüssel, der nur für eine Sitzung generiert wird

Set-Top-Box Empfangsbox für digitales Fernsehen

Shutter Mechanismus, der den Slot, in den eine Telefon- oder andere Chipkarte gesteckt wird, schließt, um Manipulationen zu verhindern

SIM *Subscriber Identity Module*. Das Modul definiert, wie eine Chipkarte für →GSM aussieht.

Smart Card Mikroprozessor, eigentlich «smarte» oder «kluge» Karte

Smartcard™ Warenzeichen der kanadischen Firma Groupmark

SMD *Surface-Mounted Device*. Elektronische Bauteile *(device)*, die auf der Oberseite *(surface)* der →Leiterplatte direkt ohne Drähte verlötet oder anderweitig befestigt sind *(mounted)*, zumeist in Miniaturausführungen. Im Gegensatz dazu stehen die «klassischen» Bauteile, die durch Löcher gesteckt und von der Unterseite gelötet werden.

Smiley Buchstabenfolge in E-Mails, die – um 90 Grad gedreht – Gefühle symbolisieren, zum Beispiel Heiterkeit wie : –) oder das Gegenteil : –(

Terminal Gerät mit Display (Anzeigefenster) und Tastatur, regelt den Datenaustausch mit der Chipkarte und ermöglicht die elektronische Versorgung. In der Frühzeit des Internet Synonym für «Computer». Vgl. →Terminalprogramm.

Terminalprogramm Software zur elektronischen Kommunikation, insbesondere zwischen →Mailboxen

Trojanisches Pferd Programm, das vordergründig ohne Probleme funktioniert, aber «heimlich» andere Funktionen ausführt, etwa den Rechner ausspioniert und Passwörter verschickt. Nach dem hölzernen Pferd der Antike benannt, in dem die Griechen Soldaten in das belagerte Troja schleusten.

URL *uniform resource locator*. Eindeutig identifizierbare Adresse einer Seite im Internet. Ein URL verhält sich zu einer →IP-Adresse wie die Anschrift (Ort, Straße und Hausnummer) zu einer Eintragung ins Grundbuch. Vgl. RFC 1738: http://deesse.univ-lemans.fr:8003/Connected/RFC/1738/index.html

User Benutzer, Teilnehmer

Wire-Bonding oder: Draht-Bonding. Verfahren, den Mikrocontroller in einer Chipkarte mittels dünner Golddrähte mit seinem Gehäuse zu verbinden.

Dank

Ich danke Stephan Eisvogel, Khalid, Oliver Kömmerling (Advanced Digital Security Research) und «Dr. Overflow». Ihre Hilfe, fachliche Kritik und Supervision haben mir die Recherche erheblich erleichtert. Für wertvolle Hinweise danke ich Christian Kahlo (German Smartcard Hackers Organisation) und Markus Kuhn (Computer Laboratory, University of Cambridge). Mein besonderer Dank geht an Boris' Eltern, die sich trotz ihrer Trauer mit meinen Fragen auseinander setzten.

Lebensgeschichten

In loser Folge erscheint eine Reihe ganz besonderer Biographien bei rororo: Lebensgeschichten aus dem Alltag, in denen sich das Zeitgeschehen auf eindrucksvolle Weise widerspiegelt.

Anne Dorn
Geschichten aus tausendundzwei Jahren *Erinnerungen*
(rororo 13963)

Maria Frisé
Eine schlesische Kindheit
(rororo 22294)
In einem liebevollen Bericht erzählt Maria Frisé das Leben auf einem Gutshof in Schlesien in der Zeit zwischen den beiden Weltkriegen.

Hermine Heusler-Edenhuizen
Du mußt es wagen! *Lebenserinnerungen der ersten deutschen Frauenärztin*
(rororo 22409)

Eva Jantzen /
Merith Niehuss (Hg.)
Das Klassenbuch *Geschichte einer Frauengeneration*
(rororo 13967)

Gerda W. Klein
Nichts als das nackte Leben
(rororo 22926 / März 2001)
Gerda Weissmann-Klein wurde 1924 in Bielitz (Bielsko), Polen, geboren. Heute lebt sie mit ihrem Mann Kurt Klein in Arizona. Ihr Buch wurde in den USA zum Klassiker. Es erlebte 43 Auflagen und war Grundlage für den Dokumentarfilm «One Survivor Remembers», der mit einem Oskar ausgezeichnet wurde.

Halina Nelken
Freiheit will ich noch erleben
Krakauer Tagebuch
Mit einem Vorwort von Gideon Hausner
(rororo 22343)
Beim Überfall der Deutschen auf Polen war Halina Nelken ein Mädchen von fünfzehn Jahren – ein Mädchen, das Tagebuch führte. Und ähnlich wie das Tagebuch der Anne Frank haben Halina Nelkens Aufzeichnungen die Vernichtungswut der Nazis überdauert.

Ann Riquier (Hg.)
Leih mir deine Flügel, weißer Kranich *Drei Frauen aus Tibet erzählen*
Mit einem Vorwort des Dalai Lama
(rororo 22739)

Tracy Thompson
Die Bestie *Überwindung einer Depression*
(rororo 22396)

Weitere Informationen in der **Rowohlt Revue**, kostenlos in Ihrer Buchhandlung, und im **Internet: www.rororo.de**